개신교 선교사와
한국종교의 만남

지은이

방원일 房元一, Bhang Won-il

서울대학교에서 「초기 개신교 선교사들의 한국종교 이해」(2011)라는 논문으로 종교학 박사학위를 받았다. 종교문화에서 만남의 의미에 초점을 두고 연구하였고, 특히 선교사 연구를 통해 새로운 문화와의 만남이 어떠한 종교적 언어로 번역되는지 탐구하였다. 종교 변동을 설명하는 이론적 연구에도 계속 관심을 갖고 있다. 현재 숭실대학교 HK연구교수, 서울대학교 치의학대학원과 종교학과 강사로 일하고 있다. 저술로는 『메리 더글러스』, 『종교, 미디어, 감각』(공저), 『우리에게 종교란 무엇인가』(공저), 『한국의 과학과 종교』(공저), 『한국의 종교학-종교, 종교들, 종교문화』(공저), 『근대전환기 문화들의 조우와 메타모포시스』(공저), 『선교사와 한국학』(공저), 『메타모포시스의 현장』(공저) 등이 있다. 옮긴 책으로는 『자리 잡기-의례 내의 이론을 찾아서』, 『자연 상징-우주론 탐구』, 『근대전환공간의 한국종교 I -1879~1900』, 『근대전환공간의 한국종교 II -1900~1910』이 있다.

개신교 선교사와 한국종교의 만남

1판 1쇄 발행 2023년 7월 20일
1판 2쇄 발행 2024년 10월 20일

지은이 방원일

펴낸이 박성모
펴낸곳 소명출판
출판등록 제1998-000017호
주소 06641 서울시 서초구 사임당로14길 15 서광빌딩 2층
전화 02-585-7840
팩스 02-585-7848
이메일 somyungbooks@daum.net
홈페이지 www.somyong.co.kr

ISBN 979-11-5905-778-6 93900
정가 26,000원

ⓒ 방원일, 2023

(재)한국연구원은 학술지원사업의 일환으로 연구비를 지급. 그 성과를 한국연구총서로 출간하고 있음.

한국연구총서
115

개신교 선교사와 한국종교의 만남

PROTESTANT MISSIONARIES' ENCOUNTER
WITH KOREAN RELIGIONS

방원일 지음

서문

이 책은 한 무리의 서양 사람들의 한국 이야기에 관한 학술적 분석이다. 19세기 말 한국에 들어온 개신교 선교사들이 한국종교를 접하고 그것을 어떻게 개념화하고 서술하였는지 종교학의 렌즈로 보여주는 책이다. 21세기 이후에 케이컬쳐가 세계적인 유행이 되어 외국인이 한국문화를 말하는 것이 전혀 낯설지 않게 되었지만, 150년 전인 19세기 말의 상황은 전혀 딴판이었다. 당시 서양 사람들에게 한국은 완전한 미지의 나라였고, 개항 이후 한국에 처음으로 발을 들여놓은 서양인들은 신기한 나라 한국을 소개하는 책을 앞다투어 출판하였다. 그 시절 그 사람들은 한국종교를 어떻게 바라보았을까? 특히 나름 종교에 일가견이 있는 선교사들은 한국종교가 무엇이라고 생각하였을까? 이것이 책에서 다루는 내용이다.

이 책은 나의 박사논문을 다듬고 보완해서 출판한 것이다. 꽤 오래 묵혀둔 원고이긴 하지만 이번에 고쳐 쓰는 과정에서 내가 이 글을 통해 무엇을 보이고자 한 것인지 되돌아볼 기회를 얻었다. 무엇보다 나는 선교사의 인간적인 경험을 이야기하고 싶었다. 선교사 하면 떠오르는 진리에 대한 확신과 희생정신만을 이야기하는 것이 아니라, 여행자로서의 그들의 경험을 보고 싶었다. 종교가 지닌 무거움에 갇히지 않고 종교를 실천하는 사람들을 바라보고 설명하는 것이 종교학의 일이다. 무엇보다 나는 한국 선교 현장과 관련된 기록에서 낯섦을 경험하는 사람의 모습을 찾고 싶었다.

우리는 누구나 여행을 통해 새로운 경험을 한다. 내 이야기를 잠시 하면, 내가 미국이라는 나라에 처음 갔을 때 놀랐던 것은 사람들이 신발을 신고 집에 들어가는 모습이었다. 그러한 행동은 '더러운' 것이라고 평생 생각하며 살아왔던 내게, 집안에서 신발을 신는 생활이 가능하다는 것은 하나의 놀라움이었고, 이는 곧 한국의 경험과의 비교로 이어졌다. 신발 신고 제 방에 들어가는 미국 친구는 한국에서 내가 지녔던 '깨끗함' 관념이 문화적으로 상대적이라는 사실을 깨우쳐 주었다. 우리는 여행지에서 예기치 못한 낯섦을 만난다. 크건 작건 그러한 낯섦은 자신의 문화적 관념과 경계를 되돌이켜보게 하는 자극을 준다. 그것이 여행이 주는 선물임을 우리는 안다. 낯선 문화나 타자와의 만남, 그것이 주는 지적 충격은 종교학의 중요한 주제고, 종교학이 잘 다룰 수 있는 주제이기도 하다. 종교학은 역사적으로 서양 문화와 비서양 세계의 만남에서 시작된 학문이기에 낯섦과의 만남이 주는 지적 효과에 민감하다. 나는 종교학의 초창기 역사를 뒷배경 삼아 한국 기독교사 자료에 나타난 만남을 다루고 싶었다.

또 하나 책을 준비하면서 새삼 느낀 것은 종교학이 수다스러운 학문이라는 사실이다. 한 종교학자가 말했듯이 종교 연구의 경로는 에둘러 가는 길이다. 그래서 이 책은 한국에 온 선교사를 다루면서 계속 다른 이야기를 한다. 한국 이야기를 하다가 당시 서구인의 종교 개념이 어떠했는지, 당대 유행한 종교학 개념이 무엇인지, 다른 선교지와 비교하면 어떨지, 선교사가 아닌 서양인은 뭐라고 했는지 수다를 떤다. 한국 개신교사 전공자가 본다면 답답하게 느껴질 정도로 앞으로 빨리 나아가지 않고 주변을 흘긋댄다. 비교를 통해 무언가와 연결해서 설명하고자 하는 종교학의 성향이 이 책에 드리워져 있다.

그러나 하고 싶다고 해서 그렇게 잘 되었던 것은 아니다. 애초에 한국 개신교사를 재료로 어엿한 종교학책을 써보고 싶다는 희망에서 출발한 책이지만 여러 면에서 역량 부족을 절감하였다. 인간다운 면을 드러낼 만큼 깊이 있는 서술은 하였는지, 당대 지적 맥락을 보여줄 공부는 되어 있는지, 섣부른 비교로 글의 흐름을 방해한 것은 아닌지 아쉬운 점이 한둘이 아니다. 무엇보다 아쉬운 점은 이 책에서 소개하는 주제와 자료에 참신성이 떨어지는 부분도 있다는 것이다. 이 책은 나의 박사논문 「초기 개신교 선교사의 한국종교 이해」2011의 내용을 보완하고 재서술해서 출판하는 것이다. 박사학위 이후 강사 생활을 하며 정신없이 지낸다는 평계로 한동안 원고를 돌볼 엄두도 내지 못했다. 참으로 고맙게도 한국연구원에서 이 논문을 책으로 출판할 가치가 있다고 인정하고 2018년에 한국연구총서로 선정해주신 덕분에 힘을 얻어 출판을 준비하게 되었다. 그렇게 도움을 받고도 시간이 지체되었다. 그러는 사이 이 주제를 다룬 훌륭한 학자의 저서들이 출판되어 책의 어떤 부분은 새롭지 않은 이야기가 되기도 했다. 다 게으름의 소치이다. 박사논문을 쓸 때 내 지도교수께서는 왜 블루 오션이 아니라 레드 오션을 붙잡고 있냐고 걱정을 많이 하셨다. 그때는 그 걱정을 이해하지 못했다. 그저 보고 싶은 자료를 모아 내 이야기를 구성하면 된다고 생각했다. 하지만 이번에 책 출판을 준비하는 과정에서 선생님이 무엇을 염려하였는지를 뒤늦게 깨닫게 되었다. 연구자는 혼자 공부하는 것이 아니기에 학문 공동체 안에서 어떤 위치에 있는지를 끊임없이 성찰해야 함을 배우게 되었다. 그래도 논문이 책의 형태로 정리되어 내 공부 이력의 한 부분이 일단락된 것은 개인적으로 다행스러운 일이다. 논문을 책으로 만드는 작업을 하면서 새로운 자료나 연구를 부가하는 일보다는 언어를 다듬는 일에 주력했다. 이러한 학술 작업이 무슨 의미가 있는지 소통되는 언어로 번역하고 현재 종교학 연구에 무슨 의미가 있는지 밝히려고 노력했다. 마지막으로 한 선배가 해준 말씀이 기억난다. 박사논문은 연구자가 한 주제에 여러 해의 시간과 노력을 투자하여 집중해서 저술할 유일한 기회라고 했다. 박사학위 이후 비정규직 학자로 지내보니 더욱 그러했다. 그러니 부족하나마 지금 시점에서 연구 내용을 정리할 수 있게 된 것은 연구자 개인에게 다행스런 일이라는 것을 핑계 삼아 부족한 책을 내어놓게 되었다.

　부족한 책이 나오기까지 워낙 시간이 걸린 탓에 감사의 빚을 진 이들이 많다. 감사의 일부만이라도 여기 기록해두고자 한다. 기꺼워하지 않으실지 몰라도 지도교수이신 김종서 선생님께 가장 큰 감사를 드린다. 이 책의 주제와 자료는 철저히 선생님의 학문적 자장 안에 있다. 비록 말뜻을 금방 알아채지 못하는 미욱한 제자에 속을 많이 태우셨지만, 가르침에 못 미치는 책이라도 나오게 된 것은 엄정한 선생님의 가르침 덕분이다. 나에게 고향과도 같은 서울대학교 종교학과 선생님들께도 감사드린다. 특히 늘 학문적 동지를 자처하시는 최종성 선생님은 출판지원사업 준비서부터 독려를 아끼지 않으셨고 선정되었을 때도 진정 기뻐해 주셨다. 유요한 선생님 역시 따뜻한 지원을 아끼지 않으셨다.

　종교학계에서 빚진 이들이 한둘이 아니다. 앞서서 그리고 함께 기독교를 연구하는 종교학자로서 가르침을 주는 이진구, 신광철, 김윤성, 조현범, 이유나 선생님께 감사드린다. 논문 지도와 그 이후의 활동에도 관심 가져주시는 김흥수 선생님께 감사드린다. 나에게 종교학의 아지트인 한국종교문화연구소에는 이욱 소장을 비롯한 고마운 선생님들이 많이 계신다. 특히 든든한 동료 연구자 심일종, 최정화 선생께 감사드린다. 내게 국제적인 학술의 장을 열어주는 동료 데이비드 김 선생님께도 감사드린다. 내가 개신교 자료를 활용할 수 있었던 것은 한국기독교역사연구소에서 배운 덕분이다. 연구소의 기둥 이순자, 박혜진 선생님께 감사드린다. 내가 현재 속한 연구공간인 숭실대학교 "근대전환공간의 인문학" HK+사업단 식구들께도 감사드린다. 장경남 단장님, 김지영 부단장을 비롯한 선생님들이 학제간 융합의 장에서 종교학의 중요성을 인정하고 연구할 좋은 자리를 만들어주신 덕분에 이 책을 마무리할 수 있있다.

앞서 말했듯 이 책은 한국연구원의 지원사업에 선정되어 한국연구총서라는 영광스러운 학문의 장에 발을 들일 수 있었다. 생명력 있는 학문의 길을 알려준 김상원 원장님께 감사드린다. 한국학에 종교학 영역의 필요성을 인정해주신 덕분에 부족한 내 글이 도움을 받았다. 나의 시간 지연을 무던히도 참아주시며 좋은 책을 만들어준 소명출판 관계자들께도 감사드린다.

학문을 한다는 핑계로 사람 노릇 제대로 못해드린 가족들에게 감사드린다. 평생 가라는 길은 좀처럼 가지 않는 아들을 보며 속 썩이시면서도 초인적으로 감내하시고 돌보아주신 어머님, 언제나 조용히 그러나 따듯하게 지켜봐 주시며 적절한 조언을 해주시는 아버님, 나를 바라보느라 늙으신 두 분께 이 책을 바친다. 나에게는 믿기지 않게 행복한 가정이 있어 공부를 이어갈 바탕이 된다. 선물처럼 내 삶에 들어와 있는 사랑스럽고 청초한 아내 선희와 성장의 기쁨을 주는 착한 아들 준서가 내 곁에 있다. 나는 겸손한 아내로부터 삶과 바름을 배운다. 행복의 의미를 알려준 선희와 준서의 머리맡에 이 책을 두고 싶다.

2023년 6월
방원일

차례

제
1
장

만남과 종교

1. 선교사가 말한 한국종교

1) 종교라는 말

우리에게 종교宗敎는 매우 무거운 말이다. 종교가 절대적인 그 무엇과 관련된 문화를 지칭하는 언어이기 때문에, 사람들은 흔히 그 절대성이라는 색을 종교라는 언어에 입힌다. 사람들은 종교를 태곳적부터 존재한 그 무엇으로 무겁게 받아들이는 경향이 있다. 그러나 종교라는 현상이 어떠한지와는 별도로, 그 현상을 지칭하는 언어인 '종교'는 역사를 가진다. 최근 종교학宗敎學은 종교 개념의 역사에 계속해서 관심을 보였다. 그 결과 종교학자들은 21세기의 우리가 사용하는 보편적인 개념으로서의 종교가 근대의 맥락에서 형성된 관념이며, 서양 개념 '릴리전religion'이 전 세계로 확장된 결과로 나타났다는 사실에 주목하고 있다. 동아시아에서도 이는 예외가 아니어서 우리 조상들은 교敎, 도道, 학學과 같은 전통적인 언어를 통해 지금 우리가 종교라고 부르는 현상을 사유했다. 우리가 사용하는 종교라는 한자어는 19세기에 일본이 수호통상조약을 맺을 때 조약문에 있는 단어 'religion'을 번역하기 위해 고안한 말이다.

사실 종교학의 역사는 종교라는 말의 무거움을 떨치고 종교현상에 대한 보다 자유로운 시각을 확보하려는 노력으로 가득 차 있다. 이 노력을 길게 논하고 싶지만, 여기서는 그 단적인 예 하나만 언급하도록 하겠다. 종교를 연구하는 학자들은 종교에 대한 저마다의 정의定義를 세우고 현상에 접근한다. 학자마다 자신이 강조하는 바를 중심으로 새로운 종교의 의미를 만들어내는 것이다. 고전적 종교 연구자들은 각자 유명한 자신만의 종교 정의들을 선보였으며, 현재의 연구자들도 자신의 종교 정의를 계속 생산 중이다. 그래서 종교 정의는 매우 다양하고 그 수도 끝이 없어, 종교에 대한 무언가 정리된 학문적 대답을 기대하는 이들에게는 대단히 혼란스럽게 보인다. 여기서 종교학자들끼리 자주 하는 이야기 하나를 소개하고 싶다. 1910년대에 한 종교 연구가가 그 당시에 이미 50개가 넘은 종교 정의들을 모아 소개한 적이 있다. 그러고 나서 이렇게 종교 정의가 많은 것은 종교를 정확히 정의하려는 노력이 부질없음을 증명하는 것이라고 결론 내렸다. 그러나 훗날 종교학자 조너선 스미스Jonathan Z. Smith는 반대로 주장하였다. "절대 그렇지 않다! 이 연구자가 주는 교훈은 종교가 정의될 수 없다는 것이 아니라, 무려 50가지 이상의 방법으로 정의될 수 있다는 것이다."[1] 학자마다 종교의 의미가 다양한 것이 이상할 것 없는 시대가 된 것이다.

종교 정의의 문제는 지난 수십 년간 종교학계의 가장 중요한 이론적 쟁점이었다. 이미 1963년에 저명한 종교학자 윌프레드 캔트웰 스미스Wilfred Cantwell Smith는 종교라는 말이 현실을 이해하는 데 방해가 되는 개념이 되었다고 지적하면서 종교 용어를 폐기하고 다른 용어로 대체할 것을 주장하였다.[2] 1983년에 발표한 글에서 인류학자 탈랄 아사드Talal Asad가 당시의 대표적인 종교 정의를 신랄하게 비판한 이후 이 쟁점은 더 본격화되었다. 그는 보편적 종교 정의는 불가능하다고 주장한다. 종교를 정의하려는 것은 서구 근대의 제국주의라는 특정한 역사적 맥락을 가진 기독교적인 시도이고, 순수한 학문적 산물이 아니라 담론 과정의 역사적 산물이기

---

1   이것은 제임스 류바(James H. Leuba)의 1912년 저작 『종교심리학(*Psychological Study of Religion*)』의 부록 내용에 대한 조너선 스미스의 논평이다. Jonathan Z. Smith, *Relating Religion : Essays in the Study of Religion*, Chicago : University of Chicago, 2004, p.193.
2   윌프레드 캔트웰 스미스, 길희성 역, 『종교의 의미와 목적』, 분도출판사, 1991.

때문이다.[3] 보편적 정의에 대한 그의 비판은 널리 받아들여졌지만, 종교를 정의하려는 시도 자체가 무효가 된 것은 아니었다. 대부분 종교학자는 기존 정의의 문제점을 인정하면서도, 그렇기에 새로운 정의의 노력은 계속되어야 한다고 본다. 예를 들어 종교학자 브루스 링컨Bruce Lincoln은 모든 언어가 '담론 과정의 역사적 산물'이기 때문에 불완전하고 포착하기 힘든 것 아니겠냐고 반문한다. 종교 정의가 사물의 내재적 본질 따위를 포착하려는 것이 아니라 우리 자신의 생각을 명료하게 하기 위한 잠정적인 시도라면 쓸모가 있다는 것이다.[4]

　종교 정의에 대한 종교학자의 이러한 태도를 두드러지게 보여주는 것이 조너선 스미스의 다음 발언이다. "종교 그 자체에 해당하는 자료는 존재하지 않는다. 종교는 오로지 학자의 연구에 의한 창조물이다. 종교는 학자의 분석적 목적을 위해 비교와 일반화라는 상상의 행위에 의해 창조된 것이다."[5] 다소 도발적인 선언을 통해 스미스는 종교학자가 종교 개념을 자유로이 부릴 수 있어야 함을 강조한다. 개념의 전통이 주는 무거움에 억눌리지 않고 그것을 학술적 도구로 인식하는 것은, 한편으로는 학자로서의 권한을 강조하는 것처럼 보이지만, 다른 한편으로는 학자가 종교현상을 다루기 위해서는 자신의 연구 목표와 방법이 무엇인지에 대한 자의식을 뚜렷이 해야 한다는 엄중한 책임을 촉구하는 것이기도 하다. 역사적으로 종교 연구가 전통종교의 신학적 범주와 의제 설정에서 벗어나지 못했기

3　Talal Asad, *Genealogies of Religion : Discipline and Reasons of Power in Christianity and Islam*, Baltimore : Johns Hopkins University Press, 1993, p.29.
4　브루스 링컨, 김윤성 역, 『거룩한 테러-9·11 이후 종교와 폭력에 관한 성찰』, 돌베개, 2005, 23~24쪽.
5　Jonathan Z. Smith, *Imagining Religion : From Babylon to Jonestown*, Chicago : University of Chicago Press, 1982, p.xi.

때문에, 스미스의 발언은 종교에 대한 사유의 학문적 공간을 마련하는 의미 있는 선언이라고 할 수 있다.

그러나 이 발언에서 빠진, 혹은 의도적으로 다루어지지 않은 부분이 있다. 학자들이 종교 개념을 어떻게 분석적 도구로 다듬을 것인지를 논의하고 기존 개념의 불충분성 때문에 어떤 대안적 개념을 제시할 것인가를 고민하는 것과 다른 차원에서, 실제 사람들이 현실에서 통용하는 종교 담론談論이 존재한다. 예를 들어 사회의 법적 현실에서 운용되는 종교 개념은 학술적 차원과는 독립적으로 설명되어야 할 것이다.[6] 종교 정의가 과거처럼 종교의 본질을 포착할 것이라고 기대할 수 없어 이론적 다양성을 인정할 수밖에 없는 이 시점에, 우리는 언어 현상으로서 종교에 주목함으로써 다른 차원의 접근을 시작할 수 있다. 사람들은 종교적인 행위를 하고 일상생활에서 종교에 관해 이야기한다. 그 뜻과 용법은 다양해도 그 내용이 형성하는 광대한 집합체가 존재하며, 일정한 경계를 갖는 언어적 실체가 존재함을 우리는 알고 있다.[7] 우리는 종교라는 말의 유저user들이 형성한 언어 클라우드cloud를 논의의 출발점으로 삼고자 한다. 다른 식으로 표현하면, "종교란 무엇인가"라는 물음 대신에 "사람들이 무엇을 일컬어 종교라 하는지"를 찾는 물음으로 전환하고자 한다.[8] 그렇게 한다면 굳이 종교를 정의하지 않아도, 그리고 종교라는 말의 무거움에 눌리지 않으면서 사람들이 종교를 이야기하는 방식에 대해 논할 수 있을 것이다.

---

6   Peter Beyer, "Conceptions of Religion : On Distinguishing Scientific, Theological, and 'Official' Meanings", *Social Compass* 50-2, 2003, pp.155~157.
7   맬러리 나이, 유기쁨 역, 『문화로 본 종교학』, 논형, 2013, 36~37쪽.
8   정진홍, 『지성적 공간 안에서의 종교−종교문화에 대한 비판적 인식을 위하여』, 세창출판사, 2015, 53쪽.

우리는 이 책에서 특정한 한 무리의 사람이 종교를 이야기하는 방식을 다루고자 한다. 19세기 말, 20세기 초에 한국에 와서 선교 활동을 했던 개신교 선교사들이 한국에서 종교를 어떻게 이야기했는가를 살피고자 한다. 더 구체적으로 말하면 개신교 선교사로 대표되는 서양 사람들이 한국을 경험하면서 '릴리전religion'이라는 언어를 어떻게 사용하고 설명하였는지를 분석하는 것이다. 그들은 한국에서 '릴리전'을 처음으로 말한 사람들이다. 처음이기에, 한국에서 만난 낯선 문화에 그들의 언어를 처음 적용하는 것이었기에, 그들의 발언에는 긴장이 존재한다. 그 인식론적인 긴장 속에서 한국에 종교 개념이 어떻게 적용되고, 종교가 어떻게 서술되고, 나아가 종교에 대해 어떤 새로운 이야기를 하게 되었는지를 탐색하고자 한다.

2) 선교사가 말한 종교

이 책의 구체적인 연구대상은 19세기 말부터 20세기 초에 한국에서 활동한 개신교 선교사의 종교 관련 문헌이다. 조선이 1876년에 일본과 강화도조약을 맺고 1882년에 미국과 조미수호통상조약을 맺은 이후에, 외교관, 군인, 상인, 기술자, 과학자, 여행자 등 다양한 직군의 서양인들이 입국하였다. 이들 중 선교사는 그 수로 보나 거주기간으로 보나 한국에 체류하는 가장 유력한 서양인 집단을 형성하게 된다. 한국의 개신교 선교사 입국은 1884년 장로교 의료선교사 알렌으로부터 시작되었다. 그 이후 1885년에 북장로회 선교사 언더우드, 미감리교 선교사 아펜젤러와 스크랜튼, 1886년에 육영공원 교사 길모어와 헐버트, 1887년에 미감리교 선교사 존스, 1888년에 캐나다 YMCA 선교사 게일, 북장로교 선교사 기퍼드, 1890년에 성공회 선교사 코프와 랜디스 등이 차례로 입국하여 선교의 기초를 닦았다. 선교사 중에는 비교적 짧게 활동한 이도 있지만, 1900년대까지 장기간 한국에 머무른 이들이 많았으며, 언더우드와 게일처럼 더 오랜 기간 활동한 이들도 있었다. 이들은 한국을 처음으로 경험한 세대로서 공통점을 갖는다. 이들은 첫 만남의 강렬함의 기억을 간직한 세대로, 한국, 한국인, 한국 문화를 설명해야 하는 자리에 있었다. 한국에서 만난 낯선 종교문화 역시 그들이 설명해야 하는 주요 대상이었는데, 그래서 이들이 활동하고 저술 활동을 한 1880년대부터 1910년 근처까지는 그 이전과 비교해서는 물론이고 그 이후와 비교해도 한국과 한국종교에 대한 저술이 폭발적으로 늘어났던 시기였다. 우리는 이 선교사들을 '1세대 개신교 선교사'라고 명명하고 한국종교와의 초기 만남이 이루어졌던 시기의 특징을 분석할 것이다.

사실 선교사는 논란이 되는 흥미로운 인간 집단이다. 달리 표현하면 선교사에 관한 글과 이야기, 심지어 연구에는 가치판단이 많이 부여되어 있다. 가치판단은 긍정적인 것과 부정적인 것 양쪽이다. 한쪽에서 본 선교사는 타지에 와서 자기를 희생하여 복음을 전달한 신앙의 영웅이다. 선교사 관련 자료는 교회 내에서 이러한 영웅적 시각에서 작성된 것이 많고, 신학적 연구들도 신앙의 아버지로서 그들의 공헌을 중심으로 선교사를 그리려 한 시도가 많다. 그러나 다른 쪽에서 본 선교사는 제국주의의 한 주체로서, 자국의 정치적 경제적 이해를 대변한 인물이다. 선교사의 행위와 권력관계를 분석하는 연구에서 이러한 시각이 많이 나타난다. 혹은 제국주의 지배자와 선교사 본국이 일치하지 않는 한국의 경우, 서구우월주의 시각에서 벗어나지 못한 문화적 지배자로서 분석된다. 선교사를 다룬 글이나 연구가 긍정 아니면 부정 양극단에 속한 것이 많다 보니, 선교사를 다루는 연구라면 위의 둘 중 하나에 속한다고 생각하는 것이 무리는 아니다.

그러나 이 책에서 선교사를 다루는 시각이 양편에 속하지 않음을 강조하고 싶다. 이를 설명하기 위해서는 최근의 종교학 연구에서 선교사가 매력적인 연구 대상으로 부상하게 된 배경을 설명할 필요가 있다.

최근 종교학계에서 주목받는 주제 중 하나는 타자와의 만남encounter이다. 낯선 이와의 만남은 나와 그들 간의 유사와 차이를 인식하게 하여 종교학의 핵심적 사유인 비교를 가능하게 한다.[9] 특히 근대에 이루어진 서양과 비서구세계의 만남은 여러 학문적 작업의 조망을 받고 있는데, 종교학에서는 종교에 대한 인식론의 차원에서, 비교의 역사 차원에서 이에 접근한다. 만남이라는 주제는 단순히 이국적이고 흥미로운 사건에 관한 관심을 넘어서, 비교 인식이라는 종교학 자체의 역사를 재구성하는 근본적인 문제를 제기한다. 일반적으로 종교학이라는 학문의 역사는 19세기 말 막스 뮐러Max Müller로부터 시작되는 학자들의 역사로 서술된다. 그런데 종교학의 핵심적인 주제를 무엇으로 파악하느냐에 따라 종교학의 출발점에 대한 다양한 견해가 제안된다. 예를 들어 그것을 종교에 대한 합리적인 물음으로 보아 종교학사의 시작을 계몽주의 시대 사상가들로 소급하여 서술하는 작업도 있고, 비서구 세계의 낯선 자료들의 유입과 그 정리를 핵심적인 사안으로 보아 그 시작을 17세기부터 탐구하는 작업도 존재한다.[10] 이 책에서 주목하는

---

9   예를 들어 조너선 스미스는 『종교 관련짓기(*Relating Religion*)』에 수록된 3편의 논문에서 만남과 종교 인식의 문제를 집중적으로 다루었다. Jonathan Z. Smith, "Differential Equations"; "What a Difference a Difference Makes"; "Close Encounters of Diverse Kinds", *Relating Religion*.

10 종교학의 시작을 어디에 두느냐의 문제는 현재 학계에서 논쟁 중인 사안이다. 전통적으로는 종교학의 시작은 서양 근대와 식민주의가 출현한 19세기 말로 보는 견해가 일반적이다. 에릭 샤프, 『종교학』; Hans G. Kippenberg, Barbara Harshav(tr.), *Discovering Religious History in the Modern Age*, Princeton : Princeton University Press, 2002. 그러나 종교에 대한 합리적인 연구의 출발을 계몽주의 시대로 앞당겨 보는 시도도 설득력을 얻고 있으며, 최근에는

것은 종교학의 핵심적 특징이 비교의 사유에 있으며 그것은 타자와의 만남을 계기로 일어난다는 것이다. 자신이 속한 '종교'에 대해 자문自問하는 것은 자신의 세상 안에만 있을 때는 좀처럼 일어나지 않는 일이다. 종교에 대한 물음의 동기가 된 것은 이전에는 상상조차 해보지 못했던 다른 형태의 종교와의 만남이다. 이것은 종교학 출현의 불가결한 요소가 되었다.[11] 달리 표현하면, 다름과의 만남은 종교에 관한 물음을 묻지 않을 수 없게 한 역사의 필연이었다.[12]

다름과의 만남이 종교학적 사유의 출발이라는 점에 주목한다면, 우리는 종교학의 영역을 대학에 있는 학자에 국한하는 것이 아니라 만남이 이루어지는 '현장'으로 확대하게 된다. 구체적으로 말해 서양인들이 비서구세계에 진출하여 해당 지역 사람들을 만나 탐험, 교역, 전쟁, 식민지배 등의 행위를 주고받은 현장은, 종교를 포함한 타자에 대한 정보가 생산된 지점이다. 19세기 아메리카 지역을 여행한 서구인들의 여행기를 분석한 메리 루이스 프랫Mary Louise Pratt은 이 지점을 접촉 지대contact zone라고 불렀다. 접촉 지대는 상이한 문화들이 만나 충돌하고 서로를 이해하는 사회적 공간을 말하며, 이 공간에서 식민주의자와 피지배자, 혹은 여행자와 '여

발견의 시대 이후 새로운 자료와 유적의 발견에 의해 서양에서 종교 개념이 확립되는 시점에서 종교학의 출발을 찾는 견해도 있다. J. Samuel Preus, *Explaining Religion : Criticism and Theory from Bodin to Freud*, New Haven : Yale University Press, 1987; Guy G. Stroumsa, *A New Science : The Discovery of Religion in the Age of Reason*, Cambridge : Harvard University Press, 2010.

11 몰렌딕은 종교학의 출현에서 고고학 발굴, 경전 해석, 고대 언어 연구, 여행기 등 19세기에 제공되었던 '경험적 기반'에 의한 만남이 끼친 중요성을 간과해서는 안 된다고 주장한다. Arie L. Molendijk, "Introduction", in Molendijk & Pels, *Religion in the Making : The Emergence of the Sciences of Religion*, Leiden : E.J. Brill, 1998, p.3.

12 정진홍, 『종교문화의 논리』, 서울대 출판부, 2000, 230쪽.

행지 사람'이라는 양쪽의 주체는 비대칭적이나마 공존하면서 서로 맞물려 있는 이해와 실천을 주고받는 상호적 행위를 한다.[13] 접촉 지대에서 활동한 군인, 탐험가, 상인, 여행가, 과학자, 그리고 선교사와 같은 주체들은 타자의 종교를 만나 비교하고 그 내용을 담은 문헌을 생산하였다. 만남에서 생성된 문헌들은 유럽에서 유통되었고 대학의 학자들의 분석 자료가 되면서 종교학 이론을 생성하였다. 이들의 문헌을 포함할 때, 기존의 종교학사에서 '못다한 이야기'들을 조명하는 총체적인 연구가 가능해진다.[14] 뒤에서 상세히 소개하겠지만, 남아프리카에서 일어난 서양인의 종교 서술을 분석한 종교학자 데이비드 치데스터David Chidester의 『새비지 시스템』은 만남의 주체들의 비교 인식을 분석하고 종교학의 범위를 확장한 모범적인 작업이다.[15] 그는 남아프리카에서 생산된 자료들이 유럽의 종교학에서 생산하는 이론의 재료로 사용되고, 다시 그 이론들이 자료를 생성하는 틀이 되는 상호적 관계를 분석하였다. 프랫이 접촉 지대라고 명명한 공간을 치데스터는 변경邊境, frontier이라고 불렀다. 이 책에서는 19세기 말, 20세 초의 조선이 서양인의 입장에서 접촉 지대나 변경에 해당하는 공간이 된다. 이 책에서 다룬 문헌에는 조선이라는 변경에서 활동한 다양한 서양인, 즉 상인, 여행가, 외교관, 인류학자, 과학자, 교육가 등의 글이 포함

---

13 Mary Louise Pratt, *Imperial Eyes : Travel Writing and Transculuration*, 2nd ed., New York : Routledge, 2008, pp.7~8.

14 찰스 롱(Charles Long)에 의하면 종교학사는 "종교의 속성에 대한 유럽 계몽주의 개념들과 유럽에 의해 정복되고 식민화된 세계 전역의 사람들의 폭력적인 현실 간의 복잡한 상호 관계"를 그린 극적인 이야기이다. Charles H. Long, *Significations : Signs, Symbols, and Images in the Interpretation of Religion*, Philadelphia : Fortress Press, 1986, p.4.

15 David Chidester, *Savage Systems : Colonialism and Comparative Religion in Southern Africa*, Charlottesville : University Press of Virginia, 1996. 우리말 번역으로는 다음을 볼 것. 데이비드 치데스터, 심선영 역, 『새비지 시스템-식민주의와 비교종교』, 경세원, 2008.

된다. 그리고 선교사는 그중 가장 중요한 활동 주체로 분석의 대상이 된다. 선교사는 한국종교를 재료로 비교종교학적 작업을 수행한 사람으로 다루어질 것이다. 그런데 선교사를 이런 식으로 취급하는 것이 흔한 접근은 아니기에 의구심을 제기하는 사람도 있을 수 있다. 이에 몇몇 물음에 대답하는 식으로 선교사에 대해 부연하도록 하겠다.

첫째, 선교사는 종교학의 입장에서 중요한 사람들인가? 이 책에 등장하는 선교사들은 대부분 종교학의 학문적 훈련을 받지 않은 사람들이었고, 활동한 학문 세계도 거의 신학에 국한되었다. 그들은 종교학자라는 자의식을 거의 갖지 않았다. 그럼에도 우리가 그들의 작업을 종교학적인 것으로 평가하려는 이유는 그들이 "최초로 한국종교에 대한 학술적 관심을 보여주었다는 점" 때문이다.[16] 그들은 종교학 지식을 갖고 있었다. 비록 대학에서 종교학을 전공한 것은 아니었지만 19세기 말에 종교학은 선교 준비과정에서 종교에 대한 상식으로서 선교사에게 널리 유포된 지식이었다. 더구나 당시 선교와 종교학 사이의 거리는 지금에 비해 훨씬 가까웠다. 선교는 종교학에 자료를, 종교학은 선교에 이론을 제공하면서 동반자적인 관계를 구축하고 있었기 때문이다. 넓게 보자면 선교사들은 세계 각지에서 낯선 전통들에 보편적 종교 개념을 적용하여 연구대상을 확보하는 종교학적 기획에 참여하고 있었다고 평가할 수 있다. 그리고 한국에서 활동한 선교사들 역시 이에 동참하여 역할을 했다는 점을 살펴볼 것이다. 우리는 이들을 '아마추어' 종교학자라고 명명할 수 있을 것이다.

이 책 제목에 '개신교 선교사'가 명시되었음에도, 여기서 다루어지는 대

---

16 김종서, 『서양인의 한국종교 연구』, 서울대 출판부, 2006, 1쪽.

상이 선교사만은 아니라는 사실을 언급해둘 필요가 있겠다. 여기서 선교사가 주목의 대상이 된 것은, 그들이 한국을 방문한 서양인 중 한국종교에 관한 견해를 대표하는 집단이어서이다. 선교사의 신학적 특성에 주목하는 것이 아니라, 종교에 관해 많이 경험하고 생각해야 하는 그들의 직업적 환경에 의해 상대적으로 많이 생산된 문헌에 주목하는 것이다. 선교사가 서양인으로서 지니는 문화적 전제에 주목하며, 선교사의 발언은 그들이 속한 서양인 문헌 안에서 잘 이해될 수 있다는 것이 이 책의 기본적인 입장이다. 따라서 선교사 외에 한국에 관련된 서양인 문헌이 적지 않게 다루어진다. 구체적으로 개신교 선교 이전에 축적된 서양인 문헌, 즉 하멜로부터 시작하여 여러 서양인 관찰자가 남긴 문헌의 연장선상에서 개신교 선교사 문헌이 다루어질 것이고, 같은 시기 한국에서 활동했거나 방문한 서양인, 즉 외교관, 학자, 여행자 등이 형성한 담론의 맥락에서 개신교 선교사 문헌을 다루고자 노력할 것이다.

둘째, 선교사의 저작의 종교학적인 가치를 평가한다는 것은 무슨 의미를 갖는가? 앞서 말했듯이 이 책에서 중시하는 종교학의 요소는 '종교 개념에 관한 물음'과 '낯선 자료와의 만남'이다. 개신교 선교사들은 한국에서 자신의 기존의 종교 개념으로 설명되지 않았던 종교현상을 만나고 자신의 종교 개념을 되묻게 되었다. 즉 그들은 '종교학적 물음 정황'에 놓였다. 그들은 선교지에서 낯선 종교현상을 만났는데, 이를 개념화하려는 노력은 선교 대상에 대한 실용적인 지식을 넘어서는 지적인 관심에서 비롯되었다. 이 관심이 그의 연구 동기가 되었으며 한국에서 만난 사람들과 문헌들이 그의 자료가 되었다. 그들이 숙지하고 있었던 당시 종교학의 기본 개념들은 그들이 종교를 묻는 방법을 제공했다. 이러한 과정을 거쳐 보편적인 종교 개념을 다시 확립하고 한국종교를 연구대상으로 확립하는 데 기여하였기에, 우리는 초기 선교사들의 저작을 종교학적인 입장에서 평가하고자 한다.

셋째, 선교사들의 작업은 한국 종교학사에 얼마나 큰 흔적을 남겼다고 평가할 수 있는가? 선교사들의 종교학적 '업적'을 냉정하게 평가해야 할 필요가 있는 것도 사실이다. 과연 선교사들이 종교학 개념들을 철저하게 이해하면서 사용하였을까? 그들이 묘사한 한국 자료들은 정확한 관찰과 조사에 근거를 둔 것일까? 이 점에서 선교사들은 초기 한국 종교학사를 구성하는 세 주체인 서양인, 일본인, 한국인 중에서 다른 주체에 비해 더 뛰어나다고 말할 수 없는 것이 사실이다.[17] 아마추어 종교학자였던 선교사들은 종교학 개념의 정리와 소개, 광범위한 자료 수집의 측면에서 일본인 학자에 미치지 못했고, 국내 문헌 자료의 사용에서 한국인 학자와 비교가 되지 않았다. 그래서 실질적으로 한국 종교학이 전개된 이후 연구의 흐름을 주도한 것은 일본인과 한국인이었고, 선교사들의 영향력은 미미하게 남아있는 것이 사실이다. 초기 선교사 저술의 영향은 개신교계에 남아있지만, 그나마도 보수적인 경향으로 인해 한국종교를 일반적 종교현상으로 연구하려는 핵심적인 문제의식은 계승되지 않았다고 보아야 한다. 선교사의 저술에서 한국종교에 관한 관심은 이 책에서 다루는 1880년부터 1910년까지의 시기에 집중적으로 등장하고 그 이후 시기에는 퇴조하는 양상을 보이는데, 이것은 선교사들이 선교 초기에 '종교학적 물음 정황'에 놓였기 때문에 나온 산물임을 보여주는 것이기도 하다.

---

17 세 주체의 종교 연구를 개괄한 연구로는 다음을 볼 것. 김종서, 「한말, 일제하 한국종교 연구의 전개」, 『한국사상사대계』, 제6권, 한국정신문화연구원, 1993.

3) 개신교 선교사가 말한 한국종교

한국에 들어온 개신교 선교사들이 한국종교를 어떻게 보았을까? 사실 이 분야에 관한 지식이 있는 사람이라면 다음과 같이 답할 것이다. 선교사는 기독교를 중심으로 하는 서구우월주의 때문에 전통종교를 이해하지 못하고 우상 숭배라고 비난하고 선교의 대상으로만 삼았다고. 그래서 그들의 저술을 통해 한국종교 자체에 관한 유용한 정보를 얻지는 못할 것이라고. 큰 맥락에서 볼 때 이러한 답변은 크게 틀리지 않는다. 그렇게 볼만한 충분한 자료가 있고, 많은 기존 연구가 이러한 결론을 내린다. 사실 선교사 문헌에서 기독교 위주의 시각에서 타종교를 공격하는 내용이 다수를 차지하며, 이 책에서도 그러한 내용이 상당 부분을 차지한다. 그러나 이 책에서는 그러한 한 가지 결론에만 만족하지 않는다. 몰이해나 부족한 이해도 하나의 이해이며 어떻게 그러한 이해가 이루어졌는지는 따질 가치가 있다. 이 책에서는 선교사가 한국종교를 이해하는 과정에서 세 가지 국면을 집중하여 분석하였다. 종교가 없다는 진술에서 종교의 인식으로 나아가는 국면, 당대의 서구적 종교 개념과 이론이 한국에 적용되는 국면, 한국의 종교 경험을 바탕으로 나름의 종교 이론을 산출하는 국면이 그것이다. 이 세 주제가 이 책의 3장, 4장, 5장에서 다루어질 내용이다.

첫 번째 주제는 서양인의 중론이 한국에서 '종교 없음'에서 '종교 있음'으로 전환되는 과정이다. 조선이 개항한 이후 여러 부류의 서양인이 한반도를 방문하여 한국에 관한 자료를 작성하기 시작하였다. 그전까지 한국에 관한 서양 문헌은 손에 꼽을 정도였지만, 1880년대 이후 직접 경험을 바탕으로 한 한국 관련 서적은 폭발적으로 증가하였다. 그리고 그 외부인의 시선에서 묘사된 한국종교 서술 역시 급증했다. 그런데 1880년대부터

1900년대에 이르는 약 20년 동안의 서양인의 한국종교 서술에서 나타나는 특이한 현상이 있다. 그것은 절대다수의 서양인이 한국에는 종교가 존재하지 않는다고 증언한 것이다.

예를 들어 개항 이후 한국을 방문한 최초의 개신교 선교사 중 한 명인 다우스웨이트A. W. Douthwaite는 1883년에 한국을 방문한 후 이렇게 말했다. "서양 국가에서 일반적으로 '종교'라는 말을 통해 이해하는 것은 한국에 존재하지 않는다."[18] '한국에는 종교가 없다'는 이러한 명제는 서양인 저자 사이에서 일반화되어 19세기 말까지 반복해서 등장했다. 20세기 초가 되어서야 개신교 선교사들은 한국종교의 존재를 인정하기 시작했다. 선교사 조지 허버 존스George Heber Jones가 1901년에 쓴 다음 문장이 이 새로운 인식을 대표한다. "종교 체계는 모든 진화하는 사회에서 일반적이면서도 필수적인 요인인데, 그러한 종교 체계는 한국에 결여되어 있지 않다."[19] 1884년의 서술에서 1901년의 서술로의 변화 속에는 '서양 국가에서 종교라는 말을 통해 이해하는 것', 즉 서구적인 종교 개념이 한국에서의 경험을 담아낼 수 있는 개념으로 확장되었음이 함축되어 있다.

이 책은 20년 넘게 '종교 없음'의 진술이 계속된 사실에 대한 종교학적인 설명을 시도한다. 세계 다른 지역에서 서양인이 비서구인을 처음 접했을 때 '종교 없음' 진술이 나타난 것은 공통된 현상이다. '종교 없음' 진술은 서양인과 타자의 차이를 드러내는 첫 반응이라는 점에서 비교종교 사유의 출발점이다.[20] 그것은 자신의 종교 개념의 불충분성을 인식하는 계

---

18 A. W. Douthwaite, *Notes on Corea*, Shanghai : Shanghai Mercury Office, 1884, p.47.

19 George Heber Jones, "The Spirit Worship of the Koreans", *Transactions of the Korean Branch of the Royal Asiatic Society* 2, 1901, p.38.

20 데이비드 치데스터, 심선영 역, 『새비지 시스템−식민주의와 비교 종교』, 경세원, 2008,

기이기도 하다. 일정한 시간이 지나고 종교가 있다고 발언하게 되었을 때, 그러한 전환을 가능케 했던 지적인 과정은 무엇이었을까? 이것이 이 책이 답하고자 한 첫 물음들이다. 선교사들의 종교 개념과 그 개념을 가능케 한 종교 이론을 분석함으로써 이를 밝히고자 한다.[21]

두 번째 주제는 서양인의 한국종교 서술에 어떠한 당대의 개념과 언어가 사용되었느냐이다. 종교를 서술하는 언어는 시대에 따라, 지역에 따라, 문화에 따라 변화한다. 개신교 선교사들이 19세기 말, 20세기 초에 한국 종교를 서술하기 위해 사용한 개념과 바탕이 된 이론은 당시 서구에서 유통되던 종교 개념과 종교학 이론이었고, 지금의 이해와는 다른 부분도 많다. 이 책에서 주력한 두 번째 주제는 당시 선교사의 종교 서술을 당대의 지적 맥락에서 이해하고자 한 것이다.

선교사 헐버트Homer B. Hulbert는 1906년의 저서에서 한국종교의 핵심적인 측면을 표현하기 위해서 다음과 같이 서술하였다.

> 한국인의 밑바탕에 깔려 있는 종교이자 다른 모든 상부구조의 기초는 한국인 본래의 정령 숭배이다. 일반적으로 이 용어는 애니미즘, 샤머니즘, 페티시즘, 자연 숭배를 포함한다.[22]

여기서 헐버트가 구사한 용어들, 즉 정령 숭배, 애니미즘, 샤머니즘, 페티시

50~60쪽.

21 '종교 개념'에 대한 고찰은 필연적으로 그것을 뒷받침하는 '종교 이론' 분석과 함께 진행되어야 함은 근대 영국의 종교 개념 형성을 연구한 해리슨의 저작에서 잘 나타난다. Peter Harrison, *'Religion' and the Religions in the English Enlightenment*, Cambridge : Cambridge University Press, 1990, pp.1~2.

22 Homer B. Hulbert, *The Passing of Korea*, London : Page & company, 1906, p.404.

즘, 자연 숭배 중에서 어떤 것은 현재에도 사용되는 것이지만 대부분은 현재에는 낯설게 느껴지는, 지나간 종교학 용어에 속하는 것들이다. 우리는 이 헐버트의 문장을 통해서 19세기 말, 20세기 초 한국에서 활동한 선교사들이 당대의 종교학의 이론적 맥락에서 사유하였음을 알 수 있는 한편으로, 이들이 당대의 종교학 이론을 한국의 자료에 적용하는 데 적극적이었음을 보게 된다.

초기 개신교 선교사들에게 당시 서양의 종교 개념과 종교학 이론들은 그들이 한국인을 바라보는 렌즈 역할을 하였다. 이 렌즈는 19세기 말 서양이라는 특정한 역사적 맥락에서 주어진 것이다. 이 렌즈를 파악하기 위해서는 개신교 전통의 신학적인 이해 외에도 당시 종교에 대한 서구의 논의들, 특히 초기 종교학사의 맥락을 이해할 필요가 있다. 그 시기 종교학은 선교사들이 종교에 대해 사유할 때 동원했던 언어의 일부를 이루는 것이었다. 또 이 렌즈는 주어진 것인 동시에 사용하는 과정에서 갈고 닦여지는 것이기도 하다. 이 책은 선교사들이 한국인의 종교와 접하면서 종교에 관한 서양의 문화적 전제를 되돌아보게 되었음에 주목한다. 달리 표현하자면 선교사들이 종교를 인식하는 행위는 '경험에서 비롯한 인식 틀'에 의해 지속적으로 영향을 받았다.[23]

세 번째 주제는 한국종교가 선교사의 종교 이론의 재료가 되는 과정이다. 선교사 중에는 한국에서 경험한 종교를 바탕으로 자신의 '종교론'을 이룬 이들이 있다. 소수의 성취이긴 하지만 의미가 작은 것은 아니다. 선교사들이 당대 이론의 영향을 받아 한국종교에 대한 자료를 생성한 것에 그치지 않고, 그렇게 생성된 자료가 이론에 영향을 미치는 새로운 관계가

---

23 Chongsuh Kim, "The Concept of 'Korean Religion' and Religious Studies in Korea", *Journal of Korean Religions* 1-1&2, 2010, p.24.

형성되는 것이기 때문이다. 예를 들어 대표적인 장로교 선교사 언더우드 Horace Grant Underwood는 자신의 동아시아 선교 경험을 기반으로 다음과 같이 종교사 전개의 단계를 제시하였다.

> 우리가 가장 오래된 나라들의 세속적 자료에서 찾을 수 있는 가장 초기의 숭배는 모든 증거로 볼 때 유일신론이며, 인간은 이를 통해 단순하게 그의 창조주만을 숭배한다. 유일신론으로부터 타락하여 왕을 하느님의 후손이나 대행자로 신격화하게 되고, 그다음에는 영웅, 일반적인 조상들, 자연의 힘 등을 신격화하여 범신론, 다신론, 페티시즘으로 귀결된다.[24]

언더우드의 이론은 당시 신학적 지식인 사이에 통용되던 종교퇴화론의 형태를 띤다. 그는 종교진화론에 반대하면서, 종교의 고등한 형태는 진화의 산물로 후대에 생겨나는 것이 아니라 태초부터 주어진 것이며 종교의 역사는 진화가 아니라 타락의 과정이라고 주장한다. 이러한 이론이 여느 종교퇴화론과 크게 다르지 않은 것은 사실이다. 그러나 그가 이론을 도출한 과정에서 한국종교를 그의 이론의 주요 근거로 삼았다는 사실이 중요하고, 이를 미국 학계에서 제시하였다는 사실이 중요하다.

한국종교는 서구적 종교 개념과 이론이 적용된 대상이었지만, 어떤 경우에는 선교사 문헌을 통해 세계 학계에 보고되어 종교학 이론의 재료로 활용되었다. 이론화의 사례가 많지 않다고는 해도 이러한 상호적 방향성은 이 책에서 주목하는 지점이 된다.

---

[24] Horace Grant Underwood, *The Religions of Eastern Asia*, New York : The Macmillan company, 1910, p.234.

2. 주요 연구들

이 책에서 초기 개신교 선교사들이 한국에서 인식의 틀로서 종교 개념을 사용한 양상을 분석하는 데 도움을 준 선행 연구는 다음 셋으로 편의상 구분될 수 있겠다. 그것들은 종교학계에서 이루어진 종교 개념에 관한 이론적 연구, 역사학계에서 이루어진 한국 개신교 선교사들에 관한 연구, 그리고 종교학 내에서 선교사를 다룬 연구이다.

일단 종교학계에서 종교 개념, 특히 종교 정의에 대한 논의는 학과의 중심적인 의제였고 현재도 활발히 논의가 진행 중인 주제여서 그 폭이 넓지만, 이 책의 작업에 영향을 준 것에 한정해서 소개한다. 또 한국에서 활동한 선교사들에 대해서 다양한 분과에서 다루어진 바가 있는데 여기서는 역사학계와 종교학계의 연구를 개괄하였다. 마지막으로 선교사를 대상으로 한 연구 중에서 종교학의 입장이 두드러진 것들을 중심으로 소개하였다.

1) 종교 개념에 관한 연구

종교 개념 형성의 역사를 다룬 고전적 연구는 윌프레드 캔트웰 스미스 Wilfred Cantwell Smith의 1963년 저작 『종교의 의미와 목적』이다.[25] 스미스는 '종교'가 고정불변하는 대상이 아니라 서양의 특수한 역사적 과정을 거쳐 생성된 개념이라는 사실을 설득력 있게 제시하였다. 비록 종교 개념을 폐기하고 대신 '신앙'과 '축적된 전통'을 사용하자는 그의 대안은 받아들여지지 않았지만, 본질주의적인 종교 개념을 비판하고 종교 개념의 역

---

25 Wilfred Cantwell Smith, *The Meaning and End of Religion*(윌프레드 캔트웰 스미스, 길희성 역, 『종교의 의미와 목적』, 분도출판사, 1991).

사성에 관한 논의를 개시한 그의 작업은 이후의 연구에 중요한 토대를 제공하였다. 이 책과 관련된 캔트웰 스미스의 중요한 통찰은 종교 개념이 타자와의 만남을 계기로 형성되었다는 것이다. 그는 "17, 18세기 서양에서 출현한 체계적 실체로서의 종교는 논쟁과 호교론에 의한 개념"이라고 하였다.[26] 그는 종교라는 개념이 서양인들이 단일한 기독교 세계 내에서만 존재할 때에는 거의 사용되지 않다가 종교개혁이나 지리상의 발견으로 인해 타자를 인식하기 시작한 시기에 개념으로서 성립하였음을 명쾌하게 지적하였다.

조너선 스미스는 종교 개념의 역사를 개괄한 1990년 글에서 타자와의 만남이 보편 개념으로서의 '종교'를 형성하는 과정을 세밀하게 다루었다. 그는 유럽 지성사에서 유럽 밖의 '다른' 종교들과의 만남으로 인해 종교 '들'이 서술되기 시작하고 이로 인해 유類적인 개념 '종교'에 대한 관심이 고조되고 종교 분류의 문제가 쟁점이 되었던 과정을 체계적으로 고찰하였다.[27] 캔트웰 스미스의 연구에서 제시된 종교 개념의 역사성이라는 주제는 현재까지 여러 갈래의 후속 연구를 통해 이어지고 있다. 대표적인 작업은 근대 영국의 종교 개념의 형성과 종교 이론을 정리한 피터 해리슨Peter Harrison의 연구이다. 그는 종교개혁과 계몽주의의 시대였던 19세기 영국에서 '종교'와 '종교들'이라는 보편적 개념과 종교 이론들이 비교를 통해 형성되는 과정을 분석하였다.[28] 이러한 개념적 추이는 동아시아에서도 볼

---

26 Smith, ibid., p.43.
27 Jonathan Z. Smith, "Religion, Religions, Religious", *Relating Religion : Essays in the Study of Religion*, Chicago : University of Chicago, 2004. 이 글은 1998년에 발표된 다음 글을 보완한 것이다. Jonathan Z. Smith, "Religion, Religions, Religious", in Mark C. Taylor (ed.), *Critical Terms for Religious Studies*, Chicago : University of Chicago Press, 1998.
28 Harrison, *'Religion' and the Religions in the English Enlightenment*.

수 있다. 한 연구에서는 중국에서 종교에 상응하는 도道, 교教, 법法 등이 서구의 종교 개념과 마찬가지로 물상화reification 과정을 거쳐 형성되었다고 주장하였다.[29] 종교 개념에 관한 최근의 가장 종합적인 저서는 브렌트 농브리Brent Nongbri의 『종교 이전에Before Religion : A History of a Modern Concept』이다.[30] 이 책은 고대 그리스부터 현대에 이르는 시기의 그간의 연구성과를 정리하여, 종교 개념이 고대부터 본질적으로 존재한 것이 아니라 변화의 역사를 가진 개념이며, 근대 들어 개신교적인 개념으로 확립된 과정을 일목요연하게 보여준다.

종교 개념에 대한 논의는 탈랄 아사드Talal Asad가 보편적 종교 정의를 비판하는 글을 발표한 이래 새로운 국면에 접어들었다. 아사드는 인류학자 클리퍼드 기어츠Clifford Geertz의 종교 정의를 조목조목 비판하면서, 보편적 종교 개념은 존재하지 않으며 종교 정의 자체가 담론 과정의 역사적 산물이라는 점을 명확히 하였다.[31] 그는 종교 정의의 가능성 자체에 회의적이었고 따라서 대안적인 정의를 내놓지도 않았지만, 그의 글은 종교 정의를 새롭게 구성하려는 종교학 작업에 자극이 되었다. 그의 글은 종교 개념이 19세기 근대 유럽에서 기독교에 합법적인 영역을 제공하려는 전략의 산물이었음을 강조했다는 점에서 종교 개념의 정치적 효과에 주목하

---

29 Robert Ford Campany, "On the Very Idea of Religions (in the Modern West and in Early Medieval China)", *History of Religions* 42-4, 2003, pp.287~319.
30 Brent Nongbri, *Before Religion : A History of a Modern Concept*, New Haven : Yale University Press, 2013.
31 Asad, *The Genealogies of Religion*, chap.1. 이 글은 원래 1983년에 발표되었던 것이다. Talal Asad, "Anthropological Conceptions of Religion : Reflections on Geertz", *Man* 18, 1983, pp.237~259. 한편 캔트웰 스미스에 대한 아사드의 평가에 관해서는 다음 글을 참조할 것. Talal Asad, "Reading a Modern Classic : W. C. Smith's 'The Meaning and End of Religion'", *History of Religions* 40-3, 2001, pp.205~222.

는 후속 연구들에 영향을 주었다. 아사드의 관점을 적용한 전형적인 작업으로는, 스리랑카 불교가 어떠한 과정을 통해 담론으로 구성되어 실체화되었는지를 분석한 데이비드 스코트David Scott의 연구를 들 수 있다.[32] 종교 범주 설정의 정치적 효과를 보여주는 다른 연구로는 북미원주민의 종교 개념을 연구한 티사 웬거Tisa Wenger의 작업이 흥미롭다. 이 연구에 따르면 미국 뉴멕시코주 푸에블로 원주민은 이전에는 '관습'으로 분류되었던 자신들의 전통적인 춤을 '종교' 범주에 집어넣음으로써 헌법에 보장된 '종교의 자유'에 근거해서 자신의 전통을 효과적으로 지킬 수 있었다. 이는 피지배자 처지에 놓인 행위주체가 자신의 정치적 목적을 달성하기 위해 종교 담론을 창조적으로 활용하는 양상을 잘 보여준다.[33] 종교 개념의 정치성을 강조하는 연구는 세계 각지의 탈식민주의 상황과 관련해서 지속적으로 이루어지고 있다. 이러한 흐름을 보여주는 한 예로서 『종교의 창안』이라는 책에 실린 논문들을 일별하도록 하겠다. 이 책에서 다루어진 세계 여러 지역의 사례 분석들은 크게 두 경향으로 정리된다. 하나는 종교 개념의 '주변화 전략'으로, 이는 종교를 비세속적이고 정치와 무관한 무역사적인 믿음의 체계로 규정하여 종교의 정치적 의미와 사회적 기능을 제거하는 것을 말한다. 인도불교, 아프리카 전통종교, 이스라엘 하레디즘 Haredism 운동을 다룬 논문들이 이러한 결론을 내린다. 다른 하나는 종교 개념이 상상된 공동체를 만드는 틀로 작용해 민족국가를 만드는 도구가 되는 경향이다. 오스만투르크, 일본, 인도의 경우를 다룬 논문이 이러한

---

32 David Scott, *Refashioning Futures : Criticism after Postcoloniality*, Princeton : Princeton University Press, 1999, chap.2.
33 Tisa Wenger, *We Have a Religion : The 1920s Pueblo Indian Dance Controversy and American Religious Freedom*, Chapel Hill : University of North Carolina Press, 2009.

결론을 내린다. 전자가 주로 유럽인들이 식민 지배의 담론으로 종교를 사용한 경우라면, 후자는 비서구권 사람들이 유럽의 담론에 대항하는 대항담론으로 종교를 사용한 경우라고 할 수 있다.[34]

위의 사례들을 통해 종교 개념의 사용 주체가 식민지배자가 되느냐 피지배자가 되느냐에 따라 두 가지 방향의 운용 양상을 볼 수 있었다면, 한국의 경우에는 여러 주체의 종교 개념들이 혼재하여 위의 두 방향을 포함한 종교 개념의 여러 양상을 한 사회 내에서 모두 볼 수 있는, 종교 개념의 격전장의 양상을 보였다고 해도 과언이 아닐 것이다. 한국의 종교 개념은 'religion'에 대한 일본 번역어 '종교宗教'가 받아들여지면서 사용되기 시작하였다.[35] 1883년에 유길준의 『세계대세론』과 『한성순보』에서 사용된 이래 개항기 지식인들의 근대화 논의에 등장한 '종교'는 문명화라는 과제에 어떻게 작용하느냐에 따라 다양한 전략에 활용되었다.[36] 종교를 문명에 반대되는 것으로 놓는 반종교적인 용법, 종교를 인간의 보편적 본성으로 전제하면서도 사회적인 차원보다는 개인적인 차원에 놓는 용법, 그리고 종교의 발달을 통해 나라의 부강함을 도모하는 용법 등이 혼재했는데,[37] 이것들은 한말 지식인들이 주체가 되어 민족국가를 형성하는 전략으로 사용된 종교 개념이라고 정리될 수 있을 것이다.

---

34 Derek R. Peterson & Darren R. Walhof(eds.), *The Invention of Religion : Rethinking Belief in Politics and History*, New Brunswick : Rutgers University Press, 2002, pp.2~11.

35 한편 일본의 종교 개념 번역과 수용 과정에 관해서는 다음 글을 참고할 것. 이소마에 준이치, 제점숙 역, 『근대 일본 종교 담론과 계보-종교·국가·신도』, 논형, 2016; 호시노 세이지, 이예안·이한정 역, 『만들어진 종교-메이지 초기 일본을 관통한 종교라는 물음』, 글항아리, 2020.

36 유길준이 처음 사용한 종교 개념에 관해서는 다음을 볼 것. 방원일, 「한국 개신교계의 종교 개념 수용 과정」, 『한국기독교와 역사』 54, 2021, 9~13쪽.

37 장석만, 「개항기 한국사회의 '종교' 개념 형성에 관한 연구」, 서울대 박사논문, 1992, 38~58쪽; 장석만, 『한국 근대 종교란 무엇인가?』, 모시는사람들, 2017, 73~75쪽.

일본의 식민지배를 계기로 사정은 한층 복잡해진다. 한국에서는 민족국가를 형성하려는 노력이 결실을 본 것도 아니었고, 서구의 직접적인 지배가 이루어진 것도 아니었다. 한말 지식인의 종교 개념 위에 선교사를 통해 받아들여진 개신교적 종교 개념이 겹쳐졌고, 거기에 일제 당국의 법령을 통한 종교 개념이 적용되면서 복합적으로 작용하였다. 게다가 다양한 종교 진영들이 주체가 되어 종교 개념을 통해 정체성을 확립하고자 했기 때문에 종교 개념은 더욱 복잡해졌다. 몇 가지 예를 든다면 개신교에서 종교의 위계를 설정하는 식으로 기독교의 우월성을 확립하고자 했던 것, 유교인들이 유교의 정통성을 강조하는 수단으로 종교 개념을 받아들이고자 했던 것, 동학이 천도교로 개신改新하여 근대적 종교 관념을 수용한 것 등이 중요한 사례들이다. 한편 무교巫敎는 종교로서 인정받지 못한 채 미신타파 담론에 희생되는 등 아직도 종교의 경계지역에 머무르는 모습을 보이고 있다.[38]

한국에서 종교 개념이 적용되고 사용된 복잡한 역사는 아직 체계적으로 정리되지 않았으며, 해방 이후의 상황을 다룬 논문들도 많지 않다. 한국의 종교 개념사 전체의 맥락을 다루는 것은 이 책의 범위를 넘어선다. 여기서

---

38 일본 식민지 정부의 공인종교 법령이 신종교에 끼친 영향에 관해서는 다음을 볼 것. 윤이흠, 『일제의 한국 민족종교 말살책-그 정책의 실상과 자료』, 모시는사람들, 2007, 제3장. 개별 종교들의 종교 개념 인식과 적용에 관해서는 다음 연구를 볼 것. 이진구, 「근대 한국 개신교의 타종교 이해-비판의 논리를 중심으로」, 『한국기독교와 역사』 4, 1995; 방원일, "한국 개신교계의 종교 개념 수용 과정"; 임부연, "근대 유교 지식인의 '종교' 담론", 『종교문화비평』 9, 2006; 고건호, "천도교 개신기 '종교'로서의 자기 인식", 『종교연구』 38, 2005). 신종교 교단들의 종교 개념을 정리한 연구로는 다음을 볼 것. Donald Baker, "A Slippery, Changing Concept : How Korean New Religions Define Religion", *Journal of Korean Religions* 1-1&2, 2010. 무교와 종교 개념의 관련성에 관한 연구로는 다음을 볼 것. Laurel Kendall, "Korean Shamans and Defining 'Religion' : A View from the Grass Roots", in Jacob K. Olupona(ed.), *Beyond Primitivism*, London : Routledge, 2004.

는 개신교 선교사들의 종교 개념 적용은 복잡다단한 한국의 종교 개념사의 첫머리에 해당한다는 점을 지적할 수 있을 뿐이다. 한국의 종교 개념에 관한 기존 연구들에서 선교사들의 저작은 앞부분에서 언급되기도 하지만, 개별적으로 간단히 언급되는 정도이다. 또 당시 종교학 이론의 맥락에서 그들의 종교 개념을 분석한 작업은 충분하지 않다. 이 책에서는 이러한 작업을 수행함으로써 한국종교 개념사의 전체 구도를 보다 입체적으로 구성하는 데 기여하고자 한다.

2) 개항기 서양인과 선교사에 관한 연구

19세기 말 한국을 방문한 서양인과 한국에서 활동한 개신교 선교사를 연구한 성과들은 적지 않다. 이들은 관점에 따라 두 부류로 나눌 수 있다. 한쪽은 선교사의 제국주의적 입장이나 서양 중심주의를 비판하는 입장의 연구들이고, 다른 쪽은 호의적이거나 중립적인 입장에서 개별 선교사들의 한국종교 연구를 정리한 연구들이다.

에드워드 사이드Edward Said가 오리엔탈리즘Orientalism이라는 문제의식을 제시한 1990년대부터 여러 학문 분과에서 서양인이 한국을 방문하고 남긴 기록에 주목하기 시작하였다.[39] 서양 선교사들의 저술에 대해서도 그들의 정치적 입장을 분석한 연구들이 등장하고 있다. 이런 연구들은 선교사의 제국주의적 태도를 비판하거나 오리엔탈리즘에서 벗어나지 못한

---

39 김종갑, 「초월적 기표로서 '조용한 아침' – 퍼시발 로웰의 『조선 – 조용한 아침의 나라』」, 『19세기 영어권 문학』 14-1, 2010, 7~8쪽. 그 이전에도 외국인들의 한국 기록에 관한 고전적인 연구들이 국문학과 역사학 등 여러 분야에 축척되어 있었다. 대표적인 예로는 다음을 볼 것. 고영근, 「19세기 전반기의 서양인의 국어연구자료」, 『관악어문연구』 3, 1978; 고영근, 『국어문법의 연구』, 탑출판사, 1983; 고영근, 『한국어문운동과 근대화』, 탑출판사, 1998; 홍이섭, 『홍이섭 전집 5 – 외교사, 교섭사』, 연세대 출판부, 1994.

그들의 인식의 한계를 지적한다.[40] 그러나 탈식민주의 비판을 단순히 적용한 연구들은 '서양 선교사의 인식은 서구적이다'라는 동어반복적인 결론에 머물 소지가 크다.[41] 이러한 난점에서 벗어나기 위해서는 오리엔탈리즘의 문제의식을 반성적으로 검토할 필요가 있다. 서양인의 서술이 제국주의적 이해와 직접 결합되어 있지 않은 경우도 많이 있으며, 그들의 서술이 서양 관찰자로부터 비서양 관찰 대상에 덧씌워지는 일방적인 것으로만 나타나지도 않는다는 점에 유의할 필요가 있다.[42] 서양인의 서술도 타자와의 상호관계에서 형성된다는 사실은 여러 학자들에 의해 지적되었다. 불교학자 도널드 로페즈Donald Lopez는 명백히 서양 근대학문으로서 출현한 불교학을 분석하면서, 불교라는 타자에 대한 지식의 형성 과정에서 권력의 행사가 능동과 수동의 관계로 명확하게 획정지어지지는 않는다는 점을 지적한 바 있다.[43] 리처드 킹Richard King도 『오리엔탈리즘과 종교』에서 비슷한 지적을 한다. 그에 따르면 서양 학자들이 타자를 대상으로 하는 학문을 구성할 때 학문적 대상이 되는 비서구인 역시 서양인의 시선

---

40 예를 들어 다음 연구들을 볼 것. 신형식, 「일제초기 미국 선교사의 한국관-Griffis의 'Corea, the Hermit Nation'을 중심으로」, 『일본식민지 지배초기의 사회분석』, 이화여대 한국문화연구소, 1987; 김희영, 「오리엔탈리즘과 19세기 말 서양인의 조선 인식-이사벨라 버드 비숍의 『조선과 그 이웃나라들』을 중심으로」, 『慶州史學』 26, 2007; 이항순, "미국 선교사들의 오리엔탈리즘과 제국주의적 확장", 『선교와 신학』 12, 2003.

41 이런 전형성에서 벗어나서 개인적 차원을 고려하면서도 이데올로기적 분석이 이루어진 연구로는 이사벨라 버드 비숍과 조지 커즌에 관한 박지향의 연구가 있다. 박지향, 『일그러진 근대-100년 전 영국이 평가한 한국과 일본의 근대성』, 푸른역사, 2003, 2장.

42 조현범, 『조선의 선교사, 선교사의 조선』, 한국교회사연구소, 2008, 46~48쪽.

43 로페즈는 사이드의 오리엔탈리즘 테제에서 수정해야할 부분을 다음과 같이 지적하였다. "일반적으로 사이드는 동양화(東洋化)하는 사람들과 동양화 당하는 사람들 간에 존재하는 교환의 관계망을, 유럽인과 아시아인 사이에서 일어나는 밀고 당김의 관계망을 고려하지 못했다. 그 밀고 당김 안에서 아시아인 역시 행위주체이기 때문이다." Donald S. Lopez, "Introduction", in Donald S. Lopez(ed.), *Curators of the Buddha : The Study of Buddhism under Colonialism*, Chicago : The University of Chicago Press, 1995, p.12.

에 나름대로의 반응을 보이기 때문에 학문이 구성되는 과정에서 역할을 한다. 달리 표현하여 그는 종교학과 같은 학문을 '문화 간 미메시스intercultural mimesis' 과정의 생성물로 보아야 한다고 제안한다.[44] 이 책은 서양에서 들어온 학문인 종교학이 단순히 서양 개념의 덧씌움의 양상으로 시작한 것이 아니라, 한국 자료와의 상호관계에 의한 개념적 성찰이 계기가 되었음에 주목한다는 점에서 이러한 문제의식의 연장선상에 있다.

이 책과 직접 관련된 선행연구로는 선교사들의 한국종교에 관한 관심을 정리한 작업을 들 수 있다. 이필영과 김종서의 선구적인 연구 이후,[45] 기독교사 전공자들에 의해 선교사의 한국종교 서술에 대한 세분화된 연구들이 발표되었다. 개신교 선교사들의 종교 서술을 개괄한 연구로는 류대영, 이덕주, 김홍수 등의 연구를 꼽을 수 있다.[46] 또 이들의 연구 중에서는 로스, 헐버트, 언더우드, 존스 등 선교사들 개인의 종교 서술에 대한 것도 상당수 축적되어 있다.[47]

---

44 Richard King, *Orientalism and Religion : Postcolonial Theory, India and 'the Mystic East'*, London : Routledge, 1999, pp.148~152.
45 이필영, "초기 기독교 선교사의 민간신앙 연구", 동서문화연구소, 『서양인의 한국문화 이해와 그 영향』, 한남대 출판부, 1989; 김종서, 「한말, 일제하 한국종교 연구의 전개」.
46 이덕주, 「초기 한국 기독교의 타종교 이해(1)」, 『세계의 신학』 33, 1996; 이덕주, 「초기 한국 기독교의 타종교 이해(2)」, 『세계의 신학』 34, 1997; 이덕주, 『한국 토착교회 형성사 연구』, 한국기독교역사연구소, 2000, 77~87쪽; 류대영, 『초기 미국 선교사 연구』, 한국기독교역사연구소, 2001, 181~197쪽; 옥성득, 「초기 한국교회의 단군신화 이해」, 이만열 편, 『한국기독교와 민족통일운동』, 한국기독교역사연구소, 2001; 김홍수, 「19세기 말~20세기 초 서양 선교사들의 한국종교 이해」, 『한국기독교와 역사』 19, 2003; 서정민, 「선교사와 토착화 신학자들의 한국종교 연구과정 – 목표와 범위를 중심으로」, 『한국교회사학회지』 19, 2006; 류대영, 「국내 발간 영문 잡지를 통해서 본 서구인의 한국종교 이해, 1890~1940」, 『한국기독교와 역사』 26, 2007. 류대영의 다음 책은 미국 선교사들의 중산층으로서의 사회적 배경, 한국에서의 일상, 신학적 경향, 자본주의와의 관계 등을 제시함으로써 선교사들이 어떤 사람들인지를 입체적으로 보여주었다. 류대영, 『초기 미국 선교사 연구』, 한국기독교역사연구소, 2001.
47 대표적인 성과로는 다음을 볼 것. 김홍수, "호레이스 G. 언더우드의 한국종교 연구", 『한국

개신교 선교사의 한국종교 이해와 관련해서 단연 돋보이는 작업은 옥성득의 연속적인 저술이다. 그의 저술에 대해서는 별도로 언급할 필요가 있다.

옥성득은 2002년에 영어 박사논문 "한국 기독교 토착화"를 제출하였고, 이를 발전시켜 2013년에 영어 단행본『한국 기독교의 형성 The Making of Korean Christianity』을 출판하였다.[48] 그의 연구성과는 국내에도 소개되어, 2016년에 성과 일부를 반영한『새로 쓰는 초대 한국 교회사』가 출간되었고, 2020년에 영어 단행본이 완역된『한국 기독교 형성사─한국종교와 개신교의 만남, 1876~1910』이 출간되었다.[49] 그 사이에 무속과 선교사의 상호관계, 개신교 선교사의 지적 맥락에 관한 중요한 논문도 출판되었다.[50] 옥성득의 연구

기독교와 역사』 25, 2006; 이덕주, "존스(G.H. Jones)의 한국 역사와 토착종교 이해",『신학과 세계』 60, 2007. 해외 연구자에 의한 선교사 개인에 관한 연구들로는 다음을 들 수 있다. Rutt Richard, *James Scarth Gale and His History of the Korean People*, Seoul : Royal Asiatic Society, 1972; 김정현,『羅約翰(John Ross), 한국의 첫 선교사』, 계명대 출판부, 1982; Edward E. Poitras, "The Legacy of Henry G. Appenzeller", *International Bulletin of Missionary Research* 18, 1994; James H. Grayson, "The Legacy of John Ross", *International Bulletin of Missionary Research* 23-4, 1999. 또 선교사 게일의 생애에 걸친 모든 저작과 한국 관련 작업을 총망라한, 기념비적인 선교사 연구서인 유영식의 다음 저작은 이 분야 연구의 지평을 넓혀주었다. 유영식,『착혼목쟈─게일의 삶과 선교』, 진흥, 2013.

48 Sung-Deuk Oak, "The Indigenization of Christianity in Korea─North American Missionaries' Attitudes toward Korean Religions, 1884-1910", Th. D. dissertation, Boston University, 2002; Sung-Deuk Oak, *The Making of Korean Christianity*, Waco : Baylor University Press, 2013.

49 옥성득,『새로 쓰는 초대 한국 교회사』, 새물결플러스, 2016; 옥성득,『한국 기독교 형성사─한국종교와 개신교의 만남, 1876-1910』, 새물결플러스, 2020. 그 외에도 기독교사 연구에서 중요한 다음 저서와 번역이 출판되었다. 옥성득,『한반도 대부흥─사진으로 보는 한국 교회, 1900~1910』, 홍성사, 2009; 존스, G. H, 옥성득 역,『한국 교회 형성사』, 홍성사, 2013.

50 무교에 대한 초기 선교사들의 태도가 잘 정리된 다음 논문은 이 책의 제4장의 논의에 큰 도움이 되었다. Sung-Deuk Oak, "Healing and Exorcism : Christian Encounters with Shamanism in Early Modern Korea", *Asian Ethnology* 69-1, 2010. 선교사의 지적 맥락을 설명한 다음 논문은 제5장의 논의에 큰 도움이 되었다. "A Genealogy of Protestant Theologies of Religions in Korea, 1876-1910 : Protestantism as the Religion of Civilization and Fulfillment", in Anselm Kyungseok Min(ed.), *Korean Religions in Relation*

는 이 책에서 다루는 주요 주제들을 정확한 자료와 더불어 선도적으로 논의했기에 중요하다. 그는 한국종교에 대한 개신교 선교사의 태도가 변화했음에 명확하게 주목하였다. 선교사의 정령 숭배 이해, 그들이 타종교에 대한 바울적 이해, 당시 선교사들의 지적 배경과 종교퇴화설에 관해서 이 책에 앞서 심도 있게 다루었다. 이 책에서 미진하게 다루어진 신 명칭 번역과 종교 이해의 관련성에 대해서는 탁월하게 논증하였다. 무엇보다도 옥성득의 연구에서는 선교사 관련 자료를 넓고 두텁게 활용하여 기존 연구와 차별화되는 지점에 도달했다는 점이 중요하다. 이 책이 옥성득의 선행 연구의 자료 활용에 빚진 바가 크면서도 자료의 폭과 깊이에서 선행 연구를 넘어서지 못했다는 사실을 뼈아프게 인정할 수밖에 없다.

이 책이 선행 연구에서 도움받은 구체적인 내용은 본문에서 밝히기로 하고, 여기서는 견해 차이가 나는 부분만 간단히 언급하고자 한다. 이 책에서 밝히고자 한 것은 선교사들의 언급이 갖는 종교학적 가치이다. 옥성득의 연구에서 주목하는 것은 한국종교에 관한 선교사의 연구나 지식이 기독교와 갖는 관계, 즉 그들의 종교 지식이 어떠한 신학적 태도를 형성하였는가이다. 옥성득은 이 신학적 태도를 성취론fulfillment theory으로 보았고,[51] 이것이 기독교에 대한 한국인의 주체적 해석과 결합하여 한국기독교를 형성하는 밑바탕이 되었다고 주장하였다.[52] 선교사는 종교학이 아니

: *Buddhism, Confucianism, Christianity : Essays in Honor of Professor Wi Jo Kang*, Albany : State of New York Press, 2016.

51 Oak, "The Indigenization of Christianity in Korea", pp.472~479; 옥성득, 『한국 기독교 형성사』, 83, 708~709쪽.

52 이 책에서 신학적 태도는 주된 논의 대상이 아니지만, 성취론의 위상에 대해서는 이견이 있다. 필자는 성취론이 완결된 신학 이론으로 정립되었는지, 그리고 선교사의 주류적 태도를 형성하였는지는 확신을 유보한다. 이 책에서 다룬 선교사의 종교학적 연구가 엄밀히 말하면 아마추어적인 작업으로 평가될 수 있듯이, 성취론적 선교 신학 역시 존스와 게일

라 선교를 하러 온 이들이기에, 다른 종교에 관한 언급이 결국은 그들의 선교 신학의 재료를 이룬다는 지적은 타당하다. 그러나 이 책은 한국종교에 대한 학문적 인식과 신학적 태도를 분리해서 볼 것이다. 종교학의 자리에서 보면 선교학적 인식이 종교에 관한 서술을 제약하는 일도 있다. 예를 들어 높은 수준의 종교 이해를 보여주는 선교사의 글이 마지막 부분에는 기존의 신학적 입장을 되풀이하는 사례도 빈번히 볼 수 있다. 한 선교사 저술에 대한 종교학적 평가와 신학적 평가는 별개이다. 이 책에서는 선교사 본업에 관련된 평가와 쟁점보다는 한국 종교학사를 구성할 수 있는 자료로서의 선교사 연구에 집중하였다.

3) 선교사를 다룬 종교학 연구

이 책에 가장 큰 영향을 준 연구는 선교사에 대해 종교학적인 입장에서 접근한 성과들이다. 한국에서 활동한 개신교 선교사들에 종교학 연구로는 김종서의 「한말, 일제하 한국종교 연구의 전개」와 그 후속 연구인 『서양인의 한국종교 연구』가 독보적인 작업이다.[53] 식민지 현장에서 활동했

같은 뛰어난 성과에도 불구하고 전체적으로는 맹아적 모습을 보인다고 생각된다. 더구나 타종교에 대한 선교사 일반의 배타적 태도에 변화를 끼쳤다고 생각하기엔 무리가 있다. 이 책에서는 한국에서 선교사들이 취한 태도에 대해 성취론이라는 용어를 사용하는 대신 종교의 보편성에 대한 당대 인식의 연장선상에서 이해하려는 입장을 취했다. 이에 대해서는 5장에서 다루어진다. 성취론과 내한 선교사의 입장 사이의 관계는 아직 명확하지 않다. 성취론은 1910년 에든버러 선교회의에서 공식화된 입장으로 선교지의 종교 전통을 기독교의 완성을 위한 준비 단계로서 활용하고자 하는 태도이다. 원래 성취론은 20세기 초 인도 지역 선교, 특히 선교사 파쿠하르(John N. Farquhar)에 의해 정립된 선교 이론으로서, 기독교가 힌두교의 완성된 형태라는 주장에는 근대 힌두교 특유의 포괄주의적 논리의 영향을 볼 수 있다. 이러한 주장은, 그리스도가 힌두교의 최종 목표이며 힌두교 신앙의 왕관에 해당한다고 주장하는 파쿠하르의 저작 『힌두교의 왕관』에서 완성된 모습으로 나타난다(John N. Farquhar, *The Crown of Hinduism*, London : Oxford University Press, 1913, pp.457~458).

던 서양인에 의해 이루어진 비교 인식에 주목하여 종교학사를 조명하는 연구가 최근 세계 종교학계에서 부상하고 있는데, 한국지역에서 활동한 서양인들의 저술을 종교학적 시각에서 개괄한 연구가 이미 진행되었다는 것은 의미가 있다. 이 연구들을 통해서 서양인들의 기록은 단지 한국에 대한 호사가적 관심에서 작성된 이방인들의 글이 아닌, 한국종교 연구사라는 학문적 기획의 연속성 내에 배치될 수 있었다. 특히 『서양인의 한국종교 연구』는 선교사의 작업과 해방 이후 지금까지 영미권 학자들에 의해 진행되고 있는 연구들과의 연속성을 잘 보여준다.

이 연구들에서는 선교사뿐만이 아니라 당시 한국을 방문한 '서양인'들이 함께 다루어지는데, 이것은 기독교사학계의 선교사 연구와 차별되는 부분이다. 한국을 방문한 서양인들은 정보와 인식을 직간접적으로 공유한 지적 공동체를 형성하고 있었다는 점에서 함께 다루어져야 할 필요가 있다. 이 책에서도 선교사들이 당시 한국에 있었던 여행자, 외교관, 상인 등과 공유한 인식과 상호 영향은 중요하게 다루어질 것이다. 또 김종서의 연구에서 선교사들이 한국종교를 서술하면서 주목한 특징적인 주제들이 제시되었다는 점도 중요하다. 예를 들면 이 책의 주제가 되는 종교의 인식

---

53 1993년의 연구에서는 서양인, 일본인, 한국인의 세 주체가 19세기부터 일제시대까지 행한 한국종교 연구가 개괄되었다(김종서, 「한말, 일제하 한국종교 연구의 전개」). 이 중에서 서양인의 연구에 해당되는 부분에 해방 이후 서양학자들의 한국종교 연구에 대한 내용이 대폭 보강되어서 2006년에 단행본으로 출간되었다(김종서, 『서양인의 한국종교 연구』). 해방이전 연구에 관한 부분은 영문으로도 소개되었다. Chong-suh Kim, "Early Western Studies of Korean Religion", in Suh Dae-sook(ed.), *Korean Studies : New Pacific Currents*, Honolulu : Hawaii University Press, 1994; Kim, "The Concept of 'Korean Religion' and Religious Studies in Korea". 또한 종교 개념이 근대 한국사회의 분화와 맞물려 어떤 변화를 보였는지에 대한 고찰이 다음 글을 통해 제시되었다. 김종서, 「근대화와 한국종교의 개념」, 서울대 종교문제연구소, 『종교와 역사』, 서울대 출판부, 2006.

과정 외에도 한국종교의 중층다원성 인식, 귀신이라는 존재에 대한 인식과 샤머니즘이라는 범주의 사용, 민간 신앙의 종교 전문인에 대한 관심, 유일신관에 대한 관심 등의 사항들이 이 연구를 통해 주제화되었다. 이 책에서는 이러한 주제들을 연대기적으로 좀 더 정리된 형태로 다루고 당시 유럽의 이론적 맥락과 연결해서 탐구할 것이다.

최근 세계 종교학계에서 타자와의 만남에서 비롯한 비교인식은 주목받고 있는 주제이다. 세계 여러 지역에서 활동한 선교사들의 문헌들도 이러한 최근의 종교학적 관심 아래 분석되고 있다. 식민지에서 생산된 지식과 유럽 종교학사의 관계를 본격적으로 연구한 선도적인 작업은 서양인들의 남아프리카 종교 서술을 분석한 데이비드 치데스터의 『새비지 시스템』이다. 치데스터는 남아프리카라는 변방에서 생산된 자료들이 유럽의 제국 종교학에서 생산하는 이론의 재료로 사용되고, 다시 그 이론들이 변방에서 자료를 생성하는 틀이 되는 상호적 관계를 치밀한 분석을 통해서 보여주었다. 이렇게 식민지 지역 종교학과 유럽의 종교학이 상호 조응하는 양상은 남아프리카 외의 다른 지역에서도 비슷한 모습으로 나타났기 때문에, 치데스터의 분석은 한국에서 활동한 선교사의 글을 분석할 때 좋은 참고점이 된다.

한국 선교와 직간접적으로 관계를 갖는 동아시아 개신교 선교사에 관련해서도 주목할 만한 종교학 연구들이 생산되고 있다. 먼저 주목할 만한 저작은 노먼 지라르도Norman J. Girardot가 중국 선교사이자 저명한 중국학자 제임스 레그James Legge의 학술활동과 번역작업을 일대기적 차원에서 상세히 분석한 『빅토리아 시대 중국의 번역』이다.[54] 선교사와 학자의 경계에서 위치하면

---

54 Norman J. Girardot, *The Victorian Translation of China : James Legge's Oriental Pilgrimage*, Berkeley : University of California Press, 2002.

서 옥스퍼드대학 동료인 막스 뮐러의 『동방의 성전*The Sacred Books of the East*』 시리즈에도 참여해 종교학 작업을 수행했던 레그를 재조명하면서, 이 책은 초기 종교학과 자유주의 신학의 이상이 얼마나 겹쳐져 있는 것인지를 강하게 암시한다. 중국종교에 대한 이해를 통해 기독교를 전달하는 언어를 찾고자 했던 레그의 자유주의적 선교방법, 특히 'God'의 번역어로서 상제上帝를 사용했던 그의 입장은 우리가 이 책에서 다룰 존 로스John Ross와 관련을 갖는다. 만주에서 한국 선교를 준비하고 성경을 번역했던 로스는 레그와 신학 노선과 번역에 대해 비슷한 입장을 지녔다. 결국 로스가 제시한 번역어 하느님은 한국의 '종교 있음'을 말하는 중요한 기반이 되었는데, 이러한 번역은 로스와 레그, 그리고 레그와 뮐러가 공유했던, 다시 말해 선교사와 초기 종교학이 공유했던 종교에 대한 전제에 기반을 둔 것이었다.

중국 선교사를 다룬 또 하나의 종교학 연구로는 에릭 라인더스Eric Reinders 의 『빌려온 신들과 외국인의 몸』이 있다.[55] 이 책은 19세기 서양 개신교 선교사들이 중국인들과 몸으로 부대끼는 과정에서 어떠한 문화적 이미지를 통해 상대방을 이해하였는지를 분석한다. 이 책은 텍스트를 넘어 몸뚱이를 매개로 한 일상의 차원에서 이루어진 타자의 만남의 모습을 제시한다는 점에서 성과를 거두었다고 평가할 수 있다.[56] 라인더스는 특히 개신교 선교사들이 우상에 절하는 중국인들의 모습을 통해 중국종교를 정신이 결여된 육체적 종교로 파악한다고 분석하는데, 여기에는 개신교의 반육체적, 반의례적 태도가 반가톨릭적 태도와 강하게 결부되어 있음을 보

---

55 Eric Reinders, *Borrowed Gods and Foreign Bodies : Christian Missionaries Imagine Chinese Religion*, Berkeley : University of California Press, 2004.
56 선교사 연구에서 일상의 중요성에 대해서는 다음을 참고할 것. 조현범, 『조선의 선교사, 선교사의 조선』, 55~67쪽.

여준다. 중국의 개신교 선교사들의 이러한 시각은 비슷한 시기 한국의 개신교 선교사들의 서술을 이해하는 데도 참고가 된다.

이상의 선행연구 개괄을 바탕으로 이 책의 입장을 정리하면 다음과 같다. 이 책은 선교사를 연구대상으로 하지만 선교학적 관심, 즉 선교의 성과나 선교사의 업적에 초점을 두는 연구가 아니다. 또 한국에서 활동한 초기 개신교 선교사들의 특징을 종합적으로 규명하거나, 이를 통해 한국 개신교의 성격을 밝히고자 하는 역사학적인 연구를 지향하는 것도 아니다. 이 책에서 다루는 자료는 초기 개신교 선교사라는 집단의 성격을 대표하는 것이라기보다는 특정한 이론적 관심에 입각해서 선택된 일부 선교사들의 것들이다.

이 책은 종교라는 범주가 고정불변의 대상이 아니라 특정한 역사적 조건 아래 형성된 것이며 관찰자나 연구자의 시선에 의해 다듬어지고 발전되는 것이라는 이론적 입장 위에 서 있다. 이런 점에서 이 책은 담론의 형성에 주목하는 후기구조주의적 연구나 서양인의 시선에 의해 타자에 대한 지식이 형성되었음을 강조하는 오리엔탈리즘 이후의 연구들에 빚진 바가 크다. 이러한 의미에서 이 책은 선교사들의 한국종교 이해를 그들이 한국을 타자화하는 과정에서 생긴 산물인 '개신교 오리엔탈리즘'으로 규정하는 견해에도 기본적으로 동의한다.[57] 그러나 이 책이 이러한 최근 연구 동향과 일치하지 않는 부분도 있다. 일반적으로 담론 연구에서 어떤 개념이 형성되는 과정을 연구하는 것은 그 개념이 갖는 정치적인 의도성을 밝히는 것을 목적으로 한다. 최근의 종교 개념 연구에서도 지배자의 입장에서건 피지배자의 입장에서건

---

57 이진구, 「근대 한국 개신교의 타종교 이해」, 158쪽.

개념이 함축하는 정치적 의미를 규명하는 연구들이 주를 이룬다. 그러나 이 책에서는 정치적 의도를 밝히는 데 주안점을 두지 않았다.

이 책에서 관심을 집중한 부분은 인식론적인 측면이다. 낯선 대상을 만났을 때, 자신에게 문화적으로 익숙한 개념으로 그것을 서술하는 것이 어려운 상황에 직면했을 때, 인간이 그 개념적 문제를 어떻게 해결하는지에 주목한 것이다. '종교'는 이러한 상황에 대해 말해주는 적절한 주제 중 하나이다. 낯선 대상과 만났을 때의 '놀라움surprise'이 주는 지적 효과는 기존 개념에 대한 자각과 재편성이다.[58] 이 책에서 개신교 선교사들의 종교 개념을 분석하는 것은, 그들이 종교 개념을 통해 어떤 선교적 의도나 지배의 효과를 달성하고자 했는가를 알아내고자 하는 것이기보다는, 그들이 한국종교라는 낯선 대상과의 만남에서 어떤 놀라움을 겪었고 어떻게 자신들의 기존 개념을 자각하였으며 어떻게 당시 종교학의 논의에 참여하여 이론적 도움을 받았으며 어떤 독자적인 결과물을 생산하였는지 그 지적인 과정을 추적하는 것을 목적으로 한다.

3. 책의 구성

개신교 선교사들의 저술을 맥락 내에 위치시키기 위해서, 한편으로는 그들이 활동하기 이전에 한국종교에 대해 축적되어 있던 정보와 그 성격을 제대로 파악할 필요가 있으며, 다른 한편으로는 이들이 사용한 19세기

---

58 Smith, *Relating Religion*, pp.208 · 370~371.

종교학 이론을 검토할 필요가 있다. 선교사 외에 한국을 방문했던 서양인들의 저술로는, 개신교 선교사들의 한국 이해에 기본 지식을 제공했던 하멜, 귀츨라프, 가톨릭 선교사, 그리피스, 로스 등의 저술들이 제2장에서 다루어질 것이다. 또한 선교사와 동시대에 한국을 방문하며 영향을 주고받은 로웰, 비숍 등의 다른 관찰자들의 저술들이 제3, 4장에서 필요에 따라 선교사들의 저술과 나란히 다루어 질 것이다. 선교사들이 활동하던 시대에 유행한 종교학 이론들에 대한 저술로는, 막스 뮐러와 타일러의 저술들, 그리고 이 종교학 이론을 선교사들에게 매개하는 역할을 한 신학계의 비교종교학 저술들이 제4, 5장에서 필요한 맥락에서 다루어질 것이다.

이 책은 주로 위에서 선교사와 서양인 저자의 문헌 분석을 통해 이루어졌다.[59] 그들이 저술한 단행본들, 선교 잡지나 학술지에 기고한 글들이 주된 분석 대상이 되었으며, 선교사 외에도 한국을 방문하여 기록을 남긴 서

---

[59] 개신교 선교사들의 문헌, 그리고 서양인들의 한국 관계 문헌들을 정리한 목록들에 대해서는 다음에 잘 소개되어 있다. 김종서, 『서양인들의 한국종교 연구』, 3~6쪽. 비교적 최근까지 한국 관계 서양인과 선교사 문헌을 구해서 보는 것이 쉽지 않은 경우가 많았지만, 2004년에 경인문화사에서 200권으로 구성된 『近世 東亞細亞 西洋語 資料叢書』를 발간함에 따라 연구자들이 자료를 참조하는 데 크게 도움이 되었다. 선교사의 단행본 중에는 한국어로 번역 소개된 것들도 많이 있다. 집문당에서 발간한 『한말외국인기록』 총서가 대표적이다. 또한 최근에 서양인의 한국 인식에 대한 관심이 높아져 새로운 자료들도 많이 소개되었다. 살림에서 발간하고 있는 『그들이 본 우리』 총서가 대표적이다. 그런데 종교 관련 기록의 경우 번역본에 의존하기 힘든 경우가 있다. 번역자가 종교 전공자가 아니다 보니 생기는 오류들이 있고, 더 결정적으로는 뜻이 통하는 경우라도 종교에 대한 용어가 전혀 통일되어 있지 않아 생기는 문제가 있다. 이 책에서 관심을 갖는 것은 선교사들이 어떤 '종교학 어휘'를 통해서 한국종교를 이해하였는가인데, 번역본에는 용어에 대한 기준 없이 번역자마다 각기 달리 의역했기 때문에 인해 선교사들의 언어가 무엇이었는지 알아보기 힘들다. 예를 들어 'fetishism'이나 'animism'과 같은 종교학 용어들은 번역본마다 달리 나타난다. 또한 'demon', 'devil', 'evil spirit', 'unclean spirit', 'spirit', 'kwisin', 'god' 등은 모두 '귀신'이라고 번역될 수 있다. 선교사들이 사용한 19세기 언어를 탐구하려는 논문의 목적상, 번역본들은 거의 참조되지 않았다. 본문에 인용된 자료들은 특별한 표시가 없는 한 필자가 직접 번역한 것이다.

양인들의 기록들과 선교사가 활동하던 당시에 전개된 종교학 저서들, 그리고 이 이론적 성과를 신학계에 소개한 책자들이 참고자료가 되었다.[60] 선교사에 관한 기존 논문에서는 선교사 개인별로 자료를 소개하고 분석되는 경우가 대부분이었지만, 이 책에서는 개신교 선교사를 포함한 서양인 관찰자들을 어느 정도 지적 인식을 공유하는 하나의 공동체로 상정하여 종합적으로 분석하였다. 서양인 관찰자 집단 내에서 개념적 인식의 추이가 어떻게 진행되는가에 초점을 맞추어 분석하였으며, 한국에서 선교사들이 종교를 이해하는 과정이 이전부터 축적되어 있거나 동시대 유럽에서 축적된 방대한 텍스트의 망과 분리되지 않은 상태에서 이루어졌음을 보이고자 한다.

책의 제2장은 개신교 선교사들의 종교 인식의 전사前史에 해당하는 내용으로, 선교 이전에 축적된 한국종교에 관한 논의들이다. 여기서 등장하는 하멜, 귀츨라프, 그리피스, 달레, 로스 등은 별도의 맥락에서 한국과 인연을 가졌기 때문에 그들의 저작은 각각 분석될 수밖에 없었다. 한국에서 활동한 선교사들은 이들의 저술을 통해 습득한 지식을 갖고서 한국에 입국하였다. 이러한 점에서 선배 관찰자들의 한국종교에 대한 언급은 선교 개

---

60 이 시기 자료 조사에서 중요하게 고려해야 할 것은 인터넷을 통한 자료 이용이다. 이 시기 자료들은 출간한지 백년이 지난 것들이 대부분으로 저작권 문제에서 자유롭다. 최근에 북미지역 대학도서관들에 소장된 자료들이 수합되어서 「인터넷 아카이브」(http://www.archive.org)를 통해 공개되기 시작했는데, 저작권에서 자유로운 자료들은 이를 통해 이들 아무 제약 없이 사용할 수 있게 되었다. 이 책에서 다루는 자료 중 거의 모든 단행본과 일부 정기간행물을 이 사이트를 통해 검색하고 열람할 수 있다. 이 자료 중에는 국내에 제대로 소개되지 않았던 것들도 있고, 소개되었더라도 일부 대학의 고문헌 서고에서만 열람할 수 있는 것들이 대부분이기 때문에, 이 자료들에 무제한적으로 접근하고 강력한 인덱스 기능을 사용할 수 있게 되었다는 것은 앞으로 연구 환경에 큰 변화를 가져올 것으로 예상된다.

시 이후의 선교사들이 한국을 이해하는 데 사용된 렌즈를 제공한 셈이었다. 귀츨라프와 그리피스는 이후에 선교사들이 한국 선교현장에서 고민하게 되는 개신교적인 종교 개념을 앞서 적용하였다. 달레는 이후 개신교 선교사들이 크게 관심 갖게 되는 민간 신앙에 대한 묘사를 제공하였다. 그의 묘사 방식은 개신교 선교사의 저술에도 상당 부분 유지되었다. 로스의 종교 서술은 후배들에게 직접적인 영향을 주지는 않았지만, 성서 번역을 통하여 한국 고유의 유일신 개념을 각인시킴으로써 후배 선교사들이 한국의 원시유일신론을 발달시킬 발판을 제공하였다. 이들의 저술을 통해서 우리는 개신교 선교사와 한국과의 실제 만남이 있기 전에 종교 이해의 틀이 상당 부분 갖추어져 있었음을 확인할 수 있을 것이다.

제3장에서는 개항 이후 개신교 선교사를 포함한 서양 관찰자들과 한국종교의 첫 만남을 다룬다. 1880·90년대 들어 한국종교에 대한 서양인의 서술은 폭발적으로 증가하였는데, 처음으로 언급된 내용은 한국에서 본 것이 자신이 예상했던 것과 달랐다는 것, 종교를 나타내는 외형적인 표지를 찾을 수 없었다는 것이었다. 서양인들이 일본에서 체험했던 것과 달리, 서울에서는 그들이 기대했던 종교 건물을 쉽게 볼 수 없었고, 따라서 종교가 없다는 결론에 이르렀다. 그들은 장승, 탑, 불상 등을 통해 차차 한국종교를 시각적으로 파악해갔고, 1900년 이후에는 서울의 종교 지형을 이해할 수 있었다. 그러나 첫인상에 의해 만들어졌던 '종교 없음' 공론은 나름대로 생명력을 지녀서, 이후의 서양인 방문자들의 기록을 통해 상당 기간 재생산되었다.

선교사들이 한국종교를 보편적인 종교현상으로 인식하게 된 계기는 제4장에서 다루게 될 귀신 신앙과의 만남이었다. 타일러가 애니미즘 이론을 통해 '영적 존재에 대한 믿음'이라는 종교 정의를 제시한 배경에는, 종교가 없는 민족은 없으며 보편적인 종교 개념을 통해 그들을 연구할 수 있다는 태도가 뒷받침되어 있었다. 한국에 있던 서양인 관찰자들은 처음부터 귀신 신앙을 중요한 현상으로 주목하고 있었지만, 처음부터 그것을 종교로 인식한 것은 아니었다. 처음에 선교사들은 '귀신'을 성서의 '악령'으로 인식하는 기독교적인 해석에서 벗어나지 못했다. 그러나 귀신을 중립적인 '데몬'으로 해석하고 더 나아가 '정령'으로서 번역하여 새로운 이해에 도달하게 된다. 이제 한국의 귀신 신앙은 미신이 아니라 보편적인 종교현상으로 이해되기 시작한 것이다. 이러한 해석의 변환은 선교사들이 종교 개념을 재설정하는 바탕이 되었다.

제5장에서 다룰 것은 선교사들이 한국종교를 통해 자신들의 종교 개념에 대해 되묻게 되는 과정이다. 존스는 한국 민간 신앙을 정령 숭배로 해석한 것을 바탕으로 종교 정의를 재검토하고 한국종교의 존재를 선언할 수 있었다. 헐버트는 종교 개념에 대한 반성을 더 진전시켜서 한국종교와의 만남에서 얻은 결실을 종교 정의에 포함시킬 수 있었다. 이들은 당대의 종교학적인 용어들이나 논리를 사용하여 한국종교를 재료로 새로운 종교학적 논의를 개진하였다. 선교사들이 한국종교를 인식하는 데 바탕이 된 또 하나의 주제는 유일신론이었다. 당시 '알지 못하는 신'이라는 테제는 종교학과 자유주의 신학이 공유했던 전제라는 점에서 주목할 만하다. 우리는 막스 뮐러가 일반 개념으로서의 종교를 말할 때 유일신 개념을 전제했고, 그러한 생각은 선교사들도 폭넓게 공유한 것이었음을 살펴볼 것이다. 선교사들이 한국 고유의 '하느님'을 강조했던 것은 그들이 한국에서 '종교'를 인식하는 또 하나의 길이었음을 확인할 수 있을 것이다.

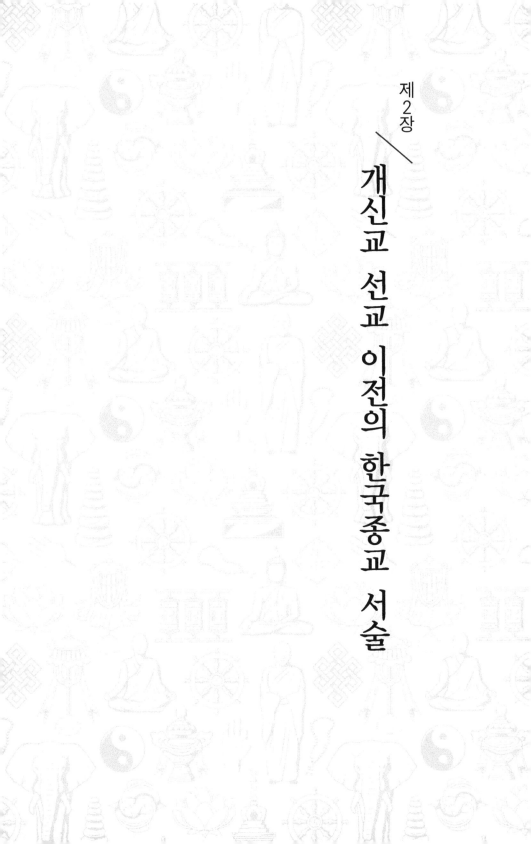

제 2 장

개신교 선교 이전의 한국종교 서술

개신교 선교사는 한반도에 처음 온 서양인도 아니고 첫 기록을 남긴 서양인도 아니다. 그들이 조선과 서양의 수교 이후 조선을 방문하여 저술하기 이전에, 조선에 대한 서양 문헌들은 풍부하다고는 할 수 없어도 엄연히 존재했다. 선교사들이 입국 준비 과정에서 정보가 많지 않은 나라 조선에 관한, 그나마 존재하는 몇몇 자료들을 필수적으로 숙지하였기 때문에, 이들 문헌에 대한 의존도는 높았다. 앞으로 보게 되겠지만, 입국 이전의 문헌들이 선교사의 종교 인식에 끼친 영향은 참고자료 수준을 넘어서 인식의 기준점reference point이 되었다. 우리는 "아는 만큼 보인다"라는 말을 흔히 좋은 뜻으로 사용하지만, 기존의 앎이 눈앞의 현상 인식을 제약할 때에도 "아는 만큼만 보인다"라고 말할 수 있을 것이다. 이 책은 기존의 선교사 연구에 비해 선교 이전의 문헌들에 상당한 무게를 둘 것이다. 선교사들이 이 땅에 들어오기 전에 알았던 것이 들어온 이후 서술된 내용에 큰 영향을 주었기 때문이다.

이 장章에서 다루어질 인물은 하멜, 귀츨라프, 천주교 선교사, 그리피스, 로스이다. 개신교 선교 개시 이전에 조선에 관해 서술했다는 것 말고는 이들을 묶어 설명하기는 쉽지 않다. 이들의 저술 시기, 출신 배경, 한국을 직간접적으로 경험한 정도는 상당히 다르다. 하멜은 종교와 관련이 없는 네덜란드의 상인으로, 1653년 중엽 제주도에 표착漂着해 조선에서 장기간 생활한 경험을 기록으로 남겼다. 귀츨라프는 개신교 선교사로서 1832년 항해 중 한국을 스쳐 가며 했던 선교 시도를 바탕으로 종교에 관한 기록을 남겼다. 천주교 선교사들은 조선 정부의 박해 아래 활동하면서 조선 민중과 긴밀하게 접촉하고 종교에 관한 기록을 남겼다. 이들의 의견은 달레에 의해 책으로 정리되어 심도 있는 정보를 전달하였다. 로스는 최초로 성경을 한글로 번역한 스코틀랜드 장로교 선교사로, 만주에서 한국인들을 만나 한국어와 문화를 배웠다. 그의 종교 서술은 입국하지 못한 상태에서 한국인들과 만나 얻은 간헐적인 정보에 의존했다. 그리피스는 일본에서 활동한 교육가이자 저술가로, 주로 문헌을 통해 한국에 관한 정보를 입수하여 당시로서는 가장 종합적인 한국 관계 저술을 하였다. 한국 방문 경험은 없었지만 당시 방문자라면 누구나 참조한 책을 저술하여 영향력을 끼쳤다.

한국을 경험한 양상이 상이하고 종교 관념도 상이하기 때문에, 이들의 저술은 각각 분석될 필요가 있다. 이들의 저술은 이후 한국을 방문한 선교사들의 한국종교에 대한 전前이해를 형성했고, 상당 부분은 선교사들의 서술에서 중요한 주제로 지속된다. 선교 이전의 저술에서 서구적 종교 개념이 이미 한국에 적용되었고, 그렇게 형성된 서술의 틀이 선교사들의 경험을 지배하게 된다. 어떤 의미에서는 한국종교와의 직접 만남 이전에 종교 서술이 상당 부분 예비되어 있었다고 할 수 있겠다.

1. 하멜–'종교' 이전의 한국종교

네덜란드인 헨드릭 하멜이 조선에 입국한 경위, 조선에서 겪은 다양한 경험, 조선을 탈출한 과정, 그의 기록이 유럽에서 출판되어 수용된 양상 등은 모두 예외적이고 극적이다. 그의 기록은 서양인에게 한국과 한국종교를 알린 강렬한 첫 작품이었다.

그러나 엄밀히 말하면 하멜은 최초의 방문자도, 최초의 기록자도 아니다. 그의 기록 이전에는 한국종교에 관한 어떤 서술이 존재했는지 간단히 짚고 넘어가도록 하겠다. 임진왜란이 발발한 직후인 1593년에 가톨릭 신부들이 일본군과 함께 한국 땅을 밟고 간단한 보고문을 남긴 적이 있다. 이들이 종군 신부로 활동하고 조선인 포로를 상대하면서 얻은 정보는 당시 일본에서 활동하던 선교사들과 공유되었다. 16세기 말에 루이스 프로이스Luís Fróis가 일본 가톨릭 선교의 성과를 집대성하여 저술한 『일본사 Historia de Japam』에는 "[한국의] 종교 의식은 일본과 마찬가지로 석가모니 Xaca와 아미타불Amida을 숭배하는 것이다"라고 쓰여 있다.[1] 또 중국에서 활동한 예수회 선교사 마르티노 마르티니Martino Martini가 1655년에 출간한 『새 중국 지도첩Nous Atlas Sinesis』에는 한국에 관해 다음과 같이 쓰여있다.

> 모든 도시가 중국 건축 양식을 따라 건축되었고, 중국 사학자들의 말을 빌리자면 군주 정치 제도, 의상, 언어, 문자 등 다방면에서 중국과 동일한 형태를 지녔다 한다. 심지어 신앙과 종교, 즉 영혼의 이거移居를 설교하는 것까지도 중국과 동일하다. 또 훠Fe, 佛라는 똑같은 우상을 섬기고 있다.[2]

위의 서술에서 나타나는 '일본과 마찬가지'이거나 '중국과 동일'하다는

---

1 루이스 프로이스, 오만·장원철 역, 『(프로이스의 「일본사」를 통해 다시 보는) 임진왜란과 도요토미 히데요시』, 부키, 2003, 187쪽. 임진왜란 이후 작성된 「1592년 일본 예수회 연례보고서」나 1601년 루이스 데 구스만(Luis de Guzmán)이 저술한 『선교사들의 이야기』에서도 동일한 내용이 나온다. 박철, 『(예수회 신부) 세스뻬데스ー한국 방문 최초 서구인』, 서강대 출판부, 1987, 229~230쪽

2 Martino Martini, *Novus Atlas Sinensis*, 1655, pp.168~169. 지명숙·B.C.A. 왈라벤, 『보물섬은 어디에 : 네덜란드 공문서를 통해 본 한국과의 교류사』, 연세대 출판부, 2003, 117쪽에서 재인용. 1655년 네덜란드 동인도회사에서 중국 특사로 파견되었던 얀 니호프(1618~1672)의 책에서도 마르티니를 인용하여 한국에 관해 동일한 내용을 언급한다. Jan Nieuhof, *An Embassy from the East-India Company of the United Provinces, to the Grand Tartar Cham, emperor of China*, London, 1673, p.260.

표현들은 한국에 대한 직접 경험의 부족을 반영한다. 한국은 그들이 활동한 일본이나 중국에 딸린 정보로 언급될 뿐이다. 한국에 관한 서양인의 본격적인 서술은 하멜이 한국에서 생활한 이후 작성한 글에서부터 시작된다. 그렇다면 하멜의 기록이 어떻게 작성되고, 한국종교에 대해 어떠한 정보를 담고 있는지, 그리고 그 정보가 어떻게 유통되었는지를 살피도록 하겠다.

헨드릭 하멜Hendrick Hamel, 1630~1692이라는 인물이 조선에 오기 전의 활동에 대해서는 알려진 바가 없다. 그는 네덜란드 동인도 주식회사 직원으로, 1650년에 네덜란드를 떠나 인도를 거쳐 1651년에 자카르타에 도착했다. 1653년에 자카르타에서 스페르베르Sperwer호를 타고 나가사키로 출항하였는데, 그는 경리 겸 업무부장이라는 높은 직위를 맡았다. 스페르베르호는 1653년 8월 제주도에서 난파했고, 하멜이 포함된 생존자 36인은 제주 목사에게 인도된 이후 13년간 조선 정부의 감시 아래 서울, 남원, 강진에서 생활하였다. 13년 후인 1666년에 생존해 있던 16명 중에서 하멜을 포함한 8명이 일본으로 탈출하였으며, 이듬해에 네덜란드의 요청으로 남아있던 7명도 본국으로 송환되었다. 하멜 일행은 네덜란드에 돌아가기 전 약 1년간 나가사키 히라도平戸에서 일본 정부의 조사를 받으며 체류했는데, 이 기간에 하멜은 서기와 회계 임무를 맡아서였는지 한국 생활에 대한 보고서를 작성하였다. 이 원고는 1668년에 출판되어 오랫동안 유럽에서, 20세기 이후에는 한국에서 『하멜 표류기』라는 책으로 널리 읽혔다. 여기서는 하멜의 원고가 원래 보고서로 작성되었다는 점을 존중하여 『하멜 표류기』 대신 『하멜 보고서』라고 부르도록 하겠다.

『하멜 보고서』는 오랫동안 한국을 이해하고자 하는 서양인이면 누구나 첫 대목에서 인용하는 텍스트였다. 그리피스와 그 이후 개신교 선교사들에게도 공유되었던 텍스트였다. 그러나 예외적이고 오래된 문헌인 만큼 면밀한 해석이 필요한데, 종교를 서술한 부분을 중심으로 본문과 그 수용 양상을 알아보도록 하겠다.[3]

1) 하멜의 한국종교 서술

『하멜 보고서』에는 1653년부터 1666년까지의 조선 생활이 일지 형식으로 기록되어 있고, 1662년과 1663년 사이에 지리, 정치, 사법, 교육 등 조선의 여러 분야에 관한 설명이 삽입되어 있다.[4] 종교와 승려에 관한 내용이 그 가운데 등장한다. 하멜의 종교 서술은 다음과 같이 시작한다.

> 그들의 종교godsdienst, 사찰, 승려papen, 종파secten에 대해 말해 보자면, 백성들은 여러 우상afgoden을 섬기는 등 이교도[미신]superstitie를 믿는 것은 사실이지만, 실로 우상보다는 그들의 권세가들을 더 숭상함. 고관과 양반은 우상 숭배 따위는 거들떠보지도 않을 뿐만 아니라 오히려 그들 자신이 우상 위에 군림하는 양 자만심이 강했음. (…중략…) 설교라든지 교리문답 같은 것은 그들에게는 아예 알려져 있지 않고, 서로에게 자기 믿음geloof을 강요하려 들지도 않음. 다들 이미 신앙geloof을 가지고 있으며, 또 전국에 걸쳐 우상 숭배가 이미 만연된 상태이기 때문에 종교에 대한 논쟁을 벌일 필요도 없음.[5]

---

3 이하 제2장 1절의 하멜에 관한 내용은 주로 다음 논문으로 발표된 내용에서 필요한 부분을 요약적으로 재서술한 것이다. 방원일, 「하멜 보고서의 한국종교 서술에 대한 고찰」, 『종교문화비평』 18, 2010, 204~233쪽.

4 1668년에 네덜란드 출판업자 스티처(Stichter)가 원고의 순서를 바꾸어 연도별 서술인 '난파기'를 앞에 싣고 조선의 각 분야에 대한 서술인 '조선왕국기'를 분리하여 부록 형식으로 실은 이래 전통적인 판본에서는 스티처의 형식을 따라왔다.

위의 서술은 하멜의 서술 중 종교에 관련해 가장 많이 인용되는 내용이다. 그런데 위의 내용이 정확히 무엇을 의미하는 것인지, 인용이 제대로 된 것인지 따져 보아야 할 부분이 많다. 이와 관련해서 우리는 하멜이 사용한 종교 관련 표현, 종교의 유무, 하멜이 서술한 한국종교문화의 이원적 양상을 논하고자 한다.

첫째, 하멜은 '종교'를 말하고 있는가? 기본적으로 우리가 현재 사용하고 있는 '종교'는 근대 들어서 보편적 개념으로 정립된 개념이기 때문에, 하멜이 1667년에 사용한 표현이 우리의 것과 동일할 것이라고 기대하기는 어렵다. 그의 용어는 유럽에서 유類개념으로서 종교 개념이 본격화되기 이전의, 종교개혁기의 논쟁적인 언어를 보여준다. 그렇다면 위의 인용문의 종교, 정확히 표현하면 종교라고 번역된 단어의 의미는 무엇인가?

위 인용문에서 종교라고 번역된 네덜란드어 '호스딘스트gods'dienst'나 신앙이라고 번역된 '흐루프geloof'는 하멜의 시대에 기독교 신앙을 가리키는 말이었다. 현대 네덜란드어에서 종교를 뜻하는 '릴리히religie'는 『하멜 보고서』에 등장하지 않는다. 호스딘스트gods'dienst는 현대어에서 맥락에 따라 종교로 해석되는 경우도 있지만, 단어에 신gods이 포함된 것에서 볼 수 있듯이 '신을 섬김'이라는 뜻으로 일신교 전통을 일컬을 때 사용된다. 정리하자면 호스딘스트는 종교라고 번역할 수 있는 단어이기는 하지만 지금 우리가 생각하는 보편적 종교 개념이 아니라 하멜이 낯선 종교문화를 기술하기 위해 전용轉用한 기독교 전통 내부의 언어이다. 하멜은 당시 네덜란드의 주류 종교인 화란개혁교회 신자였을 것으로 추정된다. 그것

---

5   지명숙·B.C.A. 왈라벤, 『보물섬은 어디에』, 239~240쪽. 번역본은 원본인 회팅크 판의
     한국어 번역 중 하나다. 위 인용문에서 네덜란드어 단어 표기는 저자가 첨부한 것이다.

은 '종교' 개념이 성립되기 이전에 종교를 서술하는 한 방식이었다.

하멜이 사용한 표현에는 종교개혁 당시 개신교의 상황이 반영되어 있다. 유럽인들이 신앙 문제로 극한 대립을 보인 30년 전쟁1618~1648 시절에 유럽에 살았던 하멜에게 "서로에게 자기 믿음을 강요하려 들지도 않으며" "종교에 대한 논쟁을 벌일 필요도 없는" 한국의 상황은 눈에 띄는 것이었다. 여기서 '믿음'이나 '종교'는 종교개혁 논쟁에서 기독교 교파를 지칭하는데 사용되었던 단어이다. 반면에 '우상afgoden'이나 '미신superstitie'이라는 용어는 개신교가 가톨릭을 공격할 때 흔히 사용되었던 단어인데, 하멜의 기록에서는 민간 신앙과 불교를 가리키는 데 사용된다. 승려를 지칭하는 용어 '파펜papen[papist]'은 개신교에서 가톨릭 성직자와 수도승을 공격하면서 사용한 '교황주의자'라는 욕설이었다. 본문의 맥락상 '교황주의자=승려'는 부정적인 의미를 지닌 것이라기보다는 하멜이 한국의 승려를 일컫기 위해 사용할 수 있는 유일한 단어이기 때문에 전용되었다고 생각된다. '우상'에 대해서도 비슷한 추정이 가능하다. 우상 숭배는 분명 부정적인 용어이지만, 하멜이 비기독교 신앙 행위를 지칭할 수 있었던 유일한 용어이기도 했다. 과연 하멜이 이 용어를 썼을 때, 유럽에서 개신교도들이 가톨릭을 혹독하게 비판할 때의 욕설로서의 함의가 담겨있는지에 대해서는 판단을 유보할 필요가 있다.

둘째, 하멜을 인용한 후대 선교사들의 쟁점은 한국에 종교가 있는지 없는지에 관한 것이었고, 하멜의 종교 서술은 '종교 없음'을 뒷받침하는 문헌으로 주로 인용되었다. 위의 인용문만 본다면 왜 그런 식으로 인용되었는지 이해하기 어려울 것이다. 그것은 바로 첫 문장의 번역 때문이다. 『하멜 보고서』는 유통 과정에서 복잡한 판본과 번역의 역사를 갖는다. 간단하게 말하면, 종래 유통된 『하멜 보고서』는 처음 네덜란드에서 출판업자에 의해 각색된 형태로 출판되었고, 이것이 불어, 영어, 한국어로 번역되어 우리에게 전달되었다. 그런데 1920년에 하멜의 원본인 회팅크 판이 공개되면서 종래 판본에 변형이 있었음이 밝혀진다. 회팅크 판은 1994년에 영역된 이후 국내에도 널리 소개되었다.[6] 종교 부분의 첫 문장에서 종래 유통된 판본과 원문에 기반을 둔 판본은 반대되는 내용을 보인다. 종래의 번역본들은 다음과 같다.

① 불어 번역 Pour la Religion, les Corefiens n'en prelque point.[7]

② 영어 번역 As for religion, the Coreans have scarce any.[8]

③ 이병도 번역 종교宗敎에 관關하여는, 조선인朝鮮人은 거의 아무것도 없다고 할만하다.[9]

기존 판본은 "네덜란드 스티처 판, 사그만 판 → 불어판(①) → 영어판(②) → 한글판(③)"의 순서로 번역되어 유통되었다. 많은 한글 번역이 나왔지만 기존 판본을 따르는 한 이병도 번역과 크게 다르지 않다. 그러나 새로 소개된 원본 회팅크 판을 기반으로 한 번역본과 비교한다면 이 부분

---

6 하멜의 종교 서술의 첫 부분이 판본에 따라 어떤 차이가 있는지에 대해서는 다음을 볼 것. 방원일, 「하멜 보고서의 한국종교 서술에 대한 고찰」, 215~225쪽.

7 이 불어본은 미뉘톨리 판이라고 불린다. *Recueil de Voiages au Nord Contenant divers Memoires tres utiles au Commerce & a la Navigation*, 2nd ed., 1732.

8 영문 처칠 판은 전통적으로 『하멜 보고서』의 표준 판본 역할을 해왔다. 처칠 판은 선교사들이 사용하고 한국 번역의 저본이 된 판본이다. William Elliot Griffis, *Corea, Without and Within*, 2nd ed., Philadelphia : Presbyterian board of publication, 1885, pp.472~473.

9 헨드릭 하멜, 이병도 역, 「자료 : 난선(蘭船) 제주도(濟州島) 난파기(難破記) (하멜표류기)(2) ─ 부(附) 조선국기(朝鮮國記)」, 『진단학보』 2호, 1935, 190쪽.

에 "한국인에게는 종교가 거의 없다"라는 문장이 첨가되었다는 사실이 드러난다.

④ 회팅크 판 Wat haer godsdienst, tempels, papen ende secten belanght,[10]

⑤ 바위스 영역 As regards their religion, temples, monks and religious groups,[11]

⑥ 지명숙, 왈라벤 역 (한국인의) 종교, 사찰, 승려, 종파에 대해 말해 보자면,

변형되지 않은 판본(④, ⑤, ⑥)에서 첫 부분은 뒤에 다루어질 내용을 적시하는 도입부 형식으로, 저자가 해당 항목들의 존재를 인식하고 있었음을 전제한다.[12] 뒤에 나오는, 한국인들은 "다들 이미 신앙을 가지고 있다"는 표현에서도 하멜이 한국인의 종교 혹은 신앙의 존재를 인식하고 있었음이 분명히 드러난다. 이 표현은 하멜 일행이 조선에서 탈출한 직후 일본 나가사키에 머무르는 동안 받았던 심문 기록에도 나타난다.

---

10 헨니 사브나이예의 웹페이지에서 인용함.
   http://www.hendrick-hamel.henny-savenije.pe.kr/transcription/page1166.html
11 Hendrik Hamel, Jean-Paul Buys of Taizé (tr.), *Hamel's Journal and a Description of the Kingdom of Korea 1653-1666*, 2nd ed., Seoul : Royal Asiatic Society, Korea Branch, 1998, pp.60~62.
12 이러한 도입부는 『하멜 보고서』에서 다른 주제를 언급할 때 흔히 나타난다. 이것은 이 글이 지정된 항목을 서술하는 보고서 형식임을 암시한다. 하멜은 왕의 권한, 재원, 가옥, 세간살이, 혼례, 신임과 불신, 상업, 단위, 짐승, 언어, 계산법에 대해 언급할 때 이러한 형식을 사용하였다. 지명숙·B.C.A. 왈라벤, 『보물섬은 어디에』, 232·235·242·244·248·250·252·253쪽.

나가사키 지사	그들은 어떤 신앙을 믿으며, 우리에게 그것을 포교하려고 든 적이 있었는가?
하멜 일행	우리 판단으로는 중국인들과 동일한 신앙을 가지고 있으며, 그들의 제도는 누구에게도 그것을 강요하려 들지 않고 개인의 뜻에 맡김.[13]

이 증언에서 확인할 수 있는 것은 하멜이 신앙이라고 표현할 수 있는 그 무엇, 유럽의 기독교인이 가진 믿음과 비견될만한 그 무엇이 한국에 존재함을 인식했다는 것이다. 한국종교의 존재에 대한 하멜의 인식은 그동안 판본상의 문제로 인해 그의 의도와는 반대로 이해되어 왔다는 사실을 분명히 지적할 필요가 있다.

셋째, 하멜은 13년의 생활 동안 조선 사회를 두루 체험하였다. 하멜 일행은 서울에서는 왕을 알현하고 관직 생활을 하며 양반들과 교류하였고, 유배지에서는 지방관의 관리 아래 노역에 종사하였다. 관청에서 지급하는 식량이 부족할 때는 돌아다니며 지역민들에게 이야기를 해주거나 장작을 해서 돈을 벌기도 했다. 이렇게 한국 사회 계층을 두루 망라한 경험을 바탕으로 해서, 하멜은 조선 종교지형의 이원적 구조를 서술할 수 있었다. 하멜은 유교나 민간 신앙을 일컬을 용어를 알지 못하였지만, 양반 계층과 백성들이 '우상'으로 지칭되는 신앙 대상에 대해 다른 태도를 가지고 있었음을 감지할 수 있었다. 두 태도의 바탕이 된 세계관, 즉 양반들의 유교와 백성들의 민간 신앙 및 불교를 지적할 수는 없었지만, 하멜은 그것

---

13 지명숙·B.C.A. 왈라벤, 『보물섬은 어디에』, 277쪽

이 현실에서 어떻게 상이하게 드러나는지를 정확히 지적하였다. 그는 민간 신앙을 배척하는 "고관과 양반은 우상 숭배 따위는 거들떠보지도 않을 뿐만 아니라 오히려 그들 자신이 우상 위에 군림하는 양 자만심이 강했다"고 기록하였다. 반면에 "백성들은 여러 우상을 섬기는 등 미신을 믿는"다고 하였고, 그러면서도 현실에서는 "권세가들을 더 숭상"한다는 점도 지적하였다. 조선의 장례 풍습과 의료를 설명할 때 '점쟁이풍수가'나 '마술쟁이무당'가 있음을 언급하기도 했지만,[14] 그는 그들과 관련된 민간 신앙을 종교에 관련해서 서술하지는 않았다. 대신에 그가 종교 부분에서 언급한 내용은 대부분 유럽 가톨릭에서 비슷한 예를 떠올릴 수 있는 불교 조직에 관한 것이었다.

하멜이 종교문화 서술의 대부분을 할애한 것은 승려, 계율, 승가 조직, 사찰에 관한 내용이다. 하멜 일행은 전라도에 있을 때 지역을 돌아다니며 불교를 접했고,[15] 실제적인 경험을 바탕으로 당시 불교계를 상세히 묘사했다. 하멜에 따르면, 승려의 숙소에는 통솔권을 지닌 이가 있어 "만약 누군가가 과오를 범했을 경우 해당인의 볼기 20~30대를 때리는 즉결 재판을 해도 된다". 승려는 사회적으로 하급 신분에 속해서 "국가에 많은 공물

---

14 하멜은 시신을 매장할 때 "점쟁이들이 지적해 준 산 중턱에 물이 들지 않는 묏자리를 고른다"고 기록하였다(지명숙·B.C.A. 왈라벤, 『보물섬은 어디에』, 247쪽). 의료에 대해서 언급할 때 민간 신앙에 대해 가장 상세한 설명이 나온다. "백성들은 의원 대신 장인과 점쟁이들에게로 찾아가며, 그들이 귀띔해준 그대로 실행함. 그것이 산 위든, 강가든, 절벽이든, 바위든 또는 신당 안이든, 어디든지간에 시키는 곳에 공양물을 사들고 가서 악귀에게 조언을 구함. 그렇지만 우상을 모셔놓은 신당을 근래에 들어서는 더 이상 사용되지 않는데, 1662년 왕이 그것을 전부 다 허물고 파괴하도록 명령을 내린 탓임"(지명숙·B.C.A. 왈라벤, 『보물섬은 어디에』, 252쪽).
15 하멜 일행이 지역 주민과 상호교류를 하면서 불교와 접촉한 사례들로는 다음을 볼 것. 지명숙·B.C.A. 왈라벤, 『보물섬은 어디에』, 227·228쪽.

을 바쳐야 하고 노역도 치러야 한다는 점에서 공노비나 다름없다". 또한 승려에겐 불살생과 금욕에 대한 계명이 있으며 이를 어기면 "볼기 70~80 대를 맞고 사원에서 추방"당한다.[16] 그는 사찰의 사회적 역할에 대해 다음 과 같이 언급한다.

> 양반들이 유흥삼아 창녀[기생]들과 다른 권속들을 거느리고 종종 절을 찾 곤 하는데, 그것은 절이 산 속에 그리고 숲속에 자리잡고 있어 분위기가 그만 이기 때문. 또 항간에서는 절을 이 나라에서 가장 훌륭한 건물이라 일컫지만, 실제로는 신당神堂이라기보다는 매춘굴이나 주막집이라 해도 과언이 아님. 재 삼 강조하건대 소위 사원이라는 게 일반적으로 다 그런 식이며, 중들 역시도 액류液類[주색]라면 무엇이든 사족을 못 쓰는 판국이기 때문.[17]

지금의 관점에서 보면 이러한 서술은 불교의 타락, 혹은 세속화된 모습 에 대한 비판으로 보일 수 있다. 그러나 하멜의 글이 네덜란드 동인도회 사에 제출하는 보고서로 쓰였음에 유의할 필요가 있다. 이 글은 동인도회 사가 제공한 세부적인 지침들로 구조화되어 있어,[18] 회사로 하여금 한국 이 상업에 좋은 대상인지를 판단할 수 있도록 서술되었다. 하멜은 보고서 특유의 건조한 문체로 '한국이 상업에 좋은 대상인지'를 보여주고자 하였 다.[19] 이를 위해 그는 '한국이 얼마나 잘 다스려지고 있는지', 즉 한국 사

---

16 지명숙·B.C.A. 왈라벤, 『보물섬은 어디에』, 240~241쪽.
17 지명숙·B.C.A. 왈라벤, 『보물섬은 어디에』, 242쪽.
18 Vibeke Roeper, "The Castaways of the Sperwer", in Vibeke Roeper & Boudewijin Walraven (eds.), *Hamel's World : A Dutch-Korean Encounter in the Seventeenth Century*, Amsterdam : SUN, 2003, pp.91~93.
19 영역판 번역자 처칠은 하멜의 글이 "소재는 싱겁고 문장 스타일도 평범"하다고 불평했다

회가 얼마나 체계성을 갖추고 있는지에 중점을 두었다. 『하멜 보고서』에서 두드러지는 부분 중 하나가 조선의 형벌 체계에 대한 생생한 묘사인데, 이 묘사의 목적은 조선의 야만성을 폭로하기 위한 것이라기보다는 조선 사회가 엄격하게 통치되고 있다는 것, 더 나아가 유럽과는 다른 조선 사회의 '체계'를 보여주기 위한 것으로 보아야 한다. 종교 묘사에서도 이러한 현실적인 관심은 일관되었던 것으로 보인다. 하멜이 종교에서 관심을 둔 것은 승려 조직이 얼마나 잘 다스려지는지 '체계'를 밝히는 것과 승려와 사찰이 사회 내에서 어떤 경제적인 위치를 차지하는지를 분석하는 것이었다.

2) 『하멜 보고서』가 받아들여진 방식

하멜 일행이 일본 나가사키에 머무르며 본국 생환을 기다리는 동안, 하멜은 네덜란드 동인도회사에 보고하기 위하여 난파 이후의 경과와 한국 생활에 대한 기록을 작성하였다. 그런데 어떤 경위인지는 밝혀지지 않았지만, 일종의 관공문서로 작성되었던 이 원고가 네덜란드 상업 출판사에 유출되었다. 하멜이 네덜란드에 도착하기도 전인 1668년에 그의 원고는 이미 네덜란드에서는 세 곳의 출판사에서 출판되었다. 그의 책은 1670년에 독일어로, 1672년에 불어로, 1704년에 영어로 번역되어 유럽인들에게 널리 알려졌다.

고 한다. 레드야드, 「조선에 표류한 화란인들」, 176~177쪽. 또한 최근의 영역자 바위스는, 하멜이 '매우'라는 표현을 거의 쓰지 않았기 때문에, 불교 사원이 "산의 숲 가운데 매우 아름답게 자리 잡고 있다"고 묘사했을 때, 하멜은 정말로 감명 받았음을 알 수 있다고 지적한다. Jean-Paul Buys of Taizé, "Translator's Preface", in *Hamel's Journal and a Description of the Kingdom of Korea 1653-1666*, p.xv.

네덜란드에서 출판된 『하멜 보고서』의 한 판본의 표지에는 "13년을 야만인들 사이에서 노예처럼 보냈다"는 원문에 없는 제목이 붙어 있었다. 이것은 유럽 독자들이 기대한 바에 부응하기 위해 출판업자가 원고를 가공한 결과였다. 실제로 유럽인들에게 『하멜 보고서』는 어떤 종교 없는 미개국가에서 겪은 모험담으로서 이해되었다. 1823년부터 1829년까지 일본에 체류하면서 한국에 대한 기록을 남겼던 독일인 의사 지볼트Philipp Franz von Siebold는 다음과 같이 지적하였다.

> 17세기 중반기에 조선의 해안에서 난파당한 네덜란드 선박 스페르버르호의 유명한 사건, 그리고 체포된 채 귀국을 거부당한 난파자들, 억류 중의 가혹한 취급, 몇 사람의 위험한 도망과 조국으로의 귀환, 그들의 체험담과 꼬리를 물고 이어지는 구전이 진기한 것을 듣기 좋아하는 당시 사람들의 뇌리에 비그리스도적 야만인이라는 두려운 이미지를 만들어버렸던 것이다.[20]

하멜의 이야기는 조선에서의 생활을 서술한 보고서로 작성되었지만, 유럽 독자들에게는 다른 맥락에서 읽혔다. 하멜 이야기는 주로 당시 유럽에서 유행했던 여행담이나 항해 전집 안에 포함되어서 보급되었다. 이 과정에서 하멜의 기록은 원래의 이름인 '항해 일지'가 아니라 '난파기account of shipwreck'라는 이름으로 유통되었다.

당시 유럽에서 난파는 강력한 종교적 은유였다. 하멜과 비슷한 사례 하나를 들도록 하겠다. 카베사 데 바카Alvar Núñez Cabeza de Vaca라는 스페인

---

20 시볼트, 유상희 역, 『시볼트의 조선견문기』, 박영사, 1987, 49쪽.

사람은 1528년에 북미 플로리다 지역에 표착하여 8년간 원주민 사이에서 생활하다가 1536년에 기적적으로 생환하였다. 그는 자신의 경험담을 '이야기Relación'라는 제목의 책으로 썼지만, 그것은 곧 '난파기Naufragios'라는 제목으로 바뀌어 출판되었다.[21] 한 비평가는 난파라는 제목의 의미를 다음과 같이 설명한다.

> 카베사 데 바카가 난파를 겪었기 때문에 그의 설명은 곧바로 다른 것보다도 종교적인 독해의 대상이 되었다. 난파는 물질문명의 상실, 카오스와 사회적 아노미로의 전환을 함축하는 것이기도 하지만, 서구적 이성의 한계, 그리고 창조주와 대면하는 세계로의 전환이기도 하다.[22]

우리는 서양인 독자가 하멜과 카베사의 텍스트에 덧씌운 난파라는 은유에 주목할 필요가 있다. 난파는 유럽과 비유럽을 문명과 비문명의 세계로 가르는 극적인 사건이었다. 그것은 두 세계의 절대적인 다름을 상징하는 사건이었다. 그래서 원래 텍스트에서는 해당 문화를 이해하려는 태도가 담겨 있었음에도 불구하고, 그것을 읽는 유럽인들에게는 전혀 다른 세계의 이야기로 받아들여졌다.[23] 카베사의 텍스트에는 유럽의 세계관과 원주

---

21 이 책은 우리나라에 다음과 같이 번역, 소개되어 있다. 카베사 데 바카, 송상기 역, 『조난일기』, 고려대 출판부, 2004.

22 José Rabasa, *Writing Violence on the Northern Frontier : The Historiography of Sixteenth-century New Mexico and Florida and the Legacy of Conquest*, Durham : Duke University Press, 2000, p.54.

23 17세기 유럽에서 난파라는 은유가 존재했음을 보여주는 대표적인 작품은 셰익스피어의 희곡 〈폭풍우(The Tempest)〉(1611)이다. 셰익스피어가 이 작품을 집필할 때 영향을 준 사건은 1609년에 버지니아 상사의 선단에 타고 있던 사람들이 버뮤다 제도에서 난파했다가 1610년에 귀환한 사건이었다. 난파를 경험한 사람 중 하나인 윌리엄 스트레이치(William

민들의 주술적 세계관의 공존이 기록되어 있었다. 그러나 독자들은 그 공존을 억압하면서 주술적 세계관 내의 치료 행위를 하느님에 의한 기적으로, 카베사를 정복의 수호성인으로 바꾸어 이해했다.[24] 하멜의 텍스트에는 조선이라는 특수한 '통치 체제' 아래 다스려지는 사회에서 겪은 일들이 기록되어 있었다. 그러나 독자들에 그 경험은 야만인의 노예로 지낸 것으로 이해되었다.

비문명 세계를 표상하는 한 가지 방법은 그곳을 종교가 없는 곳으로 표현하는 것이었다. 당시는 복제와 표절의 물결을 타고 세계적인 산업으로 성장한 기행문학紀行文學이 종교의 부재不在를 세계 각지에 증폭시켰던 시기였다.[25] 예컨대 하멜의 텍스트가 유통되었던 그 시기에 폭발적인 인기를 누렸던 소설 『로빈슨 크루소Robinson Crusoe』 1719에서도 타자의 종교의 부재는 두드러진 주제이다. 맥그레인Bernard McGrane은 크루소와 타자 사이에 가로놓인 것은 '시간'이 아니라 '종교'라고 지적한다. 크루소에게 야만인의 근본적인 기준은 기독교의 부재였던 것이다.[26] 유럽인들이 하멜을 통해 만난 한국인, 카베사를 통해 만난 북미원주민, 크루소를 통해 만난 야만인은 동일한 구도를 통해 이해되었다. 동아시아 문화, 그중에서도 한국문화의 특수성은 '야만인'이라는 범주 안에서 구분되지 않는다. 유럽인들

Strachey)가 쓴 『난파 보고서(*The True Reportary of the Wrack*)』는 셰익스피어가 묘사한 신세계의 외딴 섬의 세부 사항에 영향을 주었다고 알려져 있다. 이에 대해서는 다음을 참고할 것. Alden T. Vaughan · Virginia M. Vaughan, *Shakespeare's Caliban : A Cultural History*, Cambridge : Cambridge University Press, 1993, pp.38~40. 당시 난파 이야기는, 처음에는 불행해 보이는 사건이지만 결국에는 구원의 계기가 된다는 기독교적 구원론의 맥락에서 수용되었다.

24 Rabasa, *Writing Violence on the Northern Frontier*, p.54.
25 Chidester, *Savage Systems*, p.12.
26 Bernard McGrane, *Beyond Anthropology : Society and the Other*, New York : Columbia University Press, 1989, p.51.

과 한국인, 북미원주민, 야만인 사이에 가로놓인 것은 '종교기독교'였다. 우리유럽인와 그들을 갈라놓는 것은 종교의 있고 없음이었다. 우리는 앞에서 『하멜 보고서』의 유통 과정에서 원문에는 없는 '한국인들에게 종교는 거의 없다'라는 문장이 삽입되었다는 사실을 지적했다. 이러한 삽입이 일어난 배경은 유럽인과 타자를 구분하는 구도였다.

여러 가지 의미에서 하멜은 예외적 관찰자였다. 하멜은 미지의 나라 한국에 표착한 후 훈련도감에서 근무하기도 하고 지방관의 노역에 종사하기도 하면서 한국 사회에서 13년을 보냈다. 때로는 지역사회나 절을 돌아다니며 사람들과 교류하였고, 그렇게 모은 돈으로 배를 사서 한국을 떠났다. 그는 네덜란드 동인도 회사에 올리는 보고서를 작성하여 한국이 상업적으로 어떠한 가치가 있으며 거래가 가능할 정도로 '잘 다스려지는' 사회임을 알리고자 하였다. 한국종교에 대한 그의 서술은 종교가 어떠한 체제를 이루고 있는지에 집중되었다.

그의 보고는 유럽에서 단박에 출판되어 여러 판본으로 보급되고 여러 언어로 번역되어 유럽인들에게 알려졌다. 그러나 유럽의 독자들은 하멜의 보고를 어떤 야만인에 대한 묘사라는 관점에서 이해하였다. 하멜 경험의 예외성은 인정되지 않았고 야만인에 대한 전형적인 시각이 해석을 지배하였다. 그 과정에서 하멜의 종교 묘사는 한국의 '종교 없음'에 대한 것으로 변형되었다. 이 변형은 지금의 한국종교 연구자들에게까지 영향을 미치고 있어, 하멜은 일반적으로 한국종교의 존재를 발견하지 못했거나, 설혹 그랬더라도 피상적인 관찰에 그쳤던 이방인으로 여겨졌다.

하멜이 17세기 한국에서 접한 종교문화에 대한 기록을 남겼을 때, 그것은 '종교' 이전의 기록이었다. 기록자 하멜에게는 일반 개념으로서의 종교 개념이 존재하지 않았으며, 기껏해야 종교 개념의 태동의 계기가 되었던 종교개혁 시절의 언어들이 존재했을 뿐이었다. 종교 개념이 형성된 것은 하멜의 기록을 비롯한 비서구지역에 대한 기록이 축적된 유럽에서였다. 유개념으로서 종교 개념이 형성되자 그 부산물로 '야만인에게도 종교가 존재하는가?'라는 물음이 뒤따르게 되었다. 『하멜 보고서』의 해석을 지배한 것은 바로 이 '종교' 이후의 물음이었다. 한국에 종교가 있는지 없는지는 하멜로서는 가져보지 못한 물음이었다. 그렇다면 이하에서는 '종교' 개념을 지닌 서양 관찰자들의 직간접적인 한국 경험을 살펴보도록 하겠다.

2. 귀츨라프-개신교적 종교 개념

한국 기독교사에서 한국과 처음으로 만난 개신교 선교사는 귀츨라프로 기록된다. 그는 1832년에 중국 선교를 위해 항해 중 충청도 고대도에 보름가량 정박하면서 한국인과 접촉하고 선교 활동을 했다. 시간과 정도로 보았을 때 귀츨라프과 한국은 스쳐간 만남을 가졌다고 표현할 수도 있을 것이다. 그러나 우리에게 중요한 것은 이 사건에서 개신교적 종교 개념이 한국에 처음으로 시도된 '개념적 만남'이 있었다는 것이다. 이제 그의 한국 접촉 과정과 그의 종교 개념을 차례로 살피도록 하겠다.

1) 고대도에서 만난 '매우 비종교적인 민족'

귀츨라프Charles Gutzlaff, 1803~1851는 독일 출신으로, 네덜란드선교회에 가입하여 선교를 준비하였다.[27] 영국에서 중국 선교의 개척자 모리슨Robert

Morrison을 만난 후 본격적으로 아시아 선교를 준비하게 된다. 그는 1826년
부터 동남아시아에서 선교 활동을 하고 1829년 이후에는 중국 선교를 준비
했다. 1831년에 중국 선교여행 후 마카오에서 모리슨으로부터 한문 성경을
받았고, 1832년에 중국 북부 해안을 항해하려는 계획을 가졌던 영국 상선
로드 앰허스트호Lord Amherst에 의사 겸 통역관으로 승선했다.[28] 이 배는 중
국 산둥 해안을 탐사한 후 남하하여 황해도 장산곶을 지나 고대도충청남도 보령시
오천면 근처에 정박하여 1832년 7월 23일부터 8월 11일까지 머물렀다. 이때
귀츨라프는 한국 사람들과 접촉하고 한문 성경을 배포할 수 있었다.[29] 그가
저술한 항해기Journal of Three Voyages along the Coast of China에는 그 당시의 만남의
경험이 기록되어 있다. 특히 항해기 7월 27일 자에는 며칠간의 접촉을 토대
로 한, 한국인의 종교에 대한 귀츨라프의 견해가 적혀있다. 출판물에서 이
부분의 오른쪽 페이지 상단에는 "종교 관념religious notions"이라는 표제가
붙어 있다. 그는 우선 한국인에게 들은 내용을 다음과 같이 정리한다.

　　그들[안내자]의 말로 미루어 볼 때 공자의 교의가 대중적인 믿음인 것 같았
　다. 그들은 창시자를 모시기 위한 사원을 세워 두었고 공자의 가르침에 오류가

27　귀츨라프의 생애와 한국에 관련된 활동에 대해서는 다음을 참고할 것. 허호익, 『귀츨라프
　　의 생애와 조선 선교활동』, 한국기독교역사연구소, 2009; 오현기, 『굿 모닝, 귀츨라프』,
　　북코리아, 2014; 리진호, 『귀츨라프와 고대도』, 우물, 1997; Whittemore, N. C., "Notes
　　on the Life of Rev. Karl F. A. Gutzlaff", *The Korea Mission Field* 16-1, 1920, pp.17~19.
28　로드 앰허스트호가 갖는 영국 제국주의의 상업적, 외교적, 군사적 도구로서의 의미에 대
　　해서는 다음을 볼 것. 류대영, "제국주의 침략과 아편밀수-귀츨라프 선교의 그림자", 『한
　　국기독교와 역사』 45, 2016, 96~102쪽.
29　로드 앰허스트호의 1832년 고대도 정박 당시의 정황에 대해서 서양 문헌과 한국 문헌을
　　모두 사용해 양측의 시각에서 재구성한 연구로는 다음을 볼 것. 박천홍, 『악령이 출몰하
　　던 조선의 바다-서양과 조선의 만남』, 현실문화, 2008, 215~293쪽.

없다고 믿으며, 우상에 예배드리기는 하지만 불교를 혐오하고 도교Taouism에도 물들지 않았다고 한다.[30]

그의 정보에 따르면 한국의 종교는 중국과 유사한, '우상에 예배드리는' 형태의 종교였다. 여기서 유교, 불교, 도교라는 이름들이 한국종교를 이해하기 위한 지식으로 등장했다는 점도 유념할 만하다. 그러나 이어지는 내용에서 귀츨라프는 한국인들을 만나고 한국인의 마을을 관찰한 경험을 소개한다. 이 직접 경험에 따르면 한국에는 종교가 존재하지 않는다는 것이다. 그 내용은 다음과 같다.

영혼불멸을 믿는다고 공공연히 말하면서도, 그들은 이 중요한 문제에 대해 명확히 설명하지 않았다. 하지만 그들이 이처럼 구원이 되는 교리에 대해서 진지하게 생각하기나 하는지 우리가 의구심을 표현하면 그들은 화를 냈다. 우리는 그들 집에서 우상 숭배의 흔적을 발견하지 못했으며 어떠한 종교 의식 religious rites도 행하는 것을 볼 수 없었다. 이 모든 것으로 볼 때 그들은 매우 비종교적인 민족이고, 삶과 죽음에 위로를 제공해주는 건전한 교리를 받아들이고픈 열망도 전혀 없었다. 우리는 서기西紀, CE의 시작을 설명하면서 인류의 구세주에 대해 말해줄 기회를 자주 가졌다. 그들은 만물의 하느님 예수 그리스도가 그들의 구속자이기도 하다는 것을 반복적으로 듣고 읽었다. 그러나 그들의 열심熱心은 일어나지 않았다. 그러한 무심함은 한국인들의 특성인 정신적 냉담의 정도를 말해주는 것이었다.[31]

---

30 Charles Gutzlaff, *Journal of Three Voyages along the Coast of China in 1831, 1832, 1833, with Notices of Siam, Corea, and the Loo-Choo Islands*, London : Frederick Westley, 1834, p.339.

귀츨라프가 고대도 사람들과 나눈 종교에 관한 대화는 몇 주간의 정박 기간에, 제한적인 몇 번의 기회에, 그것도 한문으로 된 필담을 통해서 이루어진 것이었다. 이처럼 제한된 경험에도 불구하고, 그는 원래 안내자에게서 들었던 것과 실제 현상의 다름을 감지한다. 안내자의 정보와는 달리 한국에서 우상 숭배를 찾을 수 없었고 결론적으로 한국은 "거의 어떤 종교도 없는 나라"인 것 같다고 언급한다.[32]

우리는 이러한 판단을 내린 근거가 되는 귀츨라프의 종교 개념을 알아볼 필요가 있는데, 그에 앞서 위의 서술에서 나타난 중요한 사항들을 지적하고 넘어가겠다. 첫째, 그는 한국에서 종교의 외적인 표현물을 찾았다. 그는 아마도 안내자가 언급한 '사원'을 찾을 수 없었던 것 같고 한국인의 집에서도 흔적을 찾을 수 없었다. 또한 '종교 의식'을 찾을 수 없었다. 뒤에서 살필 그리피스는 귀츨라프의 서술을 인용하면서 종교 건물이 없다는 점을 강조하였으며, 이것은 그 후의 서양인들의 서술에서 공통적으로 나타나는 쟁점이 된다. 이처럼 외적인 표지, 특히 건물로부터 종교를 찾으려 했다는 점은 최초의 개신교 관찰자에서부터 볼 수 있다. 둘째, 한국인과 선교적인 대화를 나누는 과정에서 그는 기독교와 한국인의 생각 사이의 공통된 주제를 제시하려고 노력한다. 선교학 용어로 접촉점points of contact이라고 할 만한 쟁점은 영혼과 유일신이었다. 그는 영혼불멸에 대한 의견을 주고받고자 시도하였으며, 하느님에 대한 앎을 전달하고자 하였다. 영혼과 하느님은 우리가 앞으로 이 글을 통해 살필 선교사의 종교 개념 형성의 두 **뼈**대를 이루게 될 것이다. 셋째, 그의 선교 노력의 결과는 즉각적인 성과를 보이지 않았

---

31 Ibid., pp.338~339.
32 Ibid., p.340.

으며, 그러한 시원찮은 반응 때문에 '무심함'이 한국인의 특성으로 서술되었다. 이와 관련해서, 귀츨라프는 "중국인들은 모든 종교에 관해 무관심을 보인다는 점에서 특기할 만하다"라는 문장으로 중국인의 종교 서술을 시작하였다는 점을 상기할 필요가 있다.[33]

2) 개신교적 종교 개념

귀츨라프는 어떠한 종교 개념을 전제하고 있었던 것일까? 한국 관련 부분에는 나오지 않지만, 귀츨라프 항해기의 "중국의 종교"라는 장章에 종교에 관해 서술한 부분이 있다. 이 장의 첫머리에서 그는 다음과 같이 자신의 종교 정의를 제시한다.

> 보이는 세계와 보이지 않는 세계를 이어주는 연결, 인간과 하느님 간의 거리를 넘어서 다다르게 해주는 연결이 종교이다. 그것은 하느님이 인간에게 주는 가장 소중한 선물이다. 그것을 통해 사악한 세상은 그 황폐함으로부터 보호받을 수 있기 때문이다. 그 황폐함은 지상의 모든 진실한 종교의 부재의 즉각적인 결과이리라. 그러나 종교라는 이름은 단순한 오류와 미혹의 체계들에도 흔히 붙여진다. 이 경우 지고 존재에 대한 숭배가 그의 피조물에 대한 숭배로 경시된다. 그리고 이것에 의해 인간은 '그에 가까이brought nigh' 다가가는 대신에 하느님으로부터 소외되어 왔다.[34]

---

33 Charles Gutzlaff, *A Sketch of Chinese History, Ancient and Modern* 2 vols., London : Smith, Elder and Co., 1834, vol.1, p.52.

34 Gutzlaff, *Journal of Three Voyages along the Coast of China*, p.370.

그는 "인간과 하느님 간의 연결"이라는 개신교적 종교 개념을 갖고 있었다. 그러면서 "단순한 오류와 미혹의 체계들" 역시 종교라고 불린다는 사실 역시 지적한다. 중국의 '종교'를 서술한 것은 미혹의 체계라는 의미에서 가능했던 것이다. 이러한 귀츨라프의 종교 개념에 대하여 몇 가지 사항을 지적하고자 한다.

첫째, 우리의 논의에서 개신교적 종교 개념이 무엇인지를 확실히 해둘 필요가 있다. 귀츨라프의 종교 개념이 개신교적인 것이라고 지칭하려고 한다면, 우선 종교개혁가들의 논의까지 거슬러 올라가 그 개념을 살펴야 할 것이다. 종교개혁가들이 자신의 종교 개념을 명확히 밝힌 것은 아니었지만, 교파 간의 논쟁의 맥락에서 그 대강을 유추할 수 있다.[35] 개혁가 중에서도 츠빙글리는 '릴리지오religio'를 "인간과 하느님 사이의 모종의 관계"로 제시하였다.[36] 우리가 앞으로 살펴볼 개신교 선교사들의 종교 정의에서 하느님과 인간의 관계는 핵심 요소로 지속된다. 귀츨라프가 제시한 '보이는 세계와 보이지 않는 세계를 이어주는 연결, 인간과 하느님 간의 거리를 넘어서 다다르게 해주는 연결'은 종교개혁가의 기본적인 관점을 그대로 유지하면서 정교화한 것이었다.

둘째, 종교개혁가들의 종교 논의의 기본적인 관심은 참된 종교true religion와 거짓 종교false religion를 구별하는 것이었다. 예를 들어 종교개혁가 츠빙글리의 책 제목은 『참된 종교와 거짓 종교에 대한 주해서De Vera et Falsa Religione Commentarius』였다. 여기서 '종교'는 위계를 지닌 두 종류로 구성된

---

[35] 종교개혁가의 종교 개념에 대해서는 다음 연구들을 참조하였다. Smith, *The Meaning and End of Religion*, chap.2; J. Samuel Preus, "Zwingli, Calvin and the Origin of Religion", *Church History* 46-2, 1977; Harrison, *'Religion' and the Religions in the English Enlightenment*, chap.1.
[36] Smith, Ibid., p.35.

다. 귀츨라프가 한편으로는 하느님과 인간의 연결을, 다른 한편으로는 오류와 미혹의 체계를 종교라고 부르는 다소 모순되어 보이는 논변을 전개한 것은, 참된 종교와 거짓 종교를 모두 포괄하는 보편적인 종교 개념을 사용하기 때문이다.

셋째, 종교개혁가들은 자신과 다른 교파 혹은 비기독교적인 종교를 공격하는 용어로 거짓 종교를 사용하였다. 칼뱅은 계시를 통하지 않은 종교는 하느님이 아니라 인간의 지식에 의한 종교로, 거기엔 구원이 존재하지 않는다는 점을 역설하였다.[37] 거짓 종교의 동의어는 우상 숭배이다. 귀츨라프가 말했듯이 지고 존재에 대한 숭배가 그의 피조물에 대한 숭배로 경시되기 때문이다. 이 내용은 「로마서」 1장 18~33절에서 가져온 것이다.[38] 선교사들에게 특히 애용되었던 이 바울의 구절은 '비기독교 종교의 기원

---

37 칼뱅은 "교회 밖에는 구원이 없다"(Calvin, *Institutes*, IV.i.4)고 선언하였다. 그는 이방 종교의 구원 불가능성에 대해 다음과 같은 논변을 제시한다. "우리 구세주께서 '너희는 너희가 알지 못하는 것을 예배하고, 우리는 우리가 아는 분을 예배한다. 구원은 유대 사람들에게서 나기 때문이다'(「요한복음」 4:22)라고 사마리아 여인에게 대답하신 것을 더 생각해보자. 그분은 이 말을 통해 거짓에 찬 모든 이방 종교를 공격하는 동시에 그 이유를 들었다. 즉 율법 아래에서 선택된 사람들만 구속자가 약속되었으며, 그러므로 그리스도에게 바쳐지지 않은 예배는 하느님을 기쁘게 하지 않는다는 것이다." John Calvin, Henry Beveridge(tr.), *Institutes of the Christian Religion* 2 vols., Lafayette, Ind. : Sovereign Grace Publishers, 2002[1559], II.vi(I. 293).

38 그중에서도 다음 내용과 관계가 있다. "사람들은 하느님을 알면서도, 하느님을 하느님으로 영화롭게 해드리거나 감사를 드리기는커녕, 오히려 생각이 허망해져서, 그들의 지각 없는 마음이 어두워졌습니다. 사람들은 스스로 지혜가 있다고 주장하지만, 실상은 어리석은 사람이 되었습니다. 그들은 썩지 않는 하느님의 영광을, 썩어 없어질 사람이나 새나 네 발 짐승이나 기어다니는 동물의 형상으로 바꾸어 놓았습니다. 그러므로 하느님께서는, 사람들이 마음의 욕정대로 하도록 더러움에 그대로 내버려 두시니, 서로의 몸을 욕되게 하였습니다. 사람들은 하느님의 진리를 거짓으로 바꾸고, **창조주 대신에 피조물을 숭배하**고 섬겼습니다."(「로마서」 1장 21~25절) 「로마서」 1장이 선교에 사용된 맥락에 대해서는 다음 글을 볼 것. Andrew F. Walls, "Romans One and the Modern Missionary Movement", *The Missionary Movement in Christian History : Studies in the Transmission of Faith*, Orbis Books : T&T Clark, 1996.

론'이라는 종교 이론으로서 사용되었다.

3) 우상 숭배조차 없는 한국

정리해보면, 귀츨라프는 '거짓 종교＝우상 숭배'를 포함하는 종교 개념을 구사하였다. 그는 중국에 이 개신교적인 개념을 적용하였다. 그는 중국 종교를 우상 숭배라고 부른다. 어린이 성경학교 교재로 사용하기 위해 출판된 소책자 『중국 해안 방문기Visit to the Chinese Coast』에서 그는 중국종교에 대해 다음과 같이 묘사한다.

> 중국인들은 모두 우상 숭배자idolaters들이고, 진정한 하느님, 우리의 구세주에 대해 알지 못합니다. 그들은 많은 신기한 법과 관습을 갖고 있고, 여러 면에서 매우 현명한 사람들입니다. 그러나 사도께서는 우리에게 "하느님을 알지 못하는 세상 지혜"라는 말씀을 하셨죠. 이것은 자기들이 세상에서 가장 현명하다고 믿고 있고, 그래서 바보가 된 중국 사람들에게 딱 맞는 말입니다. 모든 주일학교 어린이들은 구원에 관한 일에 대해서는 어느 중국 사람보다도 현명하답니다. 중국 사람들은 우상들에게 절하고, 의미 없는 조각상들을 위하여 바보처럼 불꽃놀이를 하고, 작은 종잇조각을 태우기 때문이죠.[39]

이 설명에는 인간의 지혜의 교만을 경고하는 「로마서」 1장의 논변과 우상에 절하는 중국 사람이라는 이미지가 결합되어 있다. 절하는 중국인의 몸은 이후로도 개신교 선교사들이 중국을 이해한 대표적인 이미지로 오랫동안

---

39 Charles Gutzlaff, *Visit to the Chinese Coast*, New York : American Tract Society, 1800, p.4.

〈그림 1〉 귀츨라프의 『중국 해안 방문기』에 사용된 도상.
중국종교는 우상에 절하는 이미지로 대표되었다.

남아있었다.[40] 이처럼 우상 숭배는 중국종교를 부정적으로 묘사하는 용어이지만, 다른 한편으로는 '그래도 종교에 속하는 것'이라는 긍정적인 인식도 존재하는 것이었음에 주의할 필요가 있다. 종교의 범주에 속하기 위해서 최소한으로 요구되는 것은, 그것이 잘못된 관계라고 할지라도 적어도 '하느님을 향한 관계'이기는 하다는 점이다. 하느님과의 희미한 연결 내지는 흔적이 있어야 종교라고(혹은 우상 숭배라고) 불릴만 한 것이 된다는 전제가 깔려있는 것이다. 그는 중국 유교를 다음과 같이 평가한다.

유학은 지고 존재(Supreme Being)의 실존을 부정하지 않는다. 그러나 합리적인 교의로 근본적인 항목들을 확정하지도 않고, 유일하신 하느님만을 경배해야 한다는 필수적인 가르침을 전파하지도 않는다.[41]

부정적인 평가에도 불구하고, 절대 존재의 승인이라는 공통분모가 존재하기 때문에 중국종교는 종교라는 범주에 속할 수 있었다. 종교 개념의 적용은 실제로는 기독교와의 유사성을 찾는 작업이었다. 그는 중국에서 상

---

40 Reinders, *Borrowed Gods and Foreign Bodies*, chap.8.
41 Gutzlaff, *A Sketch of Chinese History, Ancient and Modern* vol.1, p.52.

제 개념이나 희생 의례를 통해서 '인간과 하느님 간의 연결'을 찾을 수 있다고 보았다.

> 족장 시대의 종교the patriarchal religion가 얼마나 많이 유지되고 있는지 확증하는 것이 중요하다. 고대 중국인의 믿음에 대한 기록은 거의 남아있지 않다. 하지만 우리는 그 기록에서 상제라는 이름으로 지고 존재에 대한 원시 숭배의 흔적을 추적할 수 있다. 우리는 천, 혹은 황천皇天이 위대한 하느님이자 인류를 복되게 하는 이로 숭앙받았다고 믿는다. 상제에게 바친 희생은 노아와 그의 후손들이 드렸던 것을 모방한 것으로 보인다.[42]

그는 중국종교에서 기독교와의 공통점을 발견하였고, 또 그 공통점이 존재하는 이유를 밝히고자 하였다. 18, 19세기 학자들이 초기 기독교와 주변 종교들 간의 공통점을 발견하고 그 이유를 설명하고자 노력했던 과정과 매우 유사하게, 귀츨라프는 구조적 유사성보다는 공유된 역사적 기원을 찾으려는 시도, 즉 유사analogy가 아니라 계통genealogy에 근거한 비교연구를 통해 공통점을 설명하고자 하였다.[43]

귀츨라프가 중국에 적용한 종교 개념은 한국에 어떻게 적용되었을까? 앞에 제시했던 인용문으로 돌아가 귀츨라프의 개념 적용을 검토해볼 필요가 있다. 단적으로 말해서, 귀츨라프는 한국인에서 우상 숭배의 흔적마저도 찾을 수 없었다. 단순히 '종교 있음/종교 없음'의 이분법이 작동하는

---

42 Gutzlaff, *Journal of Three Voyages along the Coast of China*, pp.370~371.
43 Jonathan Z. Smith, *Drudgery Divine : On the Comparison of Early Christianities and the Religions of Late Antiquity*, Chicago : University of Chicago Press, 1990, pp.47~50.

것이 아니라, '참된 종교/거짓 종교=우상 숭배/종교 없음'이라는 삼단계 분류가 유럽/중국/한국에 대응하고 있는 것이다. 귀츨라프가 한국인과 직면했을 때 그는 자신의 종교 개념 구도의 한계를 경험하고 의식적이었든 그렇지 않든간에 대안적인 구도를 사용하게 되었다. 이것은 개신교적 종교 개념이 새로운 타자들을 만나며 확장되는 과정에서 생긴 진통이라고 설명할 수 있다.

종교 개혁기에 생성된 개신교적 종교 개념은 타자를 대면하고 의식하면서 빚어진, 논쟁과 호교론의 산물이었다.[44] 종교개혁가들이 대면한 타자는 가톨릭교회를 비롯한 기독교의 여러 분파들이었다. '참된 종교/거짓 종교'라는 구분은 기독교 내의 분파들 내에 위계를 세워 자신이 속한 분파의 정당성을 확보하려는 목적에 부합하는 개념쌍이었다. 루터의 경우에는 다른 종교개혁가보다 의식했던 타자의 범위가 조금 더 넓었다. 기독교 분파뿐만 아니라 유대인, 무슬림도 포함되어 있었다.

> 유대인들, 터키인들, 교황 무리들, 과격주의자들이 모든 곳에 많이 존재한다. (…중략…) 그들이 동일한 과정을 추구하는 것은 아니다. 누군가는 이 길을, 다른 누군가는 저 길을 택해서 그 결과 다양한 형태를 갖게 된다. 그럼에도 불구하고 이들 모두는 동일한 의도와 궁극 목표를 갖고 있다. 다시 말해서, 그들은 자신의 행동을 통해 어찌 해서든 하느님의 백성이 되고픈 것이다.[45]

루터에 있어서도 종교 개념이 확장되었다. 그는 하느님을 지향한다는

---

[44] Smith, *The Meaning and End of Religion*, p.43.
[45] *Luther's Works*, 47. 175. 17. Harrison, *'Religion' and the religions*, p.8에서 재인용.

공통점을 통해서 유일신 종교들을 종교라는 범주로 묶어내고 그 안에서 참된 것과 거짓된 것을 분류하였다.

귀츨라프가 중국이라는 새로운 타자를 만났을 때 종교 개념에 대한 새로운 도전, 즉 종교 개념의 확장이 요구되었다고 할 수 있다. 아마 귀츨라프는 예수회 선교사들에 의해 축적되어 있었던 작업의 도움을 받아 중국에서 하느님을 향한 지향의 흔적을 발견할 수 있었을 것이고, 이를 바탕으로 종교 개념을 중국까지 확장할 수 있었을 것이다. 이것이 그가 주로 고민했던 개념 작업이었다.

그러나 귀츨라프의 종교 개념의 확장 작업이 한국에까지 적용되지는 못했던 것으로 보인다. 만일 귀츨라프가 그를 수행했던 안내인의 말처럼 한국이 중국과 비슷한 종교문화를 가졌다고 생각했다면, 그는 중국의 예를 따라 종교의 존재를 승인했을지도 모른다. 그러나 그가 잠시나마 한국을 경험하고 내린 결론은 '중국과 같지 않다'는 것이었고, 그 결과 한국인들은 그가 애써 중국까지 확장한 종교 개념의 범위 바깥에 위치한 사람들일 수밖에 없었다. 한국은 그가 종교 개념을 확장해서 적용할 만큼 주된 고민의 대상으로 미처 떠오르지 못했다고 할 수 있을 것이다.

우상 숭배나 미신조차도 존재하지 않는다는 발언은 북미원주민을 처음 접한 선교사들의 보고에서도 발견된다.[46] 17세기 북미 북동부의 믹막Micmac족을 만난 프랑스 법률가 레스카보Marc Lescarbot는 "제의와 신에 대한 예배가 없다면 나는 그것을 종교라 부를 수 없다"고 했다. 역시 믹막족 사이에서 지냈던 르클레크Chretien LeClercq 신부도 "이 날까지 사원, 사제, 희생이

---

46 Sam Gill, *Native American Religions : An Introduction*, Belmont : Wadsworth Publishing Company, 1982, p.11.

나 종교를 가리킬 어떤 것도 갖지 않고 살아왔기 때문에, 믹막족은 하느님을 알지 못한다"고 보고하였다.[47] 한국인에서나 북미원주민에서나 '참된 종교/거짓 종교^{우상 숭배, 미신}'라는 분류조차 적용되지 못하고 '아예 없음'이라는 제3의 범주가 추가되어야 했던 것은 이들이 종교 개념의 확장이 채 미치지 못한 낯선 이들이었기 때문이다. 개신교적 종교 개념을 사용하여 한국종교가 서술된 것은 19세기 말 그리피스에 이르러서였다.

3. 천주교 선교사의 서술

개신교 선교가 개시되기 반세기 전, 그리고 귀츨라프가 고대도를 거쳐 간 1830년대에, 모방^{P. P. Maubant} 신부의 입국¹⁸³⁶을 시작으로 파리 외방전교회 소속 가톨릭 선교사들이 조선에서 선교 활동을 개시했다. 1836년부터 1866년에 이르기까지 모두 21명의 파리 외방전교회 선교사가 한국에 입국해 활동하였다. 이 중에서도 다블뤼^{Marie Nicolas Antoine Daveluy, 1818~1866}는 1845년에 입국하여 1866년에 순교하기까지 21년간 독보적으로 오랫동안 활동하였으며, 한국의 풍속과 언어에 대해서도 가장 조예가 깊은 선교사였다. 마침 1856년에 새 교구장으로 취임한 베르뇌^{Berneux} 주교는 선교사업의 체계화를 위해서 교회사 정리가 필요하다고 보고 다블뤼에게 자료를 수집하여 교회사와 순교자전 저술을 준비할 것을 지시한다. 다블뤼는 다년간의 준비를 거쳐 1860년경에 교회사 편찬의 기초

---

47 Kenneth M. Morrison, *The Embattled Northeast : The Elusive Ideal of Alliance in Abenaki-Euramerican Relations*, Berkeley : University of California Press, 1984, pp.53·58.

자료가 되는 「한국사 서문을 위한 노트」와 「한국 순교사를 위한 노트」를 작성하여 1862년에 파리로 발송하였다. 그는 노트를 발송한 이후에도 자료를 수집하였으나 1866년 순교로 더 이상의 결실을 보지 못하였다.[48]

한국 천주교회사를 저술하는 역할은 파리에 있던 달레Claude-Charles Dallet, 1829~1878에게 위촉되었다. 달레는 1852년 사제 서품을 받고 인도 마이수르Maissour 지방 선교사로 활동하였으나 병을 얻어 1867년부터는 파리에 돌아와 파리 외방전교회와 신학교를 위해 일하는 중이었다. 달레는 1872년부터 한국 천주교회사 편찬에 착수하여 1874년에 출판하였다. 일반적으로 『조선천주교회사』는 달레의 저작으로 알려져 있지만, 한국을 한 번도 방문한 적이 없는 달레가 실질적으로 의존한 자료가 다블뤼 서한, 그중에서도 그의 노트들이라는 점에서 실질적으로는 달레와 다블뤼의 공동 저작이라고 볼 수 있다.[49]

한국종교에 대한 천주교 선교사들의 인식을 다루는 것은 이 책의 범위를 넘어서는 작업이 될 것이다. 다만 달레의 『조선천주교회사』가 한국에 입국한 개신교 선교사들이 참조했던 중요한 자료이기 때문에, 이후 개신교 선교사들의 저술과 일정한 연관성을 갖는다. 여기서는 달레의 저술에서 종교 개념에 관련된 부분과 개신교 선교사들에게 영향을 준 부분을 간략하게 정리하도록 하겠다. 달레의 『조선천주교회사』에서 한국종교에 대한 서술이 집약된 부분은 서설序說, introduction의 11장 "종교"이다.[50] 종교에 관한 장은 대부분 다블뤼의 「조선사 입문을 위한 노트Notes pour l'introduction à l'histoire

48 최석우, "달레著 韓國天主教會史의 形成過程", 『교회사연구』 3, 1981, 120~125쪽.
49 위의 글, 115쪽.
50 Charles Dallet, *H'istoire De l'eglise de Corée : Précédée d'une Introduction sur l'histoire, les Institutions, la Langue, les Moeurs et Coutumes Coréennes*, Paris : Victor Palmé, 1874, vol.1, pp.139~150; 샤를르 달레, 안응렬·최석우 역, 『한국천주교회사』, 분도출판사, 1979, 1권, 209~223쪽.

de la Corée」에 입각해서 서술되었지만,[51] 다른 선교사들의 서한들도 일부 참조되었다.[52] 선교사의 서한들은 파리외방전교회 고문서고에 소장되어 있는데, 종교에 관한 내용으로는 다블뤼 외에도 프티니콜라Petinicolas의 서한을 비교해서 참고할 수 있다.[53] 이 서한들을 통해 달레의 저술의 원재료에 해당하는 선교사들의 종교에 대한 관점이 다양했음을 확인할 수 있다.

'종교'라는 장章을 설정한 데서 볼 수 있듯이, 달레의 입장은 일반적으로 한국종교의 존재를 인정하는 것이었다. 그에 따르면 조선의 지배적인 종교는 유교이고 공식적인 예배의식은 유교 예식이다. 특히 그는 유교에서 제사를 강조해서, "국민의 대다수가 알고 충실히 믿고 있는 유일한 종교는 조상 숭배"라고 말한다.[54] 이는 달레가 주로 참조했던 다블뤼의 생각이기도 하다. 다블뤼의 기록에서는 다음과 같이 나온다. "이 나라의 종교는 유교이다. 그러나 이는 조상들의 종교라고 이름하는 것이 더 나을지 모르겠다. 왜냐하면 유교는 조상에 대해서만 관심을 가지기 때문이다."[55]

가톨릭 선교사들이 유교를 조선의 종교로 인정한다는 점은, 후에 개신교 선교사들이 유교를 도덕규범에 불과한 것으로 보고 종교로 중시하지 않은 것과는 차이가 있다. 한국의 불교를 쇠퇴한 상황으로 묘사한 대목에서는 두 집단의 평가가 일치하지만,[56] 유교에 대해서는 다른 평가를 내렸

---

51 Marie Nicolas Antoine Daveluy, "Notes pour l'Introduction à l'Histoire de la Corée", in *Mgr Daveluy* vol.3(한국교회사연구소 소장 자료).
52 최석우는 종교 부분이 주로 다블뤼 노트를 참조했다고 지적하며 참조한 내용을 일부 지적하였다. 최석우, 앞의 글 151쪽.
53 이 책에서는 다음 책에서 소개한 내용을 사용하였다. 조현범, 『조선의 선교사, 선교사의 조선』, 제9장.
54 달레, 『한국천주교회사』, 1권, 209·210쪽.
55 Daveluy, "Notes pour l'Introduction à l'Histoire de la Corée", p.34.
56 불교에 대한 부정적인 서술은 다음을 볼 것. 달레, 『한국천주교회사』 1권, 217~218쪽; 조현범, 『조선의 선교사, 선교사의 조선』, 256~259쪽.

고 이 때문에 한국의 종교 유무에 대해 다른 진술을 했던 것이다. 유교에 대한 서술이 달랐던 이유로는, 우선 가톨릭 선교사와 개신교 선교사가 한국에서 활동한 시점의 차이를 생각할 수 있다. 즉, 19세기 중반 이후 반세기 동안 유교의 위상이 급격히 추락하였기 때문에 후에 들어온 개신교 선교사들은 유교의 실체를 실감할 수 없었다고 할 수 있다. 하지만 이와 연관되면서도 좀 더 구체적인 이유를 말한다면, 가톨릭 선교사들은 조선의 국교로서의 유교와 심각한 충돌을 경험하였기 때문에 그 힘의 실체에 민감했다고 할 수 있다. 특히 윤지충이 신주를 불사른 이후 박해를 받은 역사적 경험 때문에 조선이 제사를 근간으로 하는 유교 국가라는 인식이 당연히 자리 잡을 수밖에 없었다. 달레의 서술이 천주교 박해와 순교의 역사의 서설에 해당하는 부분임을 감안할 때, 유교의 의례적 측면에 대한 강조는 긴요한 내용이었다.

그런데 한국의 종교에 대한 선교사들의 의견이 통일되어 있지 않았다는 점도 지적할 필요가 있다. 1856년부터 1866년까지 활동했던 프티니콜라는 한국에 종교가 없다는 입장을 갖고 있었다. 그에 따르면, "조선에서는 아무도 신과 인간의 본성에 대한 보다 더 높고 고귀한 생각으로 고양되고자 하지 않는다. 이는 조잡한 유물론이다". 한국인들은 영혼에 대해서는 아무런 관심도 없기 때문에 "종교를 가지고 있지도 않으며, 실천하지도 않는다". 지고 존재에 관한 것, 지고신의 명칭은 존재하지 않으며 "외교인 [한국인]들에게 붙일 수 있는 진정한 이름은 무신론"이라고 주장하였다.[57] 프티니콜라의 종교 개념이 일관된 것은 아니었다. 어느 서한에서는 "조선

---

57 프티니콜라의 서한(1865.3.17). 조현범, 『조선의 선교사, 선교사의 조선』, 269~270쪽에서 재인용.

의 외교인들은 종교를 가지고 있지는 않지만, 널리 번창해 있는 주술사들을 크게 신뢰한다"고 했다가도, 다른 서한에서는 "제사를 제외한다면 어떠한 종교적 행위도 가지고 있지 않다"고 하면서 제사는 종교로 인정하기도 한다.[58] 그럼에도 불구하고 분명한 것은 그의 종교 논의에서 핵심적인 쟁점이 지고 존재에 대한 신앙 유무라는 점이다. 그는 유일신 관념을 중심에 두는 기독교적인 종교 개념을 고수하였고, 무신론을 무종교와 동의어로 사용하였다.

다블뤼와 프티니콜라는 한국의 지고신 관념에 대해 반대되는 입장을 취했다. 다블뤼는 유교의 상제上帝 관념을 "만물의 창조자로서 지고한 존재"라고 평가하였다. 한국인들의 상제 관념이 명확하지 않다는 점을 지적하면서도 "사람들이 하늘에 대해서 이야기할 때에 신이나 섭리의 관념"이 뒤따르는 것은 확실하다는 결론을 내렸다.[59] 달레는 이러한 다블뤼의 입장을 따랐다.[60] 반면에 프티니콜라는 한국인에게는 신 관념이 존재하지 않으며 세속적인 이해에만 관심을 가지기 때문에 무신론자라고 불러야 한다고 주장하였다.[61]

그런데 프티니콜라 같은 선교사의 입장이 달레의 저술에서 완전히 배제되지는 않았다는 점에 주의할 필요가 있다. 달레는 어느 대목에서는 유교와 불교가 사실은 무신론에 불과하다고 하면서 한국인이 종교적인 문제를 심각하게 생각하지 않으며, "조선 사람이 실제적으로 무신론자"라는

---

58 위의 책, 263·269쪽.
59 Daveluy, "Notes pour l'Introduction à l'Histoire de la Corée", pp.34~35.
60 달레, 『한국천주교회사』 1권, 210쪽.
61 프티니콜라는 다음과 같이 썼다. "내 생각에 조선인들은 무신론자라고 해야 한다고 본다. 나는 과연 조선인들이 종교적 혹은 초자연적인 진리로 이루어진 신앙을 가지고 있는지 알지 못한다."(조현범, 『조선의 선교사, 선교사의 조선』, 268쪽).

평가를 내리기도 한다.[62] 이처럼 달레의 서술 내에는 다른 입장의 자료를 종합하는 과정에서 생겼으리라 짐작되는 한국종교 인식에 대한 상이한 해석의 갈등이 내재되어 있다. 무신론athéisme은 달레가 주로 참조했던 다블뤼의 「노트」에는 등장하지 않는 단어로, 달레는 프티니콜라의 서한을 참조하여 이 부분을 작성한 것으로 보인다. 최근의 연구 중에서는 한국인이 무신론자라는 이 부분을 들어서 달레의 서술을 '종교 없음'에 속하는 것으로 분류하는 경우가 있다.[63] 그러나 달레가 프티니콜라의 의견을 부분적으로 수용하였음에도 불구하고 그의 전반적인 기조는 다블뤼를 좇아 한국종교의 존재를 인정하는 쪽이었음은 분명하다. 오히려 우리는 그가 한국인의 종교를 서술하는 중에 종교 개념이 일반화되었다는 사실에 주목할 필요가 있다. 17, 18세기 가톨릭계에서 벌어진 의례 논쟁에 사용된 개념들을 분석한 조현범에 따르면, 17세기 유럽에서 기독교 이외의 종교를 총괄하는 유적 개념으로서의 '종교'는 성립되지 않았으므로 교황청 문서에 등장하는 '렐리지오수스'는 '종교적'이라기보다는 '교회적, 기독교적, 신앙적'이라는 뜻에 가까웠다.[64] 하지만 19세기 중반 이후 한국에서

---

62 달레가 무신론을 언급한 내용은 다음과 같다. "이 두 가지 교리[유교와 불교]는 실상은 무신론의 두 가지 다른 형태에 불과하다. 이 두 교리의 법률상의 공존과 자기들의 종교적 신앙을 별로 깊이 생각하지 않는 국민의 정신에 있어서의 그것들의 필연적 혼합으로부터, 거의 모든 조선 사람들의 특징이 되어 있는 저 실제적인 무신앙과 내세에 대한 무관심이 빚어진 것이다. 모든 사람이 신주 앞에 꿇어 엎드리고 제사를 드리나, 그 효과를 진정으로 믿는 사람은 적다. 그들은 어떤 높은 권능과 영혼의 존재에 대하여 막연한 개념은 가지고 있으나 그런 것을 상관하지 않으며, 그들에게 죽은 뒤에 무엇이 올 것인가를 말하면, 그들은 우리나라의 상류 및 하류계급의 자유사상가들과 같은 어리석은 대답을 한다. '그걸 누가 알아, 죽었다 살아온 사람은 없다. 중요한 것은 목숨이 있는 동안 그것을 즐기는 것뿐이다.' 그러나 거의 모든 조선 사람이 실제적으로 무신론자이기는 하지만 그 반면 또한 불가피한 결과로 그들은 가장 미신을 잘 믿는 사람들이다." 달레, 『한국천주교회사』 1권, 218~219쪽.
63 Baker, "A Slippery, Changing Concept", p.64.

제작된 선교사 서한, 그리고 그것을 바탕으로 저술된 달레의 책에서는 종교가 유적 개념으로서 변화하는 움직임이 감지된다. 물론 이들에게도 종교는 기본적으로 기독교 신앙을 가리키는 말로 주로 사용되었다. 그러나 다블뤼나 달레는 한국의 '종교'를 기술하면서 '공자의 종교la religion de Confucius', '붓다의 종교la religion de Fô[Foe]'라는 표현을 사용하였고, 이는 종교가 일반 개념으로서 인식되기 시작했음을 보여준다.

한편 한국에서 활동한 가톨릭 선교사들은 민간 신앙에 대해서 철저하게 미신으로 비판했다는 점에서는 의견이 일치했으며, 달레의 서술도 이러한 비판에 입각하고 있다. 다블뤼는 한국에 "기원이 무엇인지 알 수 없는 수많은 미신과 관습들"이 있다고 보고하였으며, 프티니콜라는 굿을 주술사들에 의해 행해지는 악마적인 일로 묘사하였다. 그는 "조선의 주술사들은 이 나라의 악령들이며, 악마가 조선의 외교인들을 끔찍한 미신과 타락의 상태에 붙잡아 두기 위해 사용하는 도구"라고 비난하였다.[65] 이러한 태도는 달레의 저술에서는 조선에 "얼마나 많은 사기꾼, 음양가, 점쟁이, 요술쟁이, 사주쟁이가 민중의 고지식함을 이용하여 살아가는가"라는 개탄으로 이어진다.[66]

그러나 미신 혹은 우상 숭배라는 비판적 묘사에도 불구하고 달레의 저술에는 무당과 판수의 역할, 굿에 대한 묘사 등 당시 민간 신앙에 대한 사실적 묘사가 포함되어 있었다. 이러한 묘사들 중에서도 이후 개신교 선교사들의 저술에 큰 영향을 미친 중요한 내용은 한국 귀신이 광범위하게 분

---

64 조현범 「의례 논쟁을 다시 생각함―헤테로독시아와 헤테로글로시아 사이에서」, 『교회사연구』 32, 2009, 252쪽.
65 Daveluy, "Notes pour l'Introduction à l'Histoire de la Corée", p.72.
66 달레, 『한국천주교회사』 1권, 221쪽.

포한다는 사실이었다. 그 내용은 다음과 같다.

> 그들은 어디에서나 귀신diable을 본다. (…중략…) 집마다 출생과 생명의 보호신인 성주와, 주거의 보호신인 터주 등의 가신을 넣어두는 단지가 한두 개 있고, 때때로 그 단지 앞에서 절을 한다. 산을 지나다가 무슨 사고가 일어나면 산신에게 어떤 제물을 바쳐야 한다. 사냥꾼들은 잘 잡힌 날과 잘 잡히지 않은 날에 따라 특별한 계율을 지키며, 뱃사람들은 더욱 그렇게 한다. 왜냐하면 그들은 하늘의 모든 바람, 별, 땅, 물에 제사와 제물을 바치기 때문이다. 길이나 특히 언덕 마루터기에는 자그마한 사당이 있거나 혹은 돌무더기가 있기도 하다.[67]

앞으로 살필 개신교 선교사들의 민간 신앙 서술에 거의 빠지지 않고 등장하는 내용이 "한국은 귀신악령으로 가득하다"는 표현으로 시작되는 나열이다. 천주교 선교사의 귀신 묘사는 그리피스의 저술에 비슷하게 나타났고, 한국 귀신의 편재성이라는 주제로 존스, 비숍, 헐버트, 게일 등 대표적인 선교사의 저술에 등장하였다.

달레는 이 한국의 귀신 신앙을 허위로 간주하지 않으며, 기독교와 연속성을 지닌 현상으로 인정한다. "마술의 의식을 통하여 마귀와 직접 교통하는 진짜 마술사, 특히 무당들이 있다는 것과 같은 사실은 절대로 확실하다. 진정한 의미의 부마附魔를 때로는 볼 수 있다고 선교사들이 증언하고

---

[67] 달레, 『한국천주교회사』 1권, 219쪽. 다블뤼 「노트」의 묘사와 비교해 볼 것. Daveluy, "Notes pour l'Introduction à l'Histoire de la Corée", pp.72~73; 조현범, 『조선의 선교사, 선교사의 조선』, 260~261쪽. 달레는 다블뤼의 글을 이용하면서도 귀신이 보편적으로 존재한다는 뉘앙스를 강조했다.

있으며, 마찬가지로 귀신에 홀리는 일도 흔하지는 않지만 드물지도 않은데, 천주교인들 중에도 그런 일이 있다." 그래서 그는 한국의 민간 신앙을 "신약이나 구약 성경의 어느 페이지에나 비슷한 예"를 찾을 수 있는 현상으로 평가하였다.[68] 한국의 귀신과 성서에 나오는 귀신을 동일시하는 이해 역시 개신교 선교사들의 이해와 공유된 부분이다.

4. 로스―고유한 유일신의 발견

앞에서 본 귀즐라프는 종교개혁가들의 종교 개념을 그대로 적용하고자 하는 다소 보수적인 입장에서 한국종교에 접근하였다. 하지만 만주에서 활동했던 선교사 존 로스John Ross, 1842~1918는 이들과는 다른 접근 방식을 보여준다. 로스는 스코틀랜드 장로교회 선교사로 1872년에 중국으로 파송되어 만주 지역 선교를 하면서, 한국에도 관심을 갖고 한국어와 한국사에 관한 책을 저술하고 성경 번역에 착수하였다.[69] 그는 토착문화를 활용한 선교를 강조하는 자유주의 신학 전통 위에 있었다. 그는 바울의 선교 모델을 적용하여 '알려지지 않은 신'을 찾고자 하였으며 그 결과 유일신을 일컫는 한국 고유의 언어 '하느님'의 존재를 최초로 보고하고 성경 번역에서 'God'의 번역어로 사용하였다.[70]

---

68 달레, 『한국천주교회사』 1권, 223쪽.
69 존 로스에 대해서는 다음 연구들을 참고할 것. 김정현, 『羅約翰(John Ross), 한국의 첫 선교사』, 계명대 출판부, 1982; 최성일, "존 로스와 한국 개신교(1)", 『기독교사상』 397, 1992; 최성일, "존 로스와 한국 개신교(2)", 『기독교사상』 398, 1992; James H. Grayson, "The Legacy of John Ross", *International Bulletin of Missionary Research* 23-4, 1999.
70 이 책에서 기독교 유일신의 명칭으로는 '하느님'을 사용할 것이다. 이 시기에 통용된 표

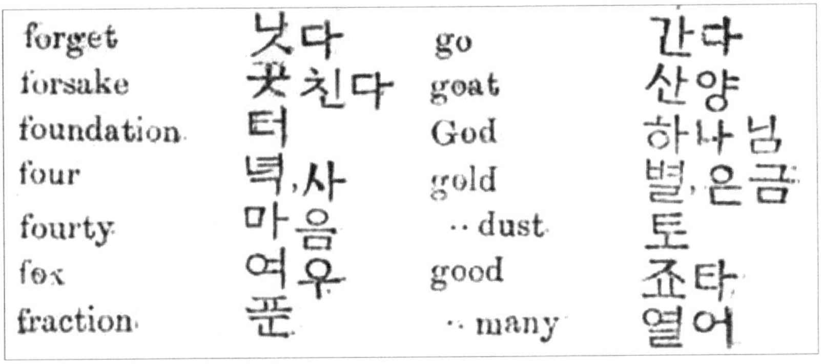

forget	낫다	go	간다
forsake	쫏친다	goat	산양
foundation	터	God	하나님
four	녁,사	gold	별,은금
fourty	마음	·· dust	토
fox	여우	good	죠타
fraction	푼	·· many	열어

〈그림 2〉 로스의 한글 교본에 실려 있는 '하나님'(1882)

1) 로스의 선교와 성경 번역

로스는 1872년부터 1910년까지 만주에서 선교활동을 하는 한편으로, 1875년경부터 만주에서 의주 출신 한국인들을 만나 한글 성경 번역을 준비하였다. 그는 이응찬李應贊에게 한글을 배워 1877년에 한국어 교본을 발간한다.[71] 1877년경에 로스가 접촉한 한국인 동료들은 백홍준百鴻俊을 비롯해서 네 명으로 늘어났으며, 로스는 이들에게 얻은 정보와 중국자료를 바탕으로 1879년에 『한국사*History of Corea*』를 출판한다.[72] 이 책에는 우리가 살펴볼 '종교'라는 장章이 포함되어 있다. 그는 개신교 저자로서는 처음으로 한 장을 할애하여 한국종교를 서술하였으며, 또한 최초로 '하느님'을 언급하였다. 1882년에 로스는 한국어교본을 증보개정하고,[73] 최초의

기대로 써야 할 경우에는 '하ᄂᆞ님'을 사용하고 일반적으로는 현대어 표기 원칙을 따라 '하느님'으로 쓰도록 하겠다. 참고로 로스의 경우에는 첫 번역인 「예수셩교 누가복음젼셔」(1882)에서는 '하느님'이라는 표기를 사용하였으며, 이후의 번역과 『예수셩교젼셔』에서는 '하나님'이라는 표기를 사용하였다.

71 John Ross, *Corean Primer*, Shanghai : American Presbyterian Mission Press, 1877.

72 John Ross, *History of Corea : Ancient and Modern, with Description of Manners and Customs, Language and Geography*, London : Elliot stock, 1891[1879].

73 John Ross, *Korean Speech, with Grammar and Vocabulary*, Shanghai : [s.n.], 1882.

한글 복음서 번역인 「예수셩교 누가복음젼셔」와 「예수셩교 요안네복음젼셔」를 간행한다. 이 번역에서 그는 기독교 신의 명칭으로 '하느님'을 사용하였다. 로스의 번역 작업은 계속 진척되어 1887년에는 우리말 최초의 신약성서 번역인 『예수셩교젼셔』가 간행되었다.

로스가 '하느님'을 사용하여 성서를 번역하고 하느님을 한국종교 서술의 중심적인 자리에 놓았던 것은, 그의 진보적인 신학적 태도와 관련된다. 로스는 레그James Legge, 메드허스트Walter Henry Medhurst 등의 런던선교회 선교사들과 같은 노선을 취했다. 그들은 19세기 말 영국에서 보편화된 비교종교학, 진화론, 고등비평을 수용하였으며, 선교의 차원에서는 기독교의 계시가 중국 전통 내에 존재한다는 전제 아래 기독교와의 접촉점을 찾으려는 노력을 한 선교사들이었다.[74] 로스가 19세기 말의 고등비평을 받아들였다는 점은, 그가 한글 성서 번역과정에서 본문비평의 성과에 기대어 후대의 편집에 의해 추가된 것으로 간주되는 부분을 제거하고 번역하려고 했다는 점에서 잘 나타난다. 그는 1883년의 서한에서 이렇게 말한다.

저는 개정 그리스어 역본의 읽기를 그대로 채용하면서 그 역본이 생략한 모든 단어와 절과 문장을 삭제했습니다. 개정자들은 요한복음 8장의 간음한 여인 이야기와 마가복음의 결론 부분을 생략하는 데 주저한 듯합니다. 그러나 저는 둘 다 삭제했습니다. 마가복음의 결론은 선행 구절들에 대한 추가 연장이라고 모든 학자들이 의심하지 않으며, 간음한 여인 이야기는 비록 그 진

---

74 안성호, 「19세기 중반 중국어 대표자역본 번역에서 발생한 '용어논쟁'이 초기 한글성서 번역에 미친 영향(1843~1911)」, 『한국기독교와 역사』 30, 2009, 226쪽.

정성에 대한 증거가 없지 않지만 신빙성이 부족한 것이 분명하다고 생각합니다. (…중략…) 한글 역본이 완전히 새로운 번역이므로 저는 (…중략…) 이 구절들을 생략하지 못할 이유가 없습니다.[75]

비록 후의 번역 작업에서 전통적인 구성으로 돌아가게 되지만,[76] 로스의 이러한 시도는 그의 성서학 수준과 진보적 성향을 보여준다. 선교의 영역에서 이 진보적 성향은 타문화 내의 기독교적 요소를 인정하고 활용하려는 노력으로 나타난다. 로스의 중국문화, 특히 유교에 대한 태도는 그가 존경하던 선배 선교사 제임스 레그와 거의 일치한다.[77] 로스가 활동하던 시기에 레그는 선교활동을 그만두고 옥스퍼드대학에서 막스 뮐러와 함께 학술활동을 하고 있었기 때문에 로스와 레그가 함께 활동한 것은 아니었지만,[78] 로스는 레그의 책을 읽고 또 안식년에 영국에서 레그를 찾아가 지적인 교류를 가졌다. 위의 인용문에서 로스가 번역에 적극 활용한 개정 그리스어 역본은 레그가 로스에게 보내준 것이었다.[79] 유교에 대한 로스의

---

75 「1883년 1월 24일 로스가 라이트 박사에게 보낸 편지」, 옥성득·이만열 편역, 『대한성서 공회사 자료집』, 대한성서공회, 2004, 64~65쪽.

76 1883년에 출판된 「요한복음」과 「마태복음」에는 해당 구절이 빠져 있다. 그러나 1885년에 「에베소서」와 묶어 출판된 「요한복음」에는 장절의 구별이 다시 등장하며 이전 판에서는 누락되었던 부분(7:53~8:11)이 복원되어 있다. 복원된 체제는 1887년의 『예수성교 전서』에서도 유지된다.

77 제임스 레그의 중국종교에 대한 태도에 대해서는 다음을 볼 것. James Legge, *Confucianism in Relation to Christianity*, Shanghai : Presbyterian Mission Press, 1877; James Legge, *The Religions of China : Confucianism and Taoism Described and Compared with Christianity*, London : Hodder and Stoughton, 1880.

78 옥스퍼드대학에서의 레그와 뮐러의 관계에 대해서는 다음을 참고할 것. Girardot, *The Victorian Translation of China*, chap.2.

79 안성호, 「19세기 중반 중국어 대표자역본 번역에서 발생한 '용어논쟁'이 초기 한글성서번역에 미친 영향(1843~1911)」, 232~236쪽. 레그는 『중국의 종교(*The Religions of China*)』 1장에서 로스의 『한국사(*History of Corea*)』를 인용하였다.

태도가 레그와 통한다는 점은 "유교에 대한 우리의 자세"1887라는 글에서 확인할 수 있다. 여기서 로스는 상대방의 문화적 수준에 적응해서 복음을 전달하는 바울의 전략을 따를 것을 주장하며, 선교사들이 중국인의 교양인 유교를 익혀서 선교에 활용하는 것이 필수적이라고 주장한다.[80]

우리가 바로 아래서 검토할 『한국사』에서 로스는 "유교는 도덕 체계이지 엄밀한 의미의 '종교'는 아니"라고 말한다.[81] 유교가 종교가 아니라는 언급은 앞에서 본 그리피스에서 시작하여 이후에 언더우드 등 여러 선교사들에 의해 반복되는 말이다. 동일한 이야기를 하는 것으로 보일 수도 있지만, 로스의 경우에는 유교는 도덕에 '불과'하다는, 보수적인 선교사들의 부정적인 언급과는 다른 맥락에서 한 이야기라는 데 주의할 필요가 있다. 바울이 그리스 청중들의 교양을 숙지한 상태에서 선교했듯이, 중국선교사들은 중국인의 교양을 숙지해야 하는데, 그 교양에 해당하는 것이 유교라는 것이다. 그러므로 그들의 교양인 유교에 대한 경멸적인 언급은 피하고 그것을 존중해야 한다고 강조한다. 로스는 다음과 같이 말한다.

> 보통 유교는 종교라고 지칭된다. 그러나 유교인들 자신이 서구적 의미에서의 이 용어를 자기 체계에 대한 정확한 분류로 기꺼이 받아들일지의 문제는 아직 남아있다. 이 용어는 유교가 불교나 도교와 함께 중국의 삼교三敎[Chiao]로 불린다는 사실 때문에 채용된 것으로 보인다. 그러나 이 용어[敎]는 '종교'를 의미한다기보다는 '가르침', '교육의 체계'를 의미한다. 내가 보기엔 공자

---

80 John Ross, "Our Attitude toward Confucianism", *The Chinese Recorder* 18-1, 1887, pp.1~11; 방원일 편역, 『(개신교 선교사들이 본) 근대전환공간의 한국종교』 I, 보고사, 2021, 81~97쪽.

81 Ross, *History of Corea*, p.355.

가 그의 전하는 교의들을 '종교'로 유형화했다고 주장하는 것보다는, 『의무론』의 저자가 자신의 체계를 '키케로 종교'라고 알리고자 했다든지 플라톤이 스승을 '소크라테스 종교'로 알리고자 했다는 것이 더 그럴 듯하다고 생각될 정도이다. (…중략…) 우리는 유교를 종교로서가 아니라 도덕 체계로서 분류하고자 한다.[82]

타문화에 대한 존중이라는 진보적 선교정책의 이면에는 문화의 특정한 영역을 비종교화시키는 전략이 수반되는 경우가 있다. 예수회가 북미에서 선교할 때 원주민들의 춤이라는 전통을 미신종교으로 여겨 금지하기보다는 풍속으로 분류해서 기독교의 한 부분으로 통합시켰을 때, 예수회가 일본에서 선교할 때 오본㤊盆 축제를 종교 행사로 보기보다는 사회공동체적인 의미를 지니는 관습으로 보아 허용해야 한다는 논쟁을 펼쳤을 때,[83] 우리는 비슷한 쟁점이 제기되는 것을 볼 수 있다. 기독교와 충돌할 수 있는 부분을 '종교 아닌 것'으로 재배치함으로써 분란을 방지하고 오히려 복음이 전해지는 통로로 사용하는 노력이 진행되고 있는 것이다. 로스의 유교에 대한 존중은, 곧 유교를 기독교적 맥락에서 사용하는 것이기도 하다. 그는 결론적으로 다음과 같이 주장한다. "복음이 중국에 보편적으로 받아들여지기 전에는 지금 심각한 장애를 유발하는 많은 편견은 제거되어야 한다. 내 생각엔 유교를 익숙하게 알고 현명하게 이용하는 것이 이 편견을 제거하는 가장 빠른 길이다. 선교사는 하느님의 신비의 훌륭한 청

---

82 Ross, "Our Attitude toward Confucianism", p.4; 방원일 편역, 『근대전환공간의 한국종교』 I, 86~87쪽.
83 방원일, 「일본과 기독교의 만남의 과정에서 일어났던 타자의 인식―예수회의 초기 일본선교를 중심으로」, 『종교학연구』 27, 2008, 179~180쪽.

지기로서 유교를 기독교의 하녀로 만들기 위해 노력해야 한다."[84]

　로스가 한국종교에 관심을 가지는 맥락도 유교에 대한 것과 크게 다르지 않았던 것으로 보인다. 즉, 한국종교에서 어떠한 부분이 기독교 선교에서 쓰임새를 갖는가가 그의 관심이었다. 비록 유교의 경우처럼 비종교화 담론이 사용된 것은 아니었지만, 기독교가 빨리 전달될 수 있는 지름길을 찾기 위한 모색의 결과가 그의 한국종교 서술이었다.

2) 하느님이라는 이름

　1879년에 출판된 『한국사』의 제11장 "종교"는 6쪽에 불과한 분량이지만, 당시 이루어진 개신교 선교사의 한국종교 서술 중에서도 최초의 것으로 주목받을 가치가 있다. 이 장에서 가장 눈에 띄는 것은, 한국에는 널리 알려진 '하느님'이라는 존재가 있다는 단언으로부터 서술을 시작한다는 점이다. 이 장의 첫 부분은 다음과 같다.

　　한국인들은 지고신the Supreme Being을 일컫는 고유한 이름과 한문에서 빌려온 이름을 갖고 있다. 전자는 '하늘'에서 나온 '하느님Hannonim'이고 후자는 '샹제Shangde'이다. '하느님'이라는 이름은 뚜렷이 구분되고 매우 보편적으로 사용되고 있기 때문에, 앞으로 번역이나 설교를 할 때, 오래 전에 이 주제에 대해 중국 선교사들 사이에서 벌어졌던 꼴사나운 말다툼을 할 걱정은 없을 것이다.[85]

84　Ross, "Our Attitude toward Confucianism", p.10; 방원일 편역, 『근대전환공간의 한국
　　종교』 I, 97쪽.
85　Ross, *History of Corea*, p.355.

한국종교에서 '하느님'의 보편성에 대한 진술은 로스의 저술 중에 처음으로 등장하는 것이고 한국에 대한 개신교 선교사의 서술에서도 최초로 등장하는 것이다. 이전의 가톨릭 선교사들이 한국인들의 하늘[天]에 대한 신앙을 소개한 적은 있지만 서양인의 서술에서 '하느님'의 존재가 명시된 것은 로스의 글이 처음이다.

　로스에게 하느님 개념이 중요했던 것은 그것이 중국 선교사들간에 있었던 '꼴사나운 말다툼'을 막아 주리라는 기대 때문이었다. 이 말다툼은 중국어 개신교 성서 번역에서 'God'의 번역으로 어떠한 명칭을 사용할 것이냐를 둘러싸고 일어난 것이었다. 영국 선교사를 중심으로 한 진영에서는 '상제上帝'를, 미국 선교사를 중심으로 한 진영에서는 '신神'을 주장하였는데, 두 진영은 1847년 회합에서 결렬한 이래 의견의 일치를 보지 못해, 한쪽에서는 '신'을 사용한 신판神板을, 다른 쪽에서는 '상제'를 사용한 상제판上帝板으로 각자의 성경을 인쇄하게 되었다. 로스의 입장은 메드허스트, 레그와 함께 '상제'를 지지하는 입장으로, 중국문화에 존재해왔던 상제 개념을 기독교 유일신의 이름으로 사용 가능하다는 것이었다. 그는 토착적 명칭을 사용하려는 데 대한 반발이 지속되고 있었다는 것을 잘 알고 있었다. 예를 들어 그는 1877년의 상하이 선교 협의회에서 초청 강연을 한 레그가 '상제'의 사용을 고수한다는 이유로 적지 않은 항의를 받았음을 볼 수 있었다.[86] 로스는 한글 성서번역을 준비하면서 이 문제에 대해

86　레그의 강연은 다음의 팸플릿으로 출간되었다. James Legge, *Confucianism in Relation to Christianity*, Shanghai : Presbyterian Mission Press, 1877. 레그의 강연과 그에 대한 선교사들의 반발 움직임에 대해서는 다음을 참고할 것. Girardot, *The Victorian Translation of China*, pp.218~234. 또한 『동방의 성전』 시리즈 중 레그가 번역한 중국 고전에서 상제에 대한 영어번역어로 'God'이 사용된 것에 대한 선교사들의 반발에 대하여, 막스 뮐러가 레그의 입장을 옹호하기 위해 쓴 다음 글을 참조할 것. F. Max Müller, "Interminable

고민했음이 분명하다. 한문으로 된 신 명칭, 예를 들어 천주교에서 사용하는 천주天主, 자신이 옹호하는 상제上帝, 미국 선교사들이 옹호하는 신神, 그 어느 것을 선택해도 큰 분란을 피할 수 없었기 때문이었다. '하느님'은 로스가 원했던 토착적 신 명칭을 사용하면서도 한문 명칭에 대한 다른 선교사들의 반감을 피할 수 있는 대안적 용어였다. 그는 1877년의 한국어 교본에서는 이 명칭을 언급하지 않았지만,[87] 1879년의 책에서 처음으로 언급하고 1882년의 성서 번역에서 신 명칭으로 사용하기 시작했다. 그는 "한국의 신들"이라는 1888년의 글에서 '하느님'에 대한 고마움을 거듭 이야기한다.

하느님Hananim이란 이름에 대해 지금까지 들은 바를 돌이켜 볼 때, 나는 한국인이 이 용어를 갖고 있다는 것에 고마움을 느낀다. 이 용어는 오래 전에 중국의 좋은 사람들[선교사들]의 위원회를 안타깝게도, 내가 보기엔 꼴사납게 분열시킨 문제에 관련해서 조금이라도 어려운 기미가 생기지 않게 하기 때문이다.[88]

로스가 제안한 명칭이 한국 개신교 선교에 바로 받아들여진 것은 아니었다. 그가 번역한 성경이 받아들여지지 않았고 대신 1890년대부터 한국에 있던 선교사들에 의해 새로운 번역이 준비되었기 때문이다. 자연히 로

Question", *The China Review* 9, 1881, pp.228~233.
87 Ross, *Corean Primer*. 로스는 1882년의 비슷한 형식의 한글 교재에서는 '하느님'을 언급한다. Ross, *Korean Speech, with Grammar and Vocabulary*, p.86.
88 John Ross, "The Gods of Korea", *The Chinese Recorder* 19, Feb., 1888, p.92. 이 글은 다음의 저널에 재수록 되었다. John Ross, "The Gods of Korea", *The Gospel in All Lands* 13, Aug., 1888, pp.368~370.

스의 신 명칭도 다시 검토되었다. 이 문제에 대해 적지 않은 논쟁이 있었는데, 예를 들어 1894년의 번역자회에서는 상제, 신, 천주, 하느님을 놓고 투표를 해서 4:1로 하느님하ᄂ님보다는 천주텬쥬를 사용하자는 결정을 내리기도 한다. 당시 개신교 선교사 스크랜튼William B. Scranton은 하느님은 "단지 중국 용어 천주의 한글 번역"이었기 때문에 중요한 용어로 생각되지 않았다고 말하기도 한다.[89] 선교사들 간의 논쟁이 마무리되고 개신교 신 명칭이 '하ᄂ님'으로 확정된 것은 1906년에 이르러서였다.

3) 로스의 한국종교 서술

이제 다시 『한국사』의 종교 서술을 살펴보도록 하자. 종교에 관한 장은 한국인이 지고신을 일컫는 이름을 갖고 있다는 내용의 단락으로 시작된다. 하지만 그다음 단락부터는 이를 뒷받침하는 내용 없이 각 전통들에 대한 정보들이 산발적으로 나열된다. 불교에 대한 내용이 주를 이루지만, 이어서 산신과 용왕 신앙에 대한 내용이 열거되고 유교에 대해서도 잠시 언급된후, 마지막으로 종교에 대한 한 한국인의 글을 소개한다. 글 전체의 체계가 잡혀있지 않을 뿐더러 제공되는 정보도 부정확한 것들이 많다. 예를 들어그는 불교 승려의 수가 한국 남성 인구의 4분의 1을 차지하며, 승려들이 자주 장관, 행정관, 총사령관이 된다고 말한다. "용왕을 믿는 사람은 불교 신자를 모두 포함하고 거기에 불교를 믿지 않는 사람들도 다수 포함된다"는 진술에는 범주 설정의 혼선이 보인다. 또한 국가 제사는 "돌로 지어진 집에서 양으로 희생제의를 드린다"고 하면서 한국에는 양이 없어 중국에서 구

---

[89] 이만열·옥성득 편역, 『대한성서공회사 자료집 제1권─로스 서신과 루미스 서신』, 대한성서공회, 2004, 64쪽.

입한다고 말한다.[90] 이 역시 부정확하거나 부분적인 정보에 불과하다.

이처럼 로스의 서술이 고르지 못한 것은 그가 중국 자료에만 의거한 것이 아니라 실제 한국인과의 접촉에서 경험한 것을 서술에 반영한 탓도 크다.[91] 그는 때때로 의주와 맞닿은 국경지대에 가서 한국인들을 만나곤 했는데, 거기서 본 것을 바탕으로 "희생에 쓰이는 양들은 '고려문高麗門'에서 중국인들로부터 구입하는 것이다"라고 덧붙인다.[92] 그의 종교 서술의 마지막 3분의 1 정도의 분량은 종교에 대한 한국인의 논문을 번역해서 실어놓은 것이다. 그와 함께 있었던 한국인 조사의 것으로 짐작되는 이 글에서, 한국에는 네 파의 종교들이 존재한다고 소개된다. 이성의 종교[내용상 불교인 듯하다], 풍수지리, 법가法家, 묵가墨家가 그들이다.[93] 이 자료는 한국인이 생각하는 '가르침[敎]'과 서양적인 종교 개념의 차이가 드러낸다는 점에서 흥미롭다. 로스는 자신과 한국인의 개념적 차이에 대해 미처 정리하지 않은 상태로 자료를 그대로 제시한 것이다.

중국 자료, 한국인들을 만난 경험, 그리고 한국인의 증언이 뒤범벅이 되어 있는 로스의 서술에서 눈여겨보아야 할 점은 기독교와 한국종교의 접점을 찾기 위한 노력이 서술에 내재되어 있는 중심적인 의제로 존재한다는 것이다. 그것은 귀츨라프가 고대도에서 한국인들과 처음 접촉했을 때 소통하고자 했던 주제인 유일신 관념과 영혼불멸이다. 그 둘은 로스의 한국종교 서술의 핵심 주제이기도 하다. 우리는 앞에서 유일신 개념이 이 장

---

90 Ross, *History of Corea*, pp.355~357.
91 옥성득은 로스의 『한국사』에는 만주에서 본 한국사라는 편견이 있다고 지적한다. 옥성득, 『새로 쓰는 초대 한국 교회사』, 484쪽.
92 Ross, *History of Corea*, p.357. 로스의 고려문 방문에 대해서는 다음을 참고할 것. John Ross, "A Visit to the Corean Gate", *Chinese Recorder* 5, 1874, pp.347~354.
93 Ross, *History of Corea*, pp.358~359.

의 첫머리를 이루는 내용으로, 한국종교의 가장 중요한 특질로 제시되었던 것을 보았다. 또한 로스는 불교, 민간 신앙, 유교에 대한 내용을 대략적으로 나열한 후 영혼불멸의 쟁점을 본격적으로 제시한다. 그는 "중국적 형태의 불교가 번성하는 곳에서 영혼불멸의 교리는 필연적으로 신봉된다"고 전제하면서도, 한국의 실제 종교 생활에서는 기독교적인 관점에서의 영혼불멸 교리가 지켜지는 것이 아님을 자신이 만난 한국인의 예를 들어 강조한다.

> 필자가 처음 접했던 한국인은, 모든 사람이 끝없이 지속되는 영혼을 갖고 있다는 생각을 비웃었던 사람이었다. 승려들과 신심이 돈독한 사람이나 그렇게 살 수 있다는 것이었다. 사실 그는 매우 무지한 젊은이긴 했다. 하지만 지금 나와 함께 있는 한국인 학자는 나의 권유를 받아들이기 전에는, 아편을 먹고 타지인들 사이에서의 생활을 끝내버리려고 하고 있었다. 그런 행동을 할 수 있는 사람에게 영생은 허구일 수밖에 없다.[94]

이것은 교리가 실제 한국인의 삶에서 어떻게 작용하는가에 대한 좋은 사례일 수 있다. 한 사회에서 어떠한 종교 개념이 승인되고 있다 하더라도 개인들이 그것을 수용한 양상은 충분히 다를 수 있으며, 더구나 영혼/귀신의 문제와 같이 조선 사회에서 단일한 공식의 교리로 존재하지 않는 주제에 대해서는 더욱 다양한 견해들이 존재할 것이다.[95] 하지만 위의 사례

---

[94] Ross, *History of Corea*, p.357.
[95] 사후 영혼의 형태에 대해서는 유학계에서도 단일한 답변을 갖고 있지 않았다. 오히려 서학과의 만남에 자극받아 이 문제에 대한 유학자들의 답변이 모색되는 양상을 보이기도 한다. 다음 글을 참고할 것. 안영상, "천주교의 천주(상제)와 영혼불멸설에 대한 영남퇴

가 기독교와의 비교를 위해 사용되는 것은 문제를 야기한다. 로스는 한국인의 태도를 영생에 대한 기독교의 확고한 믿음과 대조시켜 기독교의 장점을 이야기한다. 그러나 한 종교의 '현실'과 다른 종교의 '이상'을 비교하는 것은 무의미하다. 우리가 회의적인 성향의 한 유럽인을 인터뷰한 것을 가지고 기독교의 죽음관을 서술하고 불교의 죽음관과 비교하는 것이 무의미하듯이 말이다.

로스는 한국종교에 관한 서술을 통하여 유일신 관념과 영혼불멸이라는 자신의 신학적 관심에 대한 답을 얻고자 하였다. 특히 그가 제시한 유일신 명칭 하느님은 이후에 성서 번역에 사용되면서 큰 영향을 남긴다. 우리는 뒤에서 한국종교의 유일신론을 인정하는 것이 선교사들이 한국종교의 존재를 인정하는 데 얼마나 중요한 근거가 되었는지를 보게 될 것이다. 특히 유일신론에 근거한 종교론이 확립되는 것은 1906년에 로스가 제안한 번역어가 공식적으로 승인되고, 그래서 그가 제안한 한국종교의 하느님에 대한 설명이 받아들여진 이후라는 사실은 우리 논의에서 중요한 의미를 지닌다.

5. 그리피스–만남 이전에 마련된 인식의 틀

그리피스William Elliot Griffis, 1843~1928는 일본 활동 경험을 바탕으로 한국에 관한 대표적인 저서를 집필한 교육가이자 저술가였다. 그는 1870년부터 4년간 일본에서 기자와 도쿄대학 교수로 활동하였고, 1874년 귀국하면서

계학파의 대응양식", 『시대와 철학』 16-1, 2005.

일본을 미국에 소개하는 작가가 되기로 결심하였다.[96] 그는 1876년에 일본 역사를 다룬 『천황의 제국*The Mikado's Empire*』을 출판하였고, 한국에 대해서도 큰 관심을 가져서 1882년에 『은둔의 나라 한국*Corea : The Hermit Nation*』을, 1885년에는 『한국의 안팎*Corea, Without and Within*』을 출판하였다. 그리피스는 저술 당시에 한국을 방문한 적이 없었지만,[97] 일본과 미국에서 수집한 방대한 문헌을 가장 체계적으로 정리하여 한국에 관심을 가졌던 서양인들의 필독서를 저술하였다. 『은둔의 나라 한국』은 1911년까지 30년간 무려 9번의 개정판이 출판되었다. 개신교 선교사들도 한국 입국을 준비하면서 필수적으로 그리피스의 책을 참조하였다. 예를 들어 첫 세대 한국 선교사들을 끌어모으는데 절대적으로 기여했던 학생자원운동Student Volunteer Movement 의 제1차 국제 선교대회1891의 보고서 뒤에는 선교사들이 참고할 만한 서적들이 선교지 별로 정리되어 있는데, 한국에 관한 서지사항으로는 그리피스의 책 두 권만이 제시되어 있다.[98] 그의 책들은 선교사와 방문자들이 읽을 수 있는 한국에 관한 최초의 일반 지식을 제공한 것으로 평가되며,[99] 개신교 선교사들의 한국 이해와 서술에 지대한 영향력을 행사하였다.

---

[96] 안종철, "윌리엄 그리피스(William E. Griffis)의 일본과 한국인식(1876~1910)", 『일본연구』 15, 2011, 443~445쪽.

[97] 그리피스는 1927년에 조선을 방문하였다. Sung-min Park · Young-mee Yu Cho, "William Elliot Griffis and His Visit to Korea in 1927", 윌리엄 그리피스, 『그리피스 컬렉션의 한국사진－럿거스대학교 도서관 특별 컬렉션』, 눈빛, 2019, 368~388쪽.

[98] *Report of the First International Convention of the Student Volunteer Movement for Foreign Missions, Held at Cleveland, Ohio, U.S.A., February 26, 27, 28 and March 1, 1891*, Boston : Press of T. O. Metcalf, 1891, p.212. 『은둔의 나라 한국』에 대해서는 「한국에 관한 표준적인 저서」, 『한국의 안팎』에 대해서는 "한국인에 관한 대중적인 저술"이라는 설명이 붙어 있다.

[99] 안종철, "윌리엄 그리피스의 일본과 한국인식", 411쪽.

1) '파멸의 종교'의 존재

그리피스는 『은둔의 나라 한국』의 37장에서 종교를 다루었다. 그는 고대 중국 기록, 일본 기록, 프랑스 선교사 기록을 바탕으로 샤머니즘이 한국인 신앙의 기초라고 서술하였다. 그는 "하늘과 땅, 공중의 보이지 않는 힘, 자연의 정령spirit에 대한 숭배, 산과 강, 땅과 곡식, 동굴, 심지어는 호랑이의 신령genii에 대한 숭배" 등이 불교 도입 이전부터 존재했으며, 현재까지도 한국인의 "실제적인 종교actual religion"로 남아있다고 지적한다.[100]

그리피스의 이러한 서술에는 달레의 서술과 다르지 않게 유적인 개념 '종교'에 대한 긍정적인 태도가 발견된다. 그는 하멜이 한국에 종교가 없다고 말한 것을 소개하면서 "그의 견해에는 다소 편견이 들어있다"고 자신의 입장을 덧붙였다.[101] 앞서 보았듯이 하멜이 종교가 없다고 했다는 것은 출판과 번역 과정에서 생긴 변형이었다. 하지만 이를 알지 못했던 그리피스는 하멜에 찬성하지 않으며 한국종교를 부정하지 않는다는 자신의 입장을 보여주었다. 그러나 이후 저술에서는 종교에 대한 태도가 좀 더 부정적인 쪽으로 강화된다.

그리피스는 1885년에 발간된 『한국의 안팎』의 제2부에서 『하멜 보고서』의 영어 번역인 처칠 판을 전재하고 종교에 대한 짧막한 설명을 부가하였다. 1882년의 『은둔의 나라 한국』과 1885년의 『한국의 안팎』 사이에는 중요한 자료가 추가되었는데, 그것은 1883년에 한국을 방문한 개신

---

100 William Elliot Griffis, *Corea : The Hermit Nation*, 6th ed., New York : Charles Scribner's sons, 1902[1882], p.326.

101 "하멜은 승려들은 잘 지내고 쾌활한 사람들이라고 말한다. 하지만 그의 견해에는 편견이 좀 있는데, 그는 '종교에 관해 말하면 한국인들에게는 종교가 거의 없다 (…중략…) 그들은 설교나 신비를 알지 못하고, 그래서 종교에 대해 논쟁하지 않는다'라고 하기 때문이다." Griffis, *Corea : The Hermit Nation*, p.334.

교 선교사 다우스웨이트A. W. Douthwaite의 보고였다.[102] 이는 귀츨라프 이후로는 한국을 방문한 거의 유일한 개신교인의 자료였기 때문에 그리피스 입장에서는 개신교적 관점에서 한국종교를 다루기에 좀 더 용이해졌던 것으로 보인다. 우리는 앞에서 귀츨라프의 경우에 '참된 종교/거짓 종교'라는 개신교적 범주가 한국을 포괄하지 못했다는 것을 보았다. 그리피스의 경우에는 한국종교의 존재를 인정하면서도 '거짓 종교'의 범주 안에 집어넣었다. 그는 『한국의 안팎』에서 다음과 같이 개신교 입장의 종교 개념을 본격적으로 적용하였다.

> 시암[오키나와]이나 일본 같은 화려한 의례 체계나 방대한 경전, 수행 사제는 없지만, 슬프게도 한반도에 올바른 종류의 종교는 결여되어 있다. 국가의 지식인들은 얽혀있는 미신들의 그물에 걸려 있다. 이 미신들은 수백만 영혼들을 창조주로부터 떨어뜨려 놓아서 지적인 노예상태, 무지의 공포와 흑암 속에 묶어놓는 파멸의 종교baneful re-ligion를 형성한다.[103]

그리피스는 종교의 존재를 인정하였지만, 그가 강조했던 것은 올바르지

---

102 A. W. Douthwaite, *Notes on Corea*, Shanghai : Shanghai Mercury Office, 1884, pp.47~56. 다우스웨이트(Arthur William Douthwaite, 1848~1899)는 중국내지선교회(China Inland Mission)에 소속되어 옌타이(Chefoo) 지역에서 활동한 의료선교사였다. 그는 윌리엄슨(Alexander Williamson)의 요청으로 1883년에 한국을 방문하였다. 그리피스는 그의 활동에 대해 다음과 같이 기록하였다. "1883년 다우스웨이트는 스코틀랜드 성서 공회를 대표하여 개항장들을 방문하였다. 그는 한국 관리과 외국 관리들의 반대에도 불구하고 공회의 중국어 출판물들을 다량 배포할 수 있었다."(Griffis, *Corea, Without and Within*, p.296) 그리피스가 다우스웨이트의 책을 직접 인용한 부분에 대해서는 뒤의 3장 1절을 참고할 것.
103 William Elliot Griffis, *Corea, Without and Within*, 2nd ed., Philadelphia : Presbyterian board of publication, 1885, pp.161~162.

못한 종류의 종교의 존재였다. 그는 한국에 파멸의 종교가 형성되어 있다고 기술하였는데, 이때 그리피스는 '종교re-ligion'에 이탤릭체를 사용하고 're'와 'ligion' 사이에 연결부호(-)를 삽입하였다. 이는 릴리전의 어원인 '다시 결합하다re-ligale'라는 의미를 상기시키기 위한 의도인 것으로 보인다. 여기서 그는 종교가 창조주와 인간을 결합시켜 주는 것이라는 어원에 충실한 정의를 전제하고 있다. 그런데 한국의 종교는 창조주와 인간을 묶어주기는커녕 둘 사이의 거리를 떨어뜨리고 인간을 흑암에 묶어두는, 올바른 종교와는 반대 방향의 결합으로 작용한다는 의미에서 '파멸의 종교'로 규정되었던 것이다.

그리피스가 한국에 적용한 종교 개념이 지극히 부정적임은 분명하다. 그의 서술은 기독교 선교의 대상이 되어야 할 곳에 사용되었던 전형적인 개신교 선교의 수사修辭의 연장선상에 있다. 그렇지만 개념적인 차원에서 볼 때 그리피스의 서술은 '아예 없음'을 말한 귀츨라프보다 진전되었다는 점은 지적할 수 있다. 그는 어원에 가까운 개념을 활용해서 한국에 종교가 있음을 이야기하였다. 그 방향이 창조주를 향한 것이든 아니든, 그 대상이 어찌되었건 간에 그는 '결합' 혹은 '묶음'이라는 요소가 공통적으로 존재한다는 점을 인지하고 이를 통해 '종교'를 서술할 수 있었던 것이다.

2) 한국종교 서술의 전형

앞서 말한 대로 그리피스의 저술은 한국에 입국한 선교사에 큰 영향을 미쳤다. 그리피스는 한국에 가본 적이 없는 한국전문가였다. 그가 기술한 한국종교는 직접 경험 없이 책들만 참조해서 구성된 텍스트적인 실재이다. 그럼에도 그의 종교 서술에는 후에 한국에서 활동한 선교사들의 서술에서 다시 등장하는 전형들이 제시되어 있다. 그리피스의 종교서술은 『한국의 안팎』에 조금 더 정리된 형태로 제시된다. 여기서는 그 글에서 한국 종교 서술의 전형적인 요소들을 뽑아 순서대로 제시하도록 하겠다.[104]

첫째, 그는 한국종교를 구성하는 층위로서 원시 종교무속, 유교, 불교를 제시하고 기층에 원시 종교를 놓았다. "거주민들의 신앙 기저에는 역사적 순서대로 세 층의 관념들이 존재한다. 그것은 원시 페티시즘와 샤머니즘(가시적 대상의 숭배와 비가시적인 상상의 영향력에 대한 숭배), 유교, 그리고 불교이다."

둘째, 그는 한국의 종교 건물의 부재 혹은 소박함을 강조하였다. "중국이나 일본에 있는 성스러운 건축물들의 규모와 화려함에 익숙해져 있는 사람들에게는 한국의 경우 '사원'이라는 말이 거의 의미를 갖지 않는다. 대부분의 마을과 도시에서 사원들은 놀라울 정도로 작고 조악하고 썰렁하다. 서울에선 일반적인 주거지보다 큰 불교 사원은 거의 없다. 일반적으로 이 건물들은 단지 처마 주위에 파진 홈이나 조각, 혹은 특별한 현관을 통해 인식될 뿐이다. 마을에서 '사원'들은 초가집보다 나을 게 없다."[105]

셋째, 그는 다양한 귀신들의 존재를 나열하는 것을 한국 민간 신앙의 중

---

104 Griffis, *Corea, Without and Within*, pp.161~171; 방원일 편역, 『근대전환공간의 한국종교』 I, 48~55쪽.

105 건물 부재에 대한 그리피스의 서술 방식과 그 영향에 관해서는 3장을 참조할 것.

요한 내용으로 제시하였다. "한국인에게 공기는 비어있는 것이 아니다. 공기에는 살아있는 악령들이 가득하다. 모든 나무, 산, 수로, 심지어는 부엌이나 굴뚝까지 터주들이 있다. 그들은 기도, 선물, 또는 모종의 참회를 통해 달래져야 한다."[106]

넷째, 그는 유교의 형식성을 강조하였다. "엄격하게 말하면, 유교는 도덕과 정치의 체계이지 종교가 아니다. 유교에는 진보의 요소가 없고, 다만 인간의 지성을 전형화하고 문명을 불변의 반복적 일상으로 화석화하기 위해 계산된 사유와 행위의 양식이다. 유교는 중국의 무기력과 지체된 발전에, 그리고 한국의 은둔자 같은 격리와 바보 같은 자만심에 대한 책임이 있다. 유교는 항상 기독교의 완고한 적이었고, 앞으로도 그럴 것이다. 그것은 진보의 싹을 갖고 있지 않은 이교적 불가지론이다. 그 영향력은 모두 보수적이다."

다섯째, 그는 조상 숭배를 유교와 별도로 다루었다. "유교보다 오래되었지만 유교와 긴밀하게 연결되어 있는 것이 조상 숭배이다. 조상들을 기리는 것, 향을 태우고 신주를 배향하는 것은 중국뿐 아니라 한국에서도 일반적이다. 이 체계는 너무 뿌리 깊게 박혀있어 한국인의 정신에 총체적 변화가 있지 않고서는 뿌리 뽑을 수 없다. 효도와 숭배는 이론적으로도 실천적으로도 하나가 된다. 조상 숭배는 거대한 나무이다. 그 뿌리는 원시 역사의 지층까지 뻗어있고, 울창하게 자라난 미신의 산물은 모든 집에 그늘을 드리우고 있다."

여섯째, 그는 불교가 쇠퇴하였음을 강조하였다. "불교는 한국에 많은 것

---

[106] 한국 귀신의 광범위한 존재라는 요소가 선교사 서술에 자주 등장한 점에 대해서는 4장을 참조할 것.

을 했다. 우리가 보기에는 금방 비관용적이고 완고하고 편협하게 되어 모든 진보를 멈추게 한 유교에 비한다면 훨씬 많은 것을 했다. 한국 문명의 최고 수준은 불교하에서 도달되었다. 그러나 장점들에도 불구하고, 불교는 무신론의 체계이고, 모든 숭배cult와 마찬가지로 활력을 경감시키는 기생적 미신의 먹이가 되었다. 한국에서 불교의 힘은 거의 소진된 것으로 보인다."[107]

여기서 각 전통에 관한 서술을 하나하나 분석할 수는 없다. 다만 여기서 나타나는 서술 항목, 논리의 전개, 대상의 평가 방식, 사용되는 표현 등이 이후의 선교사 서술에서 놀라울 정도로 반복되고 있다는 점을 확인하는 것이 현재로서는 중요하다. 종교 건물의 부재가 한국종교 서술을 여는 쟁점이 된다든지, 민간 신앙의 귀신들의 다수성이 주요 서술 내용이 된다든지, 유교와 불교에 대한 부정적 평가가 반복되는 것을 우리는 뒤에서 다루어질 선교사의 서술에서 볼 수 있을 것이다. 한국종교의 현실을 경험한 선교사들은 그리피스가 텍스트를 통해 구성한 현실에서 크게 벗어나지 못했다.

6. 종교 서술의 다양성

우리는 개신교 선교 이전에 형성된 한국에 대한 주요 자료들에서 종교에 관한 내용을 살펴보았다. 이 자료들은 한국에 대한 기록으로서도 중요성을 지니지만, 유럽 학계의 '종교학 자료'로서도 간간이 모습을 드러내기 시작했다는 사실도 간단히 언급할 필요가 있다.

---

107 그가 한국 불교와 관련해서 참고했던 사진 자료는 다음 책에서 볼 수 있다. 윌리엄 그리피스, 『그리피스 컬렉션의 한국사진』, 227~231쪽.

당시의 저명한 종교학자 프레이저James G. Frazer가 1886년에 쓴 논문 "매장 풍습에 관하여"는 세계 각지의 매장 풍습들을 수집하여 영혼에 대한 원시인들의 생각을 일반화한 작업이다. 그에 따르면 원시인들은 망자亡者의 영혼이 살아있는 사람들에게 되돌아와서 해코지할 것을 두려워했고, 매장 풍습에 그 두려움이 반영되어 있다. 바로 이 '원시인'이 갖는 두려움을 예증하기 위하여, 프레이저는 존 로스의 『한국사』와 그리피스의 『은둔의 나라 한국』을 인용하여 한국인들이 죽을 때 시체 다루는 방식, 한국인의 장례 행렬, 장례 때의 단식, 장례 복장 등을 서술하였다.[108] 프레이저는 1894년판 『황금가지』에서도 한국 사례들을 사용하였다. 왕에 함부로 접촉할 수 없다는 금기의 예를 들기 위해서 달레의 『한국천주교회사』와 그리피스의 저서를 사용하여 조선 국왕의 사례를 들었다.[109] 부분적이긴 하지만, 우리는 서양인 관찰자들의 저술을 통해서 한국이라는 사례가 다른 원시민족들의 사례와 더불어 종교학 이론 형성 과정의 일부를 이루게 되었음을 확인할 수 있다.

우리는 또한 뒤에서 살펴볼 개신교 선교사들의 논의의 틀과 이론적 자원들이 선교 개시 이전의 논의들에서 이미 마련되어 있었음에 주목할 필요가 있다. 귀츨라프와 그리피스에서 보이는 한국종교에 대한 부정적인

---

108 James George Frazer, "On Certain Burial Customs as Illustrative of the Primitive Theory of the Soul", *The Journal of the Anthropological Institute of Great Britain and Ireland* 15, 1886, pp.69·71·87·92·98~100. 유교 상례에서 고인에 대한 애통함을 표현하기 위하여 하는 단식이 귀신에 대한 두려움 때문에 하는 것이라고 설명되어 있다. 자료의 한계 혹은 저자의 오해로 인해 원래 자료의 맥락에서 벗어나 인용된 예라고 하겠다.

109 James George Frazer, *The Golden Bough : A Study in Comparative Religion*, New York : Macmillan and co., 1894, vol.1, p.164·172; vol.2, p.87. 한편 1922년판 『황금가지』에는 15개의 한국 관련 문헌으로부터 24건의 한국 사례들이 인용되었다. 다음 논문을 참조할 것. 류병석, 「The Golden Bough의 한국사례 연구」, 『국어교육』 23, 1975.

묘사는 보수적인 태도를 취한 선교사들의 기록에서 지속되는 것을 볼 수 있다. 또한 가톨릭 선교사들이 민간 신앙에 대해 남긴 기록, 그리피스가 한국종교를 원시 종교로 보았던 점, 로스가 한국종교에서 하느님을 강조한 점은 후에 한국종교를 대상으로서 확립하는 데 작용한 중요한 이론적 자원이 되었다.

우리가 살펴본 관찰자들은 한국에 대해 각기 다른 경험들을 가졌다. 하멜은 13년간 한국 생활을 하였고, 귀츨라프는 한 달간 고대도에서 사람들과 접촉한 것이 전부이며, 달레는 한국을 경험한 적이 없었지만 수십 년간 한국에서 활동한 선교사들의 보고를 충실히 정리했다. 그리피스는 일본과 미국에서 문헌으로만 한국을 접하였고, 로스는 만주에서 의주 사람들 몇 명을 통해 한국에 대한 정보를 얻었다. 한국에 대한 경험이 가장 미약한 저자 중 하나였던 그리피스가 역설적으로 이후의 논의에서 가장 중요한 위치를 차지하게 된다는 점은 시사하는 바가 크다. 그리피스의 영향력은 텍스트가 경험을 구성하는 데 얼마나 큰 영향력을 미치는지를 잘 보여주는 사례가 된다.

우리가 이 장에서 마지막으로 주목해야 할 사실은 초기 서양 관찰자들이 한국에 종교가 없다는 견해를 전적으로 공유한 것은 아니었다는 점이다. 이 사실은 초기 관찰자들에 대한 기존의 견해와는 다른 것이기 때문에 다소 주의할 필요가 있다. 기존 견해를 대표하는 것으로 그리피스의 서술이 있다. 그는 1884년에 자신 이전의 저자들의 견해를 다음과 같이 정리했다.

"종교에 관해 말하면, 한국인들에게 종교는 거의 없다." 이것은 17세기 네덜란드 개신교인[하멜]의 증언이다. 1883년 가을 서울과 개항장에 몇 주 머

CORE a ; a kingdom of Asia, bounded N. by Chinese Tartary, E. by the sea of Japan, S. by a narrow sea, which parts it from the Japanese islands, and W. by the Yellow sea, which parts it from China; about 500 miles from N to S., and 150 from E. to W. ; between lat. 34° 16' and 43° N., and lon. 124° 32' and 130° 30' E. It is a peninsula, being every where surrounded by the sea, except towards the north. This country consists of 8 provinces, in which are found 40 grand cities, 45 * called *kun*; 33 of the first rank, called *fou*; 58 *tcheous*, or cities of the second rank; and 70 of the third, called *hien*; besides a great number of fortresses well garrisoned. The north part of Corea is barren, woody and mountainous, infested with wild beasts, and but thinly inhabited; but the southern division is rich and fertile, breeds great numbers of large and small cattle, besides fowl, wild and tame, and a great variety of game ; it likewise produces silk, flax and cotton. The king of Corea pays an annual tribute to China, but in the interior administration is independent. The prevailing religion is that of Fo or Buddha. Population vaguely estimated at 6 or 8,000,000 ; square miles, about 88,000. Kingki-tao is the capital.

〈그림 3〉 1851년 미국 백과사전의 한국 항목

물렀던 스코틀랜드 성직자[다우스웨이트]도 하멜에 동의하는 것처럼 보인다. 그는 다음과 같이 말한다. "서구 국가들에서 보통 '종교'라는 용어로 이해하는 것은 한국에 존재하지 않는다. 이 점에서 한국은 아시아 다른 나라들과는 다소 차이가 있다." 그곳에 오래 머물렀던 프랑스 천주교 선교사들도, 다양한 여행객 방문자들도 같은 이야기를 한다.[110]

그리피스는 이전의 관찰자들이 동일하게 한국에 대해 '종교 없음'을 보고한 것으로 정리하였다. 이러한 그리피스의 이해는 선교사들에게도 수용되었고, 어느 정도는 현재의 연구자들에게도 영향을 미치고 있다. 그러나 이 장에서 초기 관찰자들의 종교 서술과 개념 사용을 살펴본 결과, 우리는 그들의 견해가 다양성을 지님을 확인할 수 있었다. 종교가 없다는 견해는 그 여러 의견들 중 일부에 속하는 것이었다.

개항 이전의 서양 관찰자들의 종교에 대한 견해는 여러 가지로 나눠지는데, 종교가 없다는 것은 여러 의견들 중 하나였다. 한국의 종교는 중국과

---

110 Griffis, *Corea, Without and Within*, p.161.

마찬가지로 불교라고 한 17세기의 마르티니의 언급은 19세기에도 여전히 한국에 대한 지식으로 유통되고 있었다. 1851년에 미국에서 편찬된 백과사전의 '코리아Corea' 항목에선 한국의 지배적인 종교는 포Fo 혹은 붓다의 종교라고 되어 있다.〈그림 3〉[111] 1870년대 말의 백과사전에서도 한국의 "종교는 중국과 비슷한데, 불교인이 많다"고 밝힌다.[112] 달레는 『한국천주교회사』에서 한국의 '종교'라는 장을 통해 '공자의 종교'와 '붓다의 종교'에 대해 서술함으로써 종교의 존재를 인정하는 서술을 보여주었다. 유개념으로서의 '종교'를 사용한 것은 아니었지만 하멜 역시 종교 항목을 통해서 당시 조선의 종교 상황을 보고하였다. 존 로스의 경우에도 별 문제 없이 종교라는 항목을 서술하였다. 개신교적인 종교 개념을 갖고 있던 귀츨라프의 경우에는 '종교 없음'의 의견을 피력하였으며, 비슷한 개념을 갖고 있었던 그리피스는 부정적인 의미의 종교의 존재를 인정하였다. 사실 '종교 없음'에 대해 집중적으로 언급한 것은 개항 이전이라기보다는 개항 이후에 본격화된 현상이었다. 그것은 개신교 선교사들과의 만남을 계기로 시작되어 한국과의 직접적인 접촉이 본격화된 19세기 말에 서양 관찰자들 사이에서 유행했던 개신교적 담론이었다. 우리는 19세기 말 한국과의 직접적인 만남 직후 '종교 없음' 공론이 형성되는 과정을 다음 장에서 살펴볼 것이다.

---

111 "The prevailing religion is that of Fo or Buddha", "Corea", in Francis Lieber(ed.), *Encyclopædia Americana*, 2nd ed., Boston : Mussey & co., 1851.

112 "Religion resembles that of China, but there are numerous Buddhists", "Corea", in John M. Ross(ed.), *The Globe Encyclopaedia of Universal Information*, Boston : Estes & Lauriat, 1876~1879.

제3장

한국종교의 첫인상

19세기 말에 조선의 국제 관계가 급변하였다. 일본과 강화도조약1876이 체결된 이래, 미국1882, 영국1883, 독일1883, 러시아1884, 프랑스1886 등 서구 열강과의 수호통상조약이 체결되었다. 외교 관계 수립 이후 전에 없었던 많은 수의 서양인이 조선에 체류하거나 방문하기 시작하였고, 1884년에 선교사 알렌이 미국 공사관 의사 자격으로 내한함으로써 개신교 선교도 시작되었다. 한국을 실제 경험한 서양인이 늘어남에 따라, 그들이 쓴 한국 관련 책의 출판도 폭발적으로 늘어났다. 우리가 앞 장에서 다룬 그리피스나 로스만 해도 간접적인 정보를 바탕으로 서술하였다면, 1880년대 이후에는 양상이 달라졌다. 한국을 경험한 정도는 몇 주에서 몇 년까지 다양했지만, 여러 직종의 서양인은 자신이 직접 겪은 바를 바탕으로 그때까지 알려진 바가 많지 않았던 나라 조선에 대한 정보를 담은 책들을 경쟁적으로 출판하였다. 우리는 한국과 서양인의 본격적인 첫 만남이 이루어진 이 시기, 1880년부터 대략 1900년에 이르는 시기에 나온 기록들을 이 장에서 다루려고 한다.

'한국'[1]을 다룬 이 시기 서양 문헌은 일반적으로 지리, 인구, 산업, 행정, 법률, 풍습 등의 항목을 나누어 정보를 제공하는데, 이 내용에는 '종교 religion'를 다룬 장章이 어김없이 포함되어 있다. 그런데 공교로운 것은 종교에 대한 주된 내용이 한국에는 종교가 없다는 진술이라는 사실이다. 장 제목이 종교인데 내용은 그것의 부재인 역설적인 경우도 있었다. 종교가 없다는 것은 한두 사람의 예외적 견해가 아니라 공론화된 견해였다. 이 공론을 형성한 이들은 선교사 외에도, 외교관, 상인, 여행가, 학자 등 조선이

---

1   당시 조선이나 대한제국을 지칭하는 영문 표기는 Korea, Corea, Choson, Cho-sen 등 다양했다. 이 글에서는 이 표현들을 일반적으로 '한국'이라고 통일하여 번역하였다.

라는 새로운 접촉공간에서 활동한 인물 전반이었다. 따라서 이 장에서는 선교사보다 범위를 넓혀서 다양한 서양인의 저술을 살피도록 하겠다. 도 대체 왜 한국을 처음 경험한 서양인들은 한국에 종교가 없다고 말했는가? 이것이 이 장에서 다루는 중심적인 물음이다.

19세기 말 한국 상황에 대한 본격적인 논의에 앞서, 종교와 만남의 역 사에서 중요한 사실 하나를 지적할 필요가 있다. 그것은 타자와 만남의 출 발점에서 서양인이 상대방의 종교를 인식하지 못하는 일은 다반사였다는 점이다. 다시 말해서, 아프리카, 아메리카, 태평양, 오스트레일리아, 아시 아 등 세계 각지에서 유럽인들이 비서구세계와 처음 만날 때마다 '여기엔 종교가 없다'라는 기록이 거의 예외 없이 생산되었다.[2] 만남의 초기 단계 에 등장하는 '종교 없음' 발언의 의미는 무엇일까? 이것은 타자에 대한 경 험의 부족만이 아니라 타자를 담아낼 개념의 부족 때문이기도 하다. 서양 인의 종교경험만을 담아 사실상 기독교와 동의어처럼 쓰였던 종교 개념 은 타자의 경험을 담기에 부족함을 드러냈다. 타자와의 만남은 과연 자신 이 생각하는 종교의 개념이 무엇인지 되돌아볼 기회를 제공한다. 이 대목 에서 비교의 인식이 작동한다. 그리고 이러한 의미에서 비교종교라는 학 문의 역사적 기원은 종교의 부재에 대한 유럽인들의 발견으로 소급될 수 있다.[3] 우리가 이 장에서 '종교 없음' 발언을 자세히 다루는 것은, 초기 관 찰자의 시행착오를 지적하기 위해서가 아니라 그것이 종교학적 비교의 출발이라는 중요성을 지니기 때문이다.

---

2   Chidester, *Savage Systems*, p.11; 멜러니 나이, 유기쁨 역, 『문화로 본 종교학』, 논형, 2013, 166~168쪽.
3   Ibid..

서양인의 종교 없음 발언의 많은 사례 중에서, 유럽인이 아메리카 사람들을 처음 만났을 때의 기록을 예로 들도록 하겠다. 이것은 종교학자 조너선 스미스가 종교 개념의 형성 과정에 관한 논문에서 첫 부분에서 인용한 사례이다. 종교 없음이라는 인식이 종교 개념의 중요한 전환점이 되기 때문이다. 그 내용은 다음과 같다.

> '신세계'에 대한 두 번째로 오래된 영어 기록에서, 리처드 에덴은 카나리아 군도 원주민들에 대해 다음과 같은 이야기를 한다. "콜럼버스가 그곳에 처음 들어갔을 때, 사람들은 벌거벗었고, 부끄러움도 없고, 종교나 하느님에 대한 지식도 없었다." 같은 해에, 정복자 역사가 페드로 시에자 드 레온은 북 안데스 원주민들에 대해 "우리가 이해하는 한, 그들은 어떤 종교도 지내고 있지 않으며, 예배드릴 집도 전혀 없다"고 묘사한다.[4]

여기서 드러나는 것은 관찰된 사실보다는 종교에 대한 서양인들의 자기 이해이다. 서양인들이 낯선 곳에서 '종교'를 찾고자 했을 때 종교와 동격으로 등장한 표현들은 그들이 무엇을 종교라고 생각하는지를 보여준다. 처음에 인용된 에덴은 '하느님에 대한 지식'을 통해 종교를 찾는 교리 위주의 이해를, 두 번째로 인용된 레온은 '지내야 무엇과 예배드릴 집'을 통해 종교를 찾는 의례 위주의 이해를 드러내고 있다.

서양인의 종교 없음 진술은 비서구세계와의 접촉이 시작된 16세기부터 지속적으로 기록되었다. 한국이 개항한 19세기 말은 서양인의 종교 없음

---

4   Smith, "Religion, Religions, Religious", p.179.

진술 중에서 가장 늦은 시기라고 할 수 있을 것이다. 역사적 환경의 차이에도 불구하고 우리는 위의 사례에서 한국에서 있었던 '종교 없음' 진술을 해설하기 위한 키워드를 발견하게 된다. 한국의 서양인들 역시 종교를 발견하기 위해서 '예배드릴 집'인 종교 건물과 '하느님에 대한 지식'을 찾았다. 이 두 요소가 한국을 다룬 서적에서 어떻게 나타났는지를 살피도록 하자. 처음에 화제가 되었던 것은 '예배드릴 집'이기 때문에 여기서부터 이야기를 시작하는 것이 좋겠다.

1. '종교 없음'의 경험

1) 서양 관찰자의 시각적 인식

언어 소통이 원활하지 못했던 서양인들은 자연스럽게 몸의 경험을 통해 한국종교를 이해하고자 하였다. 이것은 중국에서 활동한 서양 개신교 선교사 연구에서도 지적되는 사실이다. 선교사들이 중국에서 만난 타자를 이해하기 위해서는 몸의 매개를 통한 지식, 그중에서도 시각을 통해 획득한 내용이 절대적인 중요성을 지녔다.[5] 우리는 관찰한 내용이 객관적 사실이라고 생각하는 경향이 있지만, 사실 보는 행위는 문화적으로 훈련된 몸을 통해 일어난다. 아는 만큼 보인다는 말을 뒤집어 생각해보면, 우리에게 보이는 것은 이미 아는 것이다. 즉 '보이는 것'은 실재 대상 자체라기보다는 자신이 기대하는 그 무언가와 일치된 것일 가능성이 크다. 실제로 한국

---

5   Reinders, *Borrowed Gods and Foreign Bodies*, p.39.

에 온 서양인 관찰자들은 자신이 기대했던 것과는 다른 시각적 경험을 하였고, 종교문화를 나타내는 '가시적인 표식'을 찾는 데 어려움을 겪었다.[6]

　서양 관찰자들이 낯선 동아시아에서 종교에 관련해 찾은 것은 종교 건물이었다. 이 사실은 서양인들이 한국보다 20여 년 앞서 경험한 일본에 대한 기록에서 잘 볼 수 있다. 미국에 의한 일본 개항1854 이후 일본을 방문한 서양인들의 기록을 보면 한국의 경우와는 달리 일본 종교의 존재가 인정되고 있으며, 이것이 흔히 긍정적인 서술로 연결된다. 예를 들어, 영국이 1858년에 일본과 조약을 체결할 때 영국 외교사절의 일원으로 일본을 처음으로 방문한 로렌스 올리펀트Laurence Oliphant의 일본 방문기를 보자. 그의 일본 종교 이야기의 시작은 불교사원 방문이다. 그는 건물 곳곳과 뜰을 둘러본 후 이렇게 이야기한다.

　　종교의 신비를 깊이 이해하지 못하는 사람은 주요 우상이나 건물의 일반적 특징이 같은 신앙이 행해지는 다른 곳의 사원들과 별로 차이가 없다고 생각할 것이다. 그러나 일본에 35개 종파가 있는 만큼, 이 사원에는 틀림없이 정통과 다른 부분도 많이 있을 것이다.[7]

　이런 서술은 사원 방문이 그의 일본 종교 지식의 원천임을 암시한다. 그는 또 불교사원과 비슷하지만 다른 곳을 방문하고 나서 그곳이 신도 사원

6　"종교 생활에 대한 가시적인 표식(visible signs)"은 아펜젤러가 사용한 표현이다. Henry Gerhard Appenzeller & George Heber Jones, *The Korea Mission of the Methodist Episcopal Church*, 2nd ed., New York : Open Door Emergency Commission, 1905, p.11; cf. 류대영, 『초기 미국 선교사 연구』, 191~193쪽.

7　Laurence Oliphant, *Narrative of the Earl of Elgin's Mission to China and Japan in the Years 1857, '58, '59*, New York : Harper, 1860, p.348.

임을 알게 되었다고 술회한다. 이 방문담은 자연스럽게 신도의 신격, 신화, 내세관, 의례 등 그가 문헌을 통해 입수한 정보의 소개로 이어진다. 이 서술은 "우리는 신도가 세계 종교 중에서도 높은 자리에 놓일만하다는 것을 인정할 수밖에 없다"는 극히 긍정적인 평가로 마무리된다.[8]

19세기 중국에서 선교사로 활동한 성공회 주교 조지 스미스George Smith도 비슷한 시기에 일본을 방문해서 종교에 대한 상세한 서술을 남겼다. 그의 서술 역시 신도 사원 방문 이야기로부터 시작된다. 그는 사원의 경관, 내부 시설들, 사제와 나눈 이야기들을 자세히 묘사한다. 이 방문의 경험은 일본 종교 존재의 승인으로 이어진다.

> 일본에서는 시대마다 새로운 형태의 미신적 오류들이 생겨났지만, 지금 시대에는 널리 퍼져 사람들의 심성에 받아들여진 지배적인 두 종교만이 존재한다고 말하는 것이 정확할 것이다. 즉 신도라는 원시 종교와 외국에서 생성되어 비교적 최근에 들어온 붓다의 종교가 그것이다.[9]

그는 이렇게 종교의 존재를 전제한 후 신도와 불교의 신神 개념, 의례, 조직 등을 상술하였다. 올리펀트와 마찬가지로 스미스의 일본 종교 서술은 방문을 통한 직접 경험으로 글을 연 후 문헌을 통한 간접적 지식을 제공하는 구조를 갖는다. 일반적으로 여행기는 여행 코스를 따라가는 시간 순의 서술과 각각의 장소에 담긴 의미에 관한 서술이 긴장을 일으키며 결합하여 있다.[10] 스미스나 올리펀트의 서술은 여행 코스에 대한 서사에 종

---

8 Ibid., pp.349~352.
9 George Smith, *Ten Weeks in Japan*, London : Longman, Green, 1861, p.42.

교에 관한 지식 내지는 감상이 결합하여 구성되어 있다.

일본을 방문한 초기 관찰자들이 종교의 존재를 승인한 이유는 두 가지를 생각할 수 있다. 하나는 보고 방문할 수 있는 사원이 도시에 있어 서양인들이 쉽게 접근할 수 있었다는 점이고, 다른 하나는 개항 이전에 일본과 서양을 연결하는 유일한 지점이었던 나가사키에 머물렀던 서양인들, 예컨대 지볼트Philipp Franz Balthasar von Siebold나 켐퍼Engelbert Kämpfer 같은 이들이 일본에 대해 저술해 놓은 적지 않은 양의 문헌이 축적되어 있었다는 점이다.

초기에 한국을 방문한 서양인들에게 일본 경험의 영향은 상당했다. 당시 서양인들에 일본 경험 없는 한국 방문은 거의 없었다. 선교사들은 대부분 일본 요코하마 항에 들러 일본에 거주하는 선교사나 서양인을 방문한 후 한국행 배를 탔다. 상인, 여행객, 학자 등 다른 서양인은 일본에 장기 체류하거나 일본 여행 중에 한국에 잠시 들린 이들이 많았다. 당시 한국에 대해 가장 영향력 있는 서양 문헌인 그리피스의 저작들은 일본에서 수집한 자료를 바탕으로 저술되었다. 일본은 한국 방문 이전에 동아시아에 대한 서양인의 전이해가 형성되는 곳으로, 한국을 서술할 때 비교해서 참조되는 준거점이었다. 이러한 점을 염두에 둘 때, 서양인들이 한국종교에 대해서 무엇을 기대했는지는 쉽게 짐작할 수 있다. 그들은 한국의 종교 건물을 방문하여 한국종교에 대한 경험을 한 후, 거기에 기존의 지식을 참조하여 한국종교를 이해하고자 했을 것이다. 그러나 그러한 기대는 서울 도성 내에서 사찰을 찾기 힘들다는 한국의 사정에 부딪혀 좌절되었다.

---

10 Masao Miyoshi, *As We Saw Them : The First Japanese Embassy to the United States(1860)*, Berkeley : University of California Press, 1979, p.100.

한국을 방문한 선교사의 최초 기록 중 하나에는 이 양상이 잘 나타난다. 아래의 글은 성공회 선교사 울프J. R. Wolfe가 1885년에 작성한 것이다. 알렌이 입국한 1884년 바로 다음 해이고, 공식적인 성공회 선교 개시인 1890년보다도 5년 앞선 때였다. 중국에서 활동하던 울프는 한국 선교의 가능성을 타진하기 위해 1885년에 서울을 방문하고 한국종교에 대해 다음과 같이 평한다. 그의 경험은 앞서 우리가 살핀 기록, 마찬가지로 중국의 성공회 선교사였던 조지 스미스가 일본을 방문하고 남긴 기록과는 대조적이다.[11]

나는 이 나라 어디에도, 혹은 서울 내의 어디에도 우상이나 우상을 모신 사원을 볼 수 없다는 사실이 흥미로웠고 놀라웠다. 사람들은 우상에 대한 애정을 갖고 있지 않은 것 같았고 신들을 위한 사원을 세우지 않는 것 같았다. 도시 전체에 사원이 없었다. 한국인에겐 **실질적으로 종교 체계가 전혀 없다.** 불교는 왕국의 멀고 격리된 지역 이곳저곳에 흔적이 남아있긴 하지만 금지된 종교이다. 지난 5백 년간 지배 왕조는 불교를 폭력적이고도 성공적으로 억압해서 사람들의 마음과 동정에서 불교를 완전히 제거했다. 유교는 종교 체계는 아니지만 士계층과 관료들의 지지를 받는다. 그러나 대중들에게는 영향력이 거의 없다. 그러나 한국인들은 매우 미신적이고 귀신을 무서워하는spirit-fearing 사람들이다. 그들은 죽은 영웅이나 사회적 은인들을 신격화하여 숭배하며, 죽은 조상에 대한 숭배는 전국적으로 행해진다.[12]

---

11 울프는 성공회 부주교였으며 중국선교회(Church Missionary Society) 소속으로 중국 푸저우(福州)에서 활동하였다. 그는 1885년에 서울을 방문한 이후, 1886년에는 부산에서 중국 신자의 도움을 받아 선교본부를 임시로 개설했다가 철수하였다.
12 J. R. Wolfe, "A Visit to Korea", *The Foreign Missionary* 44, 1885, p.162. 원문에는 "도시

이 서술의 시작은 종교 건물의 부재에 대한 보고이다. 이는 사원 방문담으로 시작하는 일본의 경우와는 대조된다. 그의 방문은 주로 서울 도성 내에 한정되었기 때문에 방문할 만한 사찰을 찾을 수 없었던 것 같다. 종묘宗廟나 사직社稷 같은 국가시설을 유교 건물로 인식하지도 못한 것 같다. 건물의 부재는 한국에 종교가 없다는 진술로 이어졌다. 일본의 경우가 '사원 방문＋종교 서술'로 이루어지는 구조라면 한국의 경우에는 '사원 방문 실패＋종교 부재 서술'로 이루어지는 글의 구조를 갖는다. 이러한 건물 인지 실패와 종교 부재의 주장은 초기 선교사들의 저술에서 광범위하게 발견된다. 또 종교가 없다고 선언하는 한편으로 "미신적이고 귀신을 무서워하는" 종교성을 암시하는 서술 내의 긴장도 이후 우리가 뒤에서 논의할 주제와 관련해 눈여겨보아야 할 부분이기도 하다.

2) 건물의 부재에서 종교의 부재로

종교 건물 부재에 대한 인식은 일본에서 서술된 그리피스의 저서에 이미 마련되어 있었다. 우리는 앞에서 선교사들의 한국 경험과 서술이 그리피스의 저서에 의해서 틀지워져 있었음을 본 바 있다. 이는 건물에 대한 견해에서도 해당되는데, 한국 방문 경험이 없는 그리피스의 저술이 직접 방문한 사람들의 시각적 경험에 영향을 미친다는 점에서 주목할 만하다. 그리피스의 『한국의 안팎』에서 강조되는 것 중 하나가 한국종교 건물의 보잘것없음이다.

전체에 사원이 없었다"라는 문장 뒤에 "다른 저자들에 의하면 이러한 진술은 너무 광범위한 면이 있다. ─편집자"라는 주가 달려 있다.

암흑 속에 있는 한국인의 신앙의 이 세 층은 모두 자신을 대표하는 '사원'을 갖고 있다. 그러나 중국이나 일본에 있는 성스러운 건축물들의 규모와 화려함에 익숙해져 있는 사람들에게 한국의 경우 이 말이 거의 의미를 갖지 않는다. 마을과 도시에서 사원들은 대부분 놀라울 정도로 작고 조악하고 썰렁하다. 서울에는 일반적인 주거지보다 큰 불교 사원이 거의 없다. 일반적으로 이 건물들은 단지 처마 주위에 파진 홈이나 조각, 혹은 특별한 현관을 통해 인식될 뿐이다. 마을에서 '사원'들은 초가집보다 나을 게 없다.[13]

그리피스는 종교 건물이 존재하지 않는다고까지 말하지는 않았다. 하지만 그의 부정적인 서술은 없는 것이나 마찬가지라는 인식을 심어주기에 충분한 것이었다. 사원temple이라는 단어에 사용된 인용부호는 군이 그렇게 부르긴 하지만 사실상 사원답지 못한 것이라는 의미를 담고 있다. 이어서 그는 "새로운 개항장인 인천에서 멀지 않은 한 마을의 사당"을 묘사하고, 그곳에 우상, 향, 그림이 없다고 지적한다. "흰 종잇조각들의 묶음"[길지]이 신을 상징한다고 부연 설명하지만, 결여의 이미지가 지배적이다. 이어서 그는 귀츨라프의 기록에서도 비슷한 자료를 끌어들인다.

1832년에 귀츨라프는 어떠한 우상 숭배의 흔적도 발견하지 못했으며, 종교 의례의 수행도 목격하지 못했다. 그가 언덕 위의 마을 사당에 들렀을 때, 그 사당은 종이로 둘린 한 칸짜리 집으로, 가운데에는 절인 생선이 놓여있었다. 우상은 보이지 않았다. 금붙이로 만든 조그만 용이 땅 위에 놓여있었다.

---

13 Griffis, *Corea, Without and Within*, p.161.

기부자의 이름들이 금액과 함께 정성스레 적혀 있었다.[14]

그리피스가 종교 건물의 존재를 부정한 것은 아니었다. 하지만 그가 묘사한 한국의 종교 건물은 '우상'이 결여된, 사원답지 못한 조야한 사원에 지나지 않았다. 우상의 기준이 무엇인지는 불명확하다. 인천 당집의 길지吉紙나 고대도 당집의 금붙이 용은 신의 상징물이지만, 서양인들이 생각하는 거대한 우상을 충족시켜주는 것이 아니었던 것으로 보인다. '거대한 신상에 절하는 이교도'의 이미지는 서양인의 인식 속에서 상상된 전형인데, 한국에서는 그 이미지에 부합하는 모습을 찾지 못한 것이다. 그의 서술에서 종교 건물의 불완전함 묘사는 종교 체계의 불완전함으로 이어졌고, 이러한 식의 구조는 이후 선교사들의 서술에서도 볼 수 있다. 한국종교 건물에 대한 그리피스의 부정적 서술은 실제로 한국을 관찰한 이후의 서양 관찰자들의 시각적 경험에 영향을 미쳤다. 차이가 있다면 초기 관찰자들은 종교 건물을 볼 수 없다고 보고함으로써 그리피스의 부정적 뉘앙스를 부재로써 더 강조했다는 것이다.

건물의 부재가 종교의 부정으로 이어지는 서술 중에서도 가장 영향력 있는 저서는, 독특한 이력의 소유자 퍼시벌 로웰Percival Lowell, 1855~1916의 책이다. 로웰은 화성의 수로水路와 명왕성 발견에 기여한 미국 천문학자로, 젊은 시절에 대학 졸업 후 동아시아에 대한 호기심을 갖고 1883년에 일본 여행을 떠났다. 그곳에서 미국으로 가던 조선 미국수호통상사절단을 만난 그는 그들의 미국 방문을 보좌하는 역할을 했다. 로웰은 이러한 인연으로 고

---

14 Ibid., p.162.

종의 국빈 초대를 받고 1883년 12월에 조선을 방문해 약 3개월간 서울에서 체류하였다. 그 경험을 정리한 것이 2년 후에 출간된『고요한 아침의 나라 조선*Chosön, the Land of the Morning Calm*』으로, 이후 선교사를 비롯한 한국 방문자들에게 널리 읽혔다. 제목에서 잘 나타나듯이 그가 당시 한국을 바라보는 관점은 아직 꿈에서 깨어나지 못한 나라였다. 한국종교에 대한 그의 서술은 미몽 상태의 한국이라는 전체 책의 구도와 호응하는 것이었다. 이 책에서 종교에 관해 서술한 19장의 제목은 "종교의 부재the want of a religion"이다. 그가 단언적으로 종교의 부재를 선언한 근거는 서울에서 종교 건축물을 볼 수 없다는 사실이었다.

> 서울에는 우리의 생각을 하늘나라로 인도해 줄 첨탑이 존재하지 않는다. (…
> 중략…) 서울 전역에 걸쳐 종교에 관련된 건물은 단 하나도 없을 뿐만 아니라
> 승려들이 성문 내에 발을 들여놓는 것조차 허락되지 않는다. (…중략…) 종교
> 건축물의 절대적 결핍 현상은 눈에 보이는 사실 이상의 무언가를 암시한다. 즉
> 이러한 현상은 한때 지배 세력을 이루었던 종교의 갑작스러운 소멸을 말해준다.[15]

그는 '종교임을 드러내는 것signs of religion'이 존재하지 않는다는 사실에 주목하였고, 과학자 특유의 탐구정신으로 그 이유를 설명하는 역사적인 가설을 제시하였다. 그는 한국인들이 종교가 없을 정도로 미개한 사람은 아니라고 생각했다. "한국인은 야만 부족이 아니라" 상당한 정도의 문명을 성취한 사람들인데도 종교를 볼 수 없는 이유를 설명하고자 했다.[16]

---

15 Percival Lowell, *Chosön, the Land of the Morning Calm : A Sketch of Korea*, Boston : Ticknor and Company, 1886, pp.182~183.

로웰은 인류의 문화가 미신으로부터 이성적인 종교로 발달한다는 종교 이론을 갖고 있었다. 질병과 같은 불행을 설명하기 위한 인간의 노력에 의해 초자연적인 존재에 대한 믿음이 생겨났다는 것이다. 그리고 이 미신이 점차 이성의 지배를 받는 종교에 자리를 내어준다고 생각하였다.[17] 종교의 기원에 있어서나 그 이후의 종교사에 있어서나, 그는 당시의 전형적인 진화론적 종교 이론의 태도를 지녔다고 할 수 있다.[18]

한국의 사례가 로웰에게 흥미로웠던 것은, 그것이 그의 종교 이론을 위협하는 '예외'였기 때문이다. 진화를 거치지 못해 종교가 없는 것이 아니라 문명의 단계에 도달하고도 미신의 단계로 역행한 것은 그의 이론으로 설명할 수 없는 것이었다. 이 모순을 해결하기 위해 그는 '대변혁'이라는 역사적 가설을 제기한다. 한국에는 임진왜란이라는 대변혁이 있었기 때문에 그 이전에 이룬 문명의 단계에서 퇴화하였다는 것이다. 그 결과는, "종교가 부재한 사회, 상류 계층에는 유교 윤리가, 하류 계층에는 옛 미신의 잔재가 자리 잡은 사회"의 출현이다.[19] 비록 이 설명을 곧이곧대로 받아들인 저자는 많지 않았지만, 종교 건물의 부재로부터 '종교 없음'을 도출하는 간단한 논증은 광범위하게 받아들여졌다.

한동안 서양인들의 한국종교 서술은 으레 건물의 부족에 대한 언급으로부터 시작되었다. 십년 정도 지나고 탁월한 여행가 비숍Isabella Bird Bishop이 1898년 저서에서 "사원들이 없고 종교를 나타내는 다른 표식들도 없

---

16 Ibid., p.194.
17 Ibid., p.194.
18 김종갑은 로웰의 책에 스펜서의 사회진화론이 강하게 깔려 있다고 지적한다. 김종갑, 「초월적 기표로서 '조용한 아침'」, 11~13쪽.
19 Lowell, *Chosön, the Land of the Morning Calm*, p.186.

기 때문에, 성급한 관찰자들은 한국인들을 종교 없는 민족으로 절하할 위험이 있다"라고 지적하고,[20] 선교사 게일James Scarth Gale 역시 "일부 부주의한 관찰자들이 한국에 종교 체계가 없다고 이야기한다"라고 지적한 시점에 들어서야,[21] 그동안의 관습적 논리가 정리되었다.

종교 건물의 유무로 종교의 존재를 논한 이상의 서술은 그저 한국을 잘 몰랐던 시절의 해프닝에 불과한 것일까? 여기서 그 의미를 좀 더 생각해 보고 싶다. 우선 지적할 수 있는 것은 이런 서술이 1880, 90년대 서울의 종교적 현실의 반영이었다는 점이다. 특히 당시 서울 경내가 몇몇 흔적을 제외하고는 불교가 비어 있는 도시였다는 점이 이들 서술에는 반영되어 있다. 또 하나 생각거리는 한국의 종교 개념과 종교 건물의 긴밀한 연관성이다. 이후 천주교와 개신교는 큰 교회와 성당 건물을 건축하면서 자신의 종교다움을 보여주게 된다. 서구적 모델을 따라 종교 개념을 형성한 한국인에게, 종교가 된다는 것은 제대로 된 건물을 갖추는 것이라는 생각이 자리한 것으로 보인다. 그래서 1905년에 동학東學이 천도교天道敎라는 종교가 되었음을 선포하는 신문 광고에서는 교당 건축을 선포한다.[22] 어엿한 건물을 갖는 것이 종교의 표준을 따르는 것이라는 인식이 강하게 반영되어 있다. 현재 우리는 자신의 종교를 말할 때 "교회에 다닌다", "성당에 다닌다", "절에 다닌다"라고, 건물을 통해서 소속된 종교 정체성을 표현한다. 이것은 한국어에서만 볼 수 있는 특이한 표현으로, 우리 인식 속에서 종교 개념과 건물이 긴밀하게 얽혀있음을 볼 수 있다. 여기서 이 생각의 뿌리를

---

20 Isabella Bird Bishop, *Korea and Her Neighbours*, New York : Fleming H. Revell Company, 1898, p.61.
21 James Scarth Gale, *Korean Sketches*, New York : Fleming H. Revell, 1898, p.213.
22 "천도교 대고천하(大告天下)", 『대한매일신보』, 1905.12.1.

찾아 올라가는 작업을 진행할 수는 없지만, 초기 서양인 저술의 건물에 관련된 언급들이 한국의 종교 개념 형성사의 맥락에서 흥미로운 쟁점을 던져준다는 사실은 말해두고 싶다.

2. '종교 없음'의 공론화

1) 선교 담론으로서의 '종교 없음'

한국에 종교가 없다는 견해가 형성된 또 하나의 중요한 맥락은 선교였다. 선교사들은 한국 선교의 필요성을 호소하기 위해 종교 없음의 수사를 사용했다. 1880년대 말~1890년대 초에 해외에서 발행된 선교잡지에 기고된 한국 관련 기사들에서는 한국을 종교적 진공상태로 묘사하고 "한국을 위해 종교를Wanted, a religion for Korea"이라고 호소하는 내용들이 많이 발견된다.[23]

우리는 앞에서 초창기 한국 권위자였던 그리피스가 한국종교에 대해 부정적인 평가를 내렸음에도 불구하고 종교의 존재를 부정하는 입장은 아니었음을 본 바 있다. 그러나 선교적 맥락에서 종교에 대한 그의 입장은

---

23 "한국을 위해 종교를"이라는 구호는 다음 글에 나온다. "현재 왕조[조선]는 오래 전에 불교를 금지했다. 어떤 의미에서도 이 나라에는 종교가 없다. 일본 종교 신도(神道)는 한국에 발붙인 적이 없다. 중국의 유교가 유식 계층에 의해 전반적으로 수용되었지만, 한국의 진정한 종교는 샤머니즘, 정령 숭배(spirit worship), 저열한 형태의 민간 미신이다. 불교가 금지되어 있기 때문에 여러 층위의 미신들이 그 공백을 메우러 들어와 있지만, 그것들은 종교가 아니다. 한국을 위해서는 하나의 종교가 요구된다.(Wanted, a religion for Korea) 그것이 무엇이겠는가?", "Foreign Mission Notes by the Secretaries", *The Church at Home and Abroad* 3, Aug., 1889, p.117(Oak, "The Indigenization of Christianity in Korea", p.271에서 재인용).

일관되지 않았다. 그는 1888년에 한 선교잡지에 기고한 글에서 종전의 입장과 달리 '종교 없음'의 수사를 구사한다.

> 기독교인으로서 우리의 물음은 "그들의 영혼, 성격, 마음의 자원은 무엇인가?"이다. 이에 대한 대답은, 한국인은 무디기는 중국인 못지않고 변덕스럽기는 일본인 못지않다는 것이다. (…중략…) 한때 이 땅에서 가장 강성했던 불교는 이제 흔적이나 기억만 남았다. 유교는 깊은 의미에서 종교가 아니라 도덕 체계이고 앞으로도 그럴 것이다. 한국인은 종교 없는 민족의 모습을 보여주면서 종교를 기다리고 있다.[24]

그에게 중요한 것은 기독교 선교의 필요성이었고 한국에 참된 종교가 없다는 것이었다. '거짓 종교의 존재'라는 이전의 논리는 '참된 종교의 부재'라는 메시지로 전환되었다. 해외선교 잡지라는 맥락에서 종교가 없다는 것은 선교의 긴급성과 효과를 나타내는 표현으로 더 강조된 것으로 보인다. 이것은 사실의 보고와 더불어 선교적 담론으로서 의미가 크다고 보아야 할 것이다.

그리피스식의 논리는 당시 한국에서 선교 활동을 개시한 초기 선교사들의 보고서에 공통적으로 나타난다. 여기서는 초기에 활동한 대표적인 선교사 셋의 문건을 살피도록 하겠다. 먼저 살필 인물은 최초로 입국해 한국 개신교 선교를 개시한 알렌Horace N. Allen, 1858~1932이다. 그는 1883년에 북장로교 의료선교사로 중국에 파송되었다가 1884년 9월에 미국 공사관

---

[24] William Elliot Griffis, "Korea and Its Needs", *The Gospel in All Lands* 13, Aug., 1888, p.371.

의사 자격으로 한국에 입국하였다. 알렌은 그 이듬해인 1885년에 입국한 북장로교의 언더우드와 북감리회의 아펜젤러와는 달리 한국 선교단에 소속되어 활동하지 않았고, 1890년부터는 주한미국공사관에서 근무하여 직접 선교 활동에 종사하지는 않았다. 현실적 성향으로 인해 현장의 선교사들과 이견을 노출하기도 하였다. 그렇지만 그는 갑신정변 때 민영익을 수술해준 것을 계기로 제중원을 설립하여, 조선 정부와 긴밀한 관계 속에서 개신교 선교를 시작할 수 있게끔 물꼬를 튼 인물이었다.

한국 선교와 지원을 호소하는 그의 글들은 선교사 일반의 논리를 보여준다. 그는 한국에 종교가 없다는 견해를 피력하곤 했는데, 이는 선교를 요청하는 실용적 입장과 관련된다. 그가 1891년에 해외 선교잡지에 기고한 글은 다음과 같이 시작한다. "종교 문제에 있어서, 엄밀하게 말해 한국 사람들은 특별한 종교가 없는 사람들이라고 한다."[25] 그런데 글의 마지막 부분에서는 한국인이 종교적 성향이 강함을 강하게 암시한다. 즉 한국인은 "고통받는 시기에 '하늘에 기도'를 드리며 실로 매우 경건한 성향을 가진 것처럼 보인다".[26] 한국종교에 대한 그의 견해는 이후에도 유지되었다. 그가 한국 활동을 종료한 후인 1908년에 출판한 책에서 이 입장은 다음과 같이 서술되었다.

> 한국인은 진정 자신의 종교가 없다. 유교는 하느님이 부재한 단순한 도덕 체계이고, 불교는 불명예 속으로 실추되었다. 이와 동시에 원주민들은 천성적으로 경건한 성향을 가져서by nature devoutly inclined 기독교에 자연스레 매력을 느낀다.[27]

---

25 Horace N. Allen, "Korea and Its People", *The Gospel in All Lands* 16, Sep., 1891, p.419.
26 Ibid..

이 글에서도 개념적 긴장이 존재한다. 앞에서는 제도적 종교의 부재를 언급하였고, 뒤에서는 기독교를 받아들일 마음 자세가 준비되었음을 언급한다. 선교의 걸림돌이 될 수 있는 기성 종교의 힘은 약하지만 사람들은 심리적으로 기독교를 수용할 준비가 된 상태는 선교를 실시할 최상의 상태일 것이다. 선교 호소에 최적화된 글의 짜임새이다. 개념적으로 볼 때 알렌이 '천성적으로 경건'하다고 표현한 부분은 인간에게 하느님에 대한 앎이 본성적으로 내재되어 있다는 칼뱅John Calvin의 입장을 충실히 따른다.[28] 개신교 입장에 충실한 것이라고 평가할 수 있다. 그리고 우리가 볼 때 경건함은 '종교적임'이라고 번역할 수 있을 것이다. 종교 없음과 종교성의 인정이 일으키는 서술상의 긴장, 종교적이라는 것을 인정하면서도 그것을 종교 개념에 담을 수 없는 개념적 불완전성이 해소되는 것은 우리가 뒤에서 살펴볼 1900년대 저술에 이르러서이다.

당시 활동한 선교사들은 비슷한 태도를 지녔다. 장로교 선교를 개척한 호러스 언더우드Horace G. Underwood, 1859~1916의 저술을 통해 당시 선교사들의 태도를 살피도록 하겠다.[29] 언더우드는 1885년에 한국에 미국 북장로교회 파송 선교사로는 최초로 입국하여 1916년에 귀국할 때까지 새문안교회, YMCA, 연희전문학교 등을 창설하거나 운영하면서 서울에서 활동하였다. 제1세대 선교사 중에서 교계에 가장 큰 영향력을 행사한 선교사 중 한 명으

---

27 Horace N. Allen, *Things Korean*, New York : Fleming H. Revell Company, 1908, p.168.
28 John Calvin, Henry Beveridge(tr.), *Institutes of the Christian Religion*, Lafayette, Ind. : Sovereign Grace Publishers, 2002[1559], 2.3.3.
29 언더우드의 한국종교 연구 전반에 대해서는 다음 논문을 참고할 것. 김홍수, 「호레이스 G. 언더우드의 한국종교 연구」, 『한국기독교와 역사』 25, 2006. 한편 언더우드의 종교 연구는 다소 보수적이고 선교사로서의 한계를 드러낸다고 평가 받는다. 김종서, 『서양인의 한국종교 연구』, 32쪽.

로 평가될 수 있다. 언더우드의 신학적 태도는 우리가 4장에서 다루게 될 헐버트, 게일, 존스 등과 비교할 때 다소 보수적이지만, 이것은 당시 선교사들의 태도 일반을 대표하는 것이라고 생각된다. 또 우리가 눈여겨보아야 할 점은 5장에서 보게 되듯이 언더우드가 한국 선교 경험을 정리하는 생애 말년에는 적극적으로 한국종교를 설명하는 작업을 했다는 점이다. 선교 개시 당시의 그의 태도와 말년의 태도의 차이는 선교 1세대의 경험이 종교를 설명하는 이론적 작업으로 발전하는 과정을 보여준다.

그가 1892년에 작성한 선교보고서 「외국 선교지의 로마교」에는 한국종교에 대한 견해가 드러난다. 이 글은 한국의 종교 부재 때문에 기독교 선교가 시급히 요청된다는 분위기 속에서 진행된다. 그는 "한국인이 옛 종교들에 대한 믿음을 잃어가고" 있기 때문에, 유교, 불교, 귀신 신앙 등은 영향력을 잃어가고 있다고 주장한다. 결론적으로, "하느님의 손길이 길을 닦아 놓은 한국은, 종교가 없는 땅이라고 말할 수 있다".[30] 그런데 이 '종교 없음'이라는 단정적 표현은 다소 수정되기도 한다. 이 글은 1893년도 선교잡지에 거의 동일한 내용으로 다시 실렸는데, 그 글에서는 "한국은 종교가 없는 땅이라고 말할 수 있다"라는 문장이 삭제되어 있다.[31]

언더우드는 1902년 토론토에서 열린 학생자원운동 회합에 참여해서 했던 선교지원자를 끌어 모으는 연설을 한 적이 있었는데, 이 연설에서 한국

---

30 Horace G. Underwood, "Romanism on the Foreign Mission Field", *Reports of the Fifth General Council of the Alliance of the Reformed Churches Holding the Presbyterian System*, Toronto : 1892, pp.409~415. 언더우드의 이러한 진술은 선교잡지에 짧게 기고한 다음 글에서도 볼 수 있다. Horace Grant Underwood, "Religious Changes in Korea", *The Gospel in All Lands*, Dec., 1893, p.557.

31 Horace G. Underwood, "The 'Today' from Korea", *The Missionary Review of the World*, Nov., 1893, pp.813~818.

의 '종교 없음' 묘사가 선교의 필요성을 역설하기 위한 수사로서 활용되는 전형적인 모습을 볼 수 있다.

우리는 사람들이 대부분 그들의 옛 종교에 대한 신앙을 잃었음을 알 수 있었습니다. 오늘날 한국에서 유교는 도덕 체계 이상이 아닙니다. 한때 온 나라를 지배했고 일본까지 전파된 불교는 사람들에게 영향력을 잃었습니다. 그래서 유식 계층은 "불교는 여자나 어린이에게나 알맞은 것"이라고 말합니다. 횡횡하고 있는 도교의 형태 역시 영향력을 잃고 있습니다. 이 나라의 유식한 사람들은 잠자고 있는 신 앞에서 탬버린을 쳐대고 향을 피우는 것보다는 작은 약품이 제대로 사용되기만 한다면 더 큰 효험이 있다고 생각하기 시작했습니다.[32]

이러한 언더우드의 입장은, 1900년대 들어 동료 선교사들의 한국종교 연구를 통해 종교에 대한 인식이 진전된 이후에도, 보다 희석된 형태로나마 유지되었다. 1908년 출판된 『한국의 부름 *The Call of Korea*』에서 그의 종교 서술은 다음과 같이 시작된다.

한국인은 종교 없는 사람들이라는 이야기를 듣는다. 분명히 그들은 그다지 종교적이지 않은 것처럼 보인다. (…중략…) 오래된 형태의 종교들은 그들에게 거의 영향력을 유지하고 있지 않은 것으로 보이는 것이 사실이다.[33]

---

32 Horace Grant Underwood, "The Unevangelized Millions in Korea", *World-Wide Evangelization the Urgent Business of the Church; Addresses Delivered before the Fourth International Convention of the Student Volunteer Movement for Foreign Missions, Toronto, Canada, February 26-March 2, 1902*, New York : Student volunteer movement for foreign missions, 1902, pp.93~94. 인용문에서 언급된 도교는 무교(巫敎)를 가리키는 것으로 보인다.

33 Horace G. Underwood, *The Call of Korea : Political-Social-Religious*, New York : Fleming

이 서술에는 과거 '종교 없음'의 논리의 흔적이 있다. 언더우드는 종교가 없다고 '말해진다' 또는 '보인다'와 같은 표현들을 사용하면서 '종교 없음'에 대하여 유보적인 입장을 표현하면서 젊은 시절 보였던 전적인 부정의 태도에서는 물러선다. 그는 이제 한국종교의 존재를 인정하지만 그 평가는 부정적이다. 그에 따르면, 유교는 종교라고 불릴 자격이 없으며 그보다는 따라야 할 윤리 체계일 뿐이다. 그는 유교에서 조상 숭배를 '유일한 종교적 요소'로서 주목하면서 기독교 신앙과의 충돌 가능성을 언급하지만, 그럼에도 그것은 공허한 의례에 불과하다. 그것은 "인간이 만든 신앙이기 때문에 자연적인 종교적 본성을 충족시킬 수 없다".[34] 결론적으로 언더우드는 복음 전파에 의해 기존 전통들이 자연스럽게 소멸할 것이라고 전망한다.

> 한국인은 자기 이성의 힘을 따라 인간이 만든 신앙들의 공허함과 그릇됨을 볼 수 있는 특별한 민족인 것 같다. 동시에 그들은 종교적 본능을 따라 진리를 받아들이게 될 것이다. (…중략…) 처음 우리가 도착했을 때 우리는 옛 [종교] 체계들에 보이는 한국인의 태도 때문에 그들에게 종교적 감정이 부족하다고 믿었다. 하지만 선교 작업의 결과 한국인이 두드러지게 종교적인 사람들이라는 점을 확실히 증명할 수 있다고 생각한다.[35]

H. Revell, 1908, p.77. 부인인 릴리아스 언더우드도 비슷한 견해를 가졌다. "유교, 불교, 도교(Taouism) 모두가 한국인들에게 영향력을 미쳤으나, 지금은 모두 전에 가졌던 영향력을 크게 잃었다. 한국인 대부분은 어느 종교에 대해서도 신앙심을 별로 가지지 않는다." Lillias Horton Underwood, *Fifteen Years among the Top-knots*, Boston : American tract Society, 1904, p.8.

34 Ibid., pp.77~81.
35 Ibid., pp.98~99.

마지막 대목에서 언더우드는 '종교 없는 나라'와 '종교적인 사람들'의 개념적 긴장을 보여준다. 그는 한국인의 "종교적 본능"을 언급하고 "한국인이 탁월하게 종교적인 민족"일 가능성을 제시하지만, 그것은 어디까지나 기독교 선교를 전제로 한 표현이다. 개신교 선교사들에게 종교성의 인정이 어디까지나 기독교 선교의 가능성을 함축한다는 점은, 다른 선교사들에서는 암시적으로 나타나지만 언더우드의 글에서는 노골적으로 표현되어 있다. 언더우드의 태도는 한국에 있었던 개신교 선교사 대다수의 태도를 대표하는 것이라고 할 수 있다. 그러나 이러한 언더우드의 태도가 한국종교를 설명해야 하는 자리에서 어떻게 발전하는지에 대해서는 제5장에서 살펴볼 것이다.

세 번째로 살펴볼 선교사는 조지 허버 존스George Heber Jones, 1867~1918 이다. 그는 세 번째 임명받은 감리교 선교사로 1888년에 20세의 나이로 내한하였다.[36] 존스는 초기 선교사 중에서 나이가 어리기도 했지만 상대적으로 학력이 낮았다는 점에서도 특이했다. 신학교나 의대를 졸업한 다른 선교사와는 달리, 존스는 고등학교 졸업 후 3년간 전화 회사를 다니다가 선교사로 임명되어 한국에 왔다. 그러나 그는 훗날 한국에서 선교하면서 통신대학을 통해 학사학위를 받게 된다. 그는 한국 선교와 더불어 지적으로 성장하였고, 한국종교 연구에 중요한 저술을 남겼으며, 말년에 미국에 돌아간 후에는 대학에서 선교학과 종교학을 강의하였다. 그의 저술을 시기별로 일별하면 한국종교 인식의 발달을 볼 수 있다.

---

[36] 존스의 생애에 대해서는 다음 자료를 참고할 것. W. A. Noble, "Dr. George Heber Jones : An Appreciation", *The Korea Mission Field* 15-7, July, 1919, pp.1461~1547; G. H. 존스, 옥성득 편역, "조지 히버 존스 연보", 『한국 교회 형성사』, 홍성사, 2013, 175~178쪽.

존스는 선교 초기인 1891년에 선교 잡지에 기고한 "한국의 종교적 발전"에서 한국을 이교도의 나라, 종교가 없는 나라로 보고한다. 그는 한국의 종교 전통을 데몬 숭배demonolatry, 불교, 조상 숭배로 나누어 서술한 뒤, 다음과 같은 결론을 내린다.

> 한국은 이교도의 삶, 이교도의 종교, 이교도의 윤리가 있는 이교도 국가이다. (…중략…) '무관심'보다 한국을 잘 묘사하는 용어는 없을 것이다. 절에서 열정, 정성, 확신이 발견되기는 하지만, 대다수 사람들은 회의적이고 무관심하다. 옛 체제는 대중들에 대한 장악력을 잃었고, 도덕은 상업적 가치로나 유지되고 있으며, 한국인은 언제나 환경에 적응하는 능력을 보여왔다. 이교의 저수지는 고여 있으며, 거기선 죽음의 도덕적 독기가 자라난다. 현재 도덕적 상황을 묘사한다면 바울이 이교 세계에 대해 묘사한 것이 될 것이다. 회칠한 무덤은 겉으로는 아름답게 보이지만, 그 안에는 죽은 사람의 뼈와 온갖 더러운 것이 가득하다.
>
> 종교가 없는 나라는 기독교에게 기회이다. 법률, 관습, 전통, 믿음에도 불구하고, 한국인들의 영혼은 그가 행하는 것에 영향 받지 않은 채 남아있다. 그렇다면 그에게 진리는 예수 그리스도 안에 있을 때 가장 영광스러운 경험으로 다가온다. 그것은 그가 처음으로 맛본 종교이기 때문이다.[37]

뒤에서 우리는 존스가 1901년 글에서 보편적 종교 개념을 적용하여 한국에 종교가 있다는 결론을 이끌어내는 중요한 논변을 이끌었다는 점을 보게 될 것이다. 그에 반해 위의 글은 그러한 인식에 이르기 전의 초기 단

---

37 George Heber Jones, "The Religious Development of Korea", *The Gospel in All Lands*, Sep., 1891, p.417.

계의 태도를 보여준다. 특히 이 글에서 그가 바울을 인용한 방식은 후의 글과 비교되어 흥미롭다. 여기서 바울의 '회칠한 무덤'은 비기독교 세계를 대하는 방식의 모델이다. 예수는 바리새인을 회칠한 무덤이라고 비난했고「마태복음」 23:27, 바울은 대제사장을 회칠한 담이라고 비난했다.「사도행전」 23:3 하지만 우리가 뒤에서 보게 되듯이, 1907년의 존스는 바울의 '알지 못하는 신'을 언급하면서 이방 종교에 진리가 깃들어 있다는 논변을 펼치게 된다. 그는 이교도를 대하는 반대되는 두 태도를 정당화하기 위해서 1891년과 1907년에 모두 바울을 인용했다. 이는 선교사들의 타문화 정책에서 바울이 표준적 전거였다는 사실을 반영하는 것이기도 하다.

위의 글의 첫 문장에서 한국에 '이교도의 종교가 있다'고 서술한 것과 마지막 문단에서 '종교가 없는 나라'라고 결론적으로 언급한 것 사이에는 분명한 모순이 존재한다. 종교 개념이 일관되지 못했던 것이다. 전자의 종교는 타자들에게 확장 가능한 일반 개념의 가능성을 지닌 개념이고, 후자의 종교는 기독교와 동일시되는, 개신교 전통에서 계승된 개념이다. 이들 두 개념의 공존과 혼동은 본 연구에서 검토할 거의 모든 선교사들이 안고 있었던 공통된 인식의 문제였고, 그들의 지적인 노력에도 불구하고 쉽게 해소되지 못했던 것이기도 하다.

2) '종교 없음' 공론의 유행

1880년대와 1890년대 중반에 이르기까지 선교사들 사이에서는 한국에 종교가 없다는 견해가 광범위하게 유포되었다. 그런데 이 견해는 선교사 외에 당시 한국을 방문한 외국인들이 널리 공유한 담론이었다. 개항 이후 조선에는 외교관, 군인, 상인, 학자, 여행가 등 다양한 이력의 주체들이 활동한 접촉 지대가 형성되었다. 선교사가 포함된 외국인은 조선에 대한 정보와 의견을 공유하는 일종의 공론의 장을 형성하였고, 그 안에서 '종교 없음' 공론이 형성되었다. 우리가 앞에서 보았듯이 외교관이자 과학자인 로웰은 종교 없음 공론 형성에 기여하였다. 그리고 이 공론은 이후 한국을 방문하고 기록을 남긴 서양인에 영향을 미쳤다. 여기서는 19세기 말, 20세기 초에 출판된 한국 관련 서적들에 종교 없음 공론이 존재하는 양상을 확인해보고자 한다.

1888년경에 이색적인 여행객이 서울을 방문하였다. 영국의 소설가이자 배우였던 밀른Louise Jordan Miln, 1864~1933이었다.[38] 그녀는 동양에 대한 동경을 갖고 인도, 버마, 중국, 일본 등을 공연하면서 여행하였다.[39] 여행의 기억을 바탕으로 1895년에 두 번째로 저술한 책이 『이상한 나라 한국*Quaint Korea*』이었다. 그녀 자신에 따르면 이 책은 "평범한 여성이 바라본 한국 견문기"이다. 자신이 비전문가임을 인정하면서도, 전문가의 설명보다 생생한 이미지를 제공하는 "솔직한 여행자의 반半가십성 이야기"라고 책의 성격을 설명한다.[40] 일반인의 관점을 가진만큼, 종교에 대한 그녀의 견해는 당시 한국에 관한 몇몇 자료에 서양인의 상식적 판단을 부가한 내용이다. 책에서 종교를 다룬 부분은 10장으로, 아예 "한국의 종교 없음Korea's Irreligion"이라고 강한 제목을 붙였다. 그녀는 "한국에는 종교가 없다"라는 주장으로 이 장을 시작한다. 그녀가 보기에 무교는 '미신'이기 때문에 종교로 볼 수 없고,

---

38 밀른의 생애에 대해서는 다음 글을 참조할 것. James F. Lee, "Louise Jordan Miln and her Unorthodox View of Korea", *Korean Culture* 16-2, Summer, 1995, pp.12~16.
39 Louise Jordan Miln, *When We Were Strolling Players in the East*, London : Osgood, Mcilvaine And Co., 1894.
40 Louise Jordan Miln, *Quaint Korea*, London : Osgood, McIlvaine & co., 1895, p.10.

유교는 행위 규범의 성격이 강하기 때문에 종교가 아니며, 불교는 쇠락한 상황이었다. 이 생각은 다음과 같이 표현된다.

누가 감히 미신을 종교라고 부를 수 있는가? 우리가 미신과 종교를 같은 뜻으로 사용하는 것이 아니라면, 유교를 개인적이고 행위의 종교로 받아들이는 것이 아니라면, 도성 밖 멀리에 지어져야 하기에 흩어져 있는 몇 개의 사원들, 평민들로부터도 무시 받는 중들이 살고 있고 기도나 참회가 아니라 왕족과 귀족의 여가를 위해 사용되는 이 사원들이 국가종교를 구성하는 것이 아니라면, 한국에는 특별히 종교가 없다고 인정해야 할 것이다.[41]

그런데 그녀는 자신이 말한 '종교 없음'의 의미를 다음과 같이 부연한다.

내가 한국에 종교가 없다고 하는 것은, 한국에 종교가 전적으로 부재absence하거나 결핍paucity되어 있다는 사실에 근거해서 하는 말이 아니다. 바로 한국에서 종교가 존경을 받거나 존중받지 못한다는 사실에 근거해서 하는 말이다.[42]

여기에는 처음의 강한 어조와는 달리 종교가 없다는 진술을 글자 그대로 주장하기에는 다소 무리가 있음을 의식한 고민이 반영되어 있다. 그의 종교 개념이 제도 종교를 지칭한 것이지 한국인의 종교성까지 포괄한 것이 아니었기 때문에, 종교는 없지만 완전한 부재는 아니라는 어정쩡한 언급을 덧붙

---

41 Ibid., p.227.
42 Ibid., p.228.

일 수밖에 없었다. 초기 선교사들이 갖고 있었던 개념적 긴장이 여기서도 나타난다. 밀른이 주로 참조한 것은 로웰, 그리피스, 로스의 책이었다. 그녀는 '종교 없음' 공론의 자장 속에서 사유하였으며, 당시 한국의 종교 상황이 서구인의 상식적 종교 개념에 쉽게 포착되지 않았음을 보여준다.

　1890년경에 서울을 방문한 다른 여행객 랜도어Arnold Henry Savage Landor, 1865~1924의 책에서도 비슷한 논조를 볼 수 있다. 랜도어는 화가이자 문필가로 젊은 시절 미지의 세계에 대한 호기심으로 세계여행을 시작하였다. 처음 여행한 곳이 동아시아 지역으로, 일본을 거쳐 중국과 조선을 돌아보았고, 그 경험을 바탕으로 1895년에 『고요한 아침의 나라 조선*Corea or Cho-sen : The Land of the Morning Calm*』을 저술하게 된다. 책의 제14장에서 종교를 다루는데, 이 장은 "한국 사람 대다수는 종교적이지 않다"라는 단언에서 시작한다.[43] 그가 종교 없음을 단언하는 근거는 과거에 융성했던 불교가 당시에는 흔적만 남았다는 것이다. 그러나 이어지는 서술은 이 단언을 지지하는 내용은 아니다. 그는 "샤머니즘은 현재 가장 대중적인 종교이다"라고 인정한 후,[44] 신령, 굿, 무당에 대해 자세히 묘사한다. 심지어는 흔적만 남았다고 폄하한 불교에 대해서도 절을 방문해서 본 불상, 사찰 내부, 비구와 비구니에 관한 상세한 묘사와 그림을 남겼다. 그의 글에서도 개념상으로는 한국종교를 인정하지 않으면서도 종교 현실에 관해서는 관심을 두는 불일치가 나타난다.

　종교 없음 공론은 서양인이 아닌 외국인에게도 공유되었다. 1890년대

43　Arnold Henry Savage Landor, *Corea or Cho-sen : The Land of the Morning Calm*, London : William Heinemann, 1895, p.216.

44　Ibid., p.217

에 한국을 방문한 일본인 낭인浪人 혼마 규스케本間久介도 한국종교에 관해 비슷한 평가를 남겼다. 혼마 규스케는 1893년에 조선 각지를 정탐하였고, 본국으로 돌아가 1894년에 조선 정세에 관해 신문에 연재한 후『조선잡기』를 출판하였다. 그의 서술 방식은 놀라울 정도로 서양인 관찰자와 닮아있다. 그는 종교문화의 시각적인 측면에서 글을 시작한다. 한국종교 건물들의 황량함과 퇴색을 논함으로써 종교 없음의 논의에 동참한다.

> 이른바 불교라는 것은 산속의 가람과 들에 널려 있는 석불과 탑뿐이다. 옛날의 그림자를 남기고 쓸쓸하게 여행객의 감개함을 불러일으킬 뿐이다. 또 조선 사람들이 숭배하는 유교를 보면 이것 역시 거의 이름뿐이고, 각 군 각 현에 공자묘를 세워서 때로 석전釋奠의 예를 행하는 데 지나지 않는다. (…중략…) 본래부터 국교에 관한 세력을 갖지 못하는 조선의 종교는 이미 이와 같다. 종교가 없는 나라라고 말하는 것이 어찌 없는 일을 꾸며서 하는 말이겠는가.[45]

그가 '종교가 없는 나라라고 말하는 것'은 당시 한국에 거주하던 외국인들 사이에서 그러한 언술이 회자되고 있었음을 가리킨다고 볼 수 있다. 이는 '종교 없음'에 대한 공론이 개신교 선교사 집단을 넘어 외국인 관찰자 전반에 널리 퍼져 있었던 상황을 반영한다.

이 공론은 1910년경까지도 영향력을 끼친다. 우리가 논의하던 시점으로부터 10년 이상이 지난 1908년에 출판된 버튼 홈즈Burton Holmes의 책에서도 마찬가지의 내용을 만나게 된다. 홈즈는 미국의 저명한 여행가, 사진사,

---

45 혼마 규스케, 최혜주 역,『조선잡기 – 일본인의 조선정탐록』, 김영사, 2008, 181~183쪽.

영상제작자로, 전세계를 돌아다니며 촬영한 사진을 곁들인 여행기를 출판하여 '트래벌로그travelogue'라는 단어를 유행시켰다. 그는 1899년 서울의 모습을 담은 5분 분량의 영상을 남긴 것으로도 유명한데, 아마도 이때 방문 경험을 바탕으로 1908년에 10번째 트래벌로그로 한국 여행기를 출판한 것 같다. 그가 한국에 관해 기술한 내용은 기존의 방문자들과 선교사들의 보고를 정리한 내용에 가깝다. 종교에 관해 언급한 내용도 그러하다.

> [불교가 미미하게 존재하긴 하지만] 일반적으로 말해서 한국에는 종교가 없다Korea has no religion. 불교는 상류층에게 무시 받아 왔다. 기독교는 어려움을 겪고 낯설게 받아들여졌다. 좋은 출발을 보였지만 아직 시작 단계일 뿐이다. 유교는 일제가 유교 경전과 한문책으로 이루어진 오랜 전통의 과거 제도를 폐지한 이후 영향력을 잃었다. 그러나 한국에 신들과 사제들에 대한 신앙이 존재하지 않는다고 해도, 한국인의 마음은 귀신demon에 대한 공포에 사로잡혀 있고 무당이라고 불리는 마법사의 명령과 행위에 종속되어 있다. (…중략…) 미신은 한국인의 능력을 좀먹고 있다.[46]

그는 여러 전통의 유명무실함을 언급하면서도 민간 신앙의 위력에 대해서는 강조한다. '귀신에 대한 공포'를 미신이라고 지칭함으로써 종교는 없다고 하는 진술의 유효성을 유지한다. 종교와 미신을 대립시키는 구도는 책 마지막 부분의 문장에서 확연하다.

---

[46] Burton Holmes, *Burton Holmes Travelogues* vol.10, New York : The McClure company, 1908, pp.91~92.

선교사들은 한국인의 마음에서 데몬 숭배demonology의 거미줄을 걷어내려고 노력하고 있다. 데몬 숭배야말로 편견과 관습으로 얽어매어 진짜 종교 real religion를 들여오는 것을 막는 장벽을 형성하고 있기 때문이다.[47]

데몬 숭배를 미신의 범주에 넣고 그것을 참된 종교와 대립시키는 구도는 선교사들의 일반적인 태도이지만, 이 종교 앞에 '진짜'라는 수식이 굳이 필요한 상황은 이 구도로서 해소되지 않는 인식론적인 긴장이 있음을 암시한다. 그것은 미신과 참된 종교를 아우르는 일반 개념으로서의 종교 개념이 출현하고 있기 때문이다. 우리는 4장에서 한국의 민간 신앙을 종교의 범주에 편입시키려는 지적인 변화가 어떻게 일어났는지를 집중적으로 탐구하게 될 것이다.

초기에 한국을 경험한 서양인들이 거의 20년 가까이 한국에 종교가 없다는 견해를 유지한 사실은 무엇을 의미할까? 여러 선행연구에서 지적하듯, 그것은 미숙한 관찰의 결과이다. 언어적 문제, 한국인과의 소통 부족, 서울 중심의 제한된 주거와 시간 부족으로 인한 전반적인 한국 경험 부족으로 인해 한국의 종교문화를 이해할 수 없었다는 것이다. 우리가 뒤에서 보게 되듯이 이러한 환경적 제약들이 극복됨과 더불어 한국종교에 대한 선교사의 이해는 발달한다. 그러나 초기의 미숙함으로 모두 설명될 수 있을까? 이 지점에서 놓치지 말고 지적하고 싶은 것은 서양적 종교 개념의 부족함이다. 서양인의 문화적 전제로서 존재했던 종교religion는 한국의 종교문화를 포착해내기에 개념적 한계를 지니고 있었다. 그 개념적 한계를

---

47 Ibid., p.111.

성찰하고 재정의하지 않는 이상 한국종교를 서술하는 것은 불가능했다. 여기서 잠시 종교 개념의 부족함이라는 문제는 21세기 현재 상황에도 해결되지 않았다는 점을 지적해두고 싶다. 2015년 인구총조사에서 종교가 있는 인구는 43.9%, 종교가 없는 인구는 56.1%로 나타났다. 절반이 못 미치는 종교인구는 지난 한 세기 동안 개신교, 불교, 천주교가 폭발적으로 교세를 확장한 결과이다. 현재 우리 사회에서 통용되는 종교 개념으로 보아도 한국인의 다수는 종교가 없는 상태였고, 현재도 절반을 상회하는 인구는 '종교 없음'으로 분류된다. 그러나 종교가 없는 과반 인구가 종교학의 연구대상에서 배제되지 않음은 주지의 사실이다. 제도 종교에 속하지 않은 과반의 한국인 역시 유교, 불교, 무교 등 전통적 세계관 속에서 살아가고 있기에 그들은 서양적 의미의 무신론자도 아니고 한국적 맥락에서 종교적 인간으로 연구되어야 한다. 현재 우리가 19세기 말에 종교 없음 발언을 생산한 서구적 종교 개념의 영향에서 근본적으로 벗어나 있는 것인지 진지하게 물음을 던질 필요가 있다.

3. 적대적 만남–우상 숭배와 페티시즘

우리는 4장에서 '종교 없음'에서 벗어나 한국종교의 존재를 인식하고 탐구한 선교사들을 다루게 될 것이다. 그러나 그에 앞서 분명히 해두어야 할 엄연한 사실이 있다. 한국종교에 관심을 두고 학문적 대상으로 여길 수 있다고 생각한 선교사는 소수였다. 다수의 개신교 선교사는 한국종교에 부정적 입장을 취하고 배척의 대상으로 삼았다. 그들은 타자의 전통을 종교 개념 안에 포함시키지 않고 우상이라는 전통적 신학 용어를 고수했다. 어떤 이들은 당시의 새로운 언어였던 페티시즘을 한국종교에 적용하여 파괴의 대상으로 설정하기도 했다. 초기 개신교 선교사의 배타적 태도는 오늘날까지도 한국 개신교회에 전승되어 갈등의 씨앗으로 남아있다. 이 책의 주제 상 배타적 태도의 역사를 상세히 다루지는 않겠다. 다만 여기서는 초기 선교사들의 개념 사용에 초점을 맞추어 한국종교와의 적대적 만남을 담은 두 단어, 우상 숭배와 페티시즘을 살펴보도록 하겠다.

1) 우상 숭배

우상 숭배는 기독교 전통에서 타자를 일컫는 전통적인 용어이다. 십계명의 두 번째 계명은 다음과 같이 우상 숭배를 금한다. "어떤 것이든지 그 모양을 본떠서 우상을 만들지 못한다. 너희는 그것들에게 절하거나, 그것들을 섬기지 못한다"「출애굽기」 20:4~5라고 규정된다. 기독교사에서 우상 숭배 비판은 기독교 내의 개혁을 위한 논리로, 혹은 상대파를 비난하는 논리로 사용되었다. 그리고 더 중요하게는, 기독교 외부의 종교를 기독교와 구분하는, 한 단계 아래의 분류체계로 사용되었다. 오랫동안 기독교인들은 "사람들은 창조주 대신에 피조물을 숭배하고 섬겼습니다"「로마서」 1장라는 성경 구절을 준거로 타자의 종교를 이해해왔다. 다른 종교에 대한 인식이 미분화되어 있던 시절에, 그들에게는 피조물 숭배, 즉 우상 숭배가 남의 종교를 지칭하는 언어였다. 이교도heathen와 우상 숭배자idolater는 항상 혼용되었다.

서유럽이 비서구권으로 진출하고 선교를 시작한 15세기 이후, 서양인과 비서구권 종교와의 만남이 시작되고 서양인들은 세상에 기독교 이외의 '종교들'이 있음을 인식하기 시작하였다. 이때부터 종교religion라는 말의 사용이 증가하고, 세계 각지 종교에 관한 이야기를 담은 여행서들이 유행하였으며, 이에 따라 종교의 분류도 나타나게 된다. 17세기 서양 문헌에 제시된 종교 종류는 넷으로, 기독교, 유대교, 이슬람, 그리고 우상 숭배였다.[48] 당시 유럽인들에게 자신의 종교인 기독교, 오랜 내부의 타자인 유대교, 경계를 맞대고 있는 적대적 타자인 이슬람 이외의 종교는 미지의 영역이었다. 기독교 전통에서 타자의 종교를 일컫는 말로 오랫동안 사용된 우상 숭배는, 대항해시대 이후 알지 못하고 이름 붙일 수 없는 '기타 등등'에 해당하는 종교들을 집어넣는 머릿속 폴더로 사용되었다.

개신교 선교가 활발히 진행된 19세기의 서양인들에게는 이교도의 우상 숭배에 관한 강한 이미지가 존재했다. 이 이미지의 유명한 예로 1819년 인도에서 캘커타에서 활동한 성교회 주교 레지널드 허버Reginald Heber가 작사한 찬송가 〈저 북방 얼음산과From Greenland's Icy Mountains〉를 들 수 있다.[49] 이 노래의 영어 가사 2절에는 "암흑 속의 이교도들은 나무와 돌에 절을 한다The heathen in his blindness bows down to wood and stone"라는 구절이 있다. '암흑 속의 이교도'는 선교사들의 뇌리에 박힌 언어가 되어, 한국에서 활동한 선교사의 글에서도 관용어로 심심치 않게 등장했다.[50]

---

48 Smith, *Relating Religion*, p.182.
49 이 노래는 빅토리아 시대에 널리 유행해서 예배 때 선교 사업 지원금을 모금하는 노래로 많이 사용되었다고 한다. Sally Mitchell, *Daily Life in Victorian England*, Westport, Conn. : Greenwood Press, 1996, pp.274~276. 현재 한국 개신교회에서는 찬송가 273장 〈저 북방 얼음산과〉로 번역되어 불리고 있다.
50 예를 들어, 강원도에서 활동한 감리교 선교사 무스의 1911년 책에서 장례식 관습을 고수하는 한국인을 비판적으로 묘사하면서 '암흑 속의 비참한 이교도들(the heathen in his blindness)'이라고 불렀다. J. Robert Moose, *Village Life in Korea*, Nashville, Tenn. : Publishing House of the M. E. Church, South, Smith & Lamar, agents, 1911, p.175.

〈그림 4〉『하멜 보고서』 사그만판의 도상(1668)

　동아시아 종교에 관한 서양인의 전형적인 이미지는 돌이나 나무로 만든 형상 앞에서 절하는 우상 숭배자의 모습이었다.[51] 우리가 2장에서 살핀, 개신교 선교 개시 이전의 자료에서도 이를 확인할 수 있다. 우리는 앞에서 조선에 표착한 헨드릭 하멜이 작성한 보고서가 여러 판본으로 유통되었음을 살핀 바 있다. 그가 조선에서 탈출해 본국 네덜란드에 도착하기도 전인 1668년에 출판사 세 곳에서 이미 책이 나왔는데, 그중에서도 상업적인 각색이 가장 심한 것이 사그만Saagman판이었다. 이 책에는 독자의 흥미를 끌기 위한 불필요한 문장이 삽입되거나 조선과는 무관한 도상이 삽입되었다. 다른 여행기에 사용된 악어와 코끼리 도판을 삽입한 것이 악명 높은 예이다. 그렇게 삽입된 도상 중에는 우상에 절하는 사람들 그

51　19세기 중국에서 활동하던 개신교 선교사들이 몸을 굽혀 절을 하는 행위에 대해 어떻게 생각했는지는 다음을 볼 것. Reinders, *Borrowed Gods and Foreign Bodies*, ch.7·8.

림이 있다〈그림 4〉.

이 그림은 원래 중국에 관한 다른 책에서 종교를 서술하는 부분에서 사용되었던 것이다. 그렇다고 딱히 중국과 관련된 묘사라고 할 수도 없다. 야자수가 있는 풍광이나, 정체불명의 신상의 모습이나 동아시아 현실과는 거리가 먼 것이다. 이는 현실과는 별도로 유럽 대중이 상상한 동아시아 종교와 한국종교에 관한 이미지를 보여주는 자료이다. 우리가 앞에서 본, 중국에 관한 귀츨라프의 저서에 사용된 도상에서도 비슷한 모티프를 확인할 수 있다〈그림 1〉. 우상에게 절하는 이교도는 비서구인에 대한 대표적인 이미지였다. 19세기 선교에 나선 서양인들, 그리고 19세기 말 한국을 찾은 선교사들이 머릿속의 이미지도 이와 크게 다르지 않았다. 한국종교와 관련해서도 이러한 자료를 찾을 수 있는데, 여기서는 장승과 보도각백불에 관련된 선교사 자료를 검토하도록 하겠다.

처음 한국에 입국한 서양인들이 한국의 '종교 없음'을 이야기했을 때, 그 진술 중에는 한국에서 '우상을 모신 사원'을 볼 수 없었다는 내용도 있었다. 한국의 실상이 그들이 상상을 통해 기대했던 이미지와 일치하지 않았음을 보여주는 표현이다. 그러나 우상을 볼 수 없었음은 첫 만남의 단계의 이야기, 다시 말해 서양 방문자들이 서울 도성 내에 머물렀을 때의 인상이었다. 그들이 한국 경험을 넓혀감에 따라 '우상'이 눈에 들어오기 시작했다. 처음부터 빈번하게 언급된 장승은, 서울 근교에서, 그리고 인천에서 서울로 이동하는 여정에서 눈길을 사로잡은 대상이었다. 장승에 관한 언급은 이미 개신교 선교 개시 이전인 1868년 남연군묘 도굴 사건을 일으킨 독일 상인 오페르트Ernest Jacob Oppert, 1832~?의 글에서 나타난다. 그는 기본적으로 한국종교가 전적인 타락한 상황이라고 보았다. "유구한 종교 관행을 준수하려는

VILLAGE IDOLS.

〈그림 5〉 오페르트 책의 장승 스케치(1880)

신심과 존중의 감정, 한국인들에게 그러한 감정은 전적으로 결여되어 있다."[52] 그러한 인상이 절정에 달한 것은 "길가에 꽤 오랫동안 주목받지 못한 채 서 있는, 팔 둘레 두께의 볼품없는 여러 종류의 나무들", 즉 장승을 보았을 때였다. 그는 아마 오래된 장승은 옆에 그대로 둔 채 새로이 장승을 깎아 모시는 장승 모심 방식을 보았던 것 같다. 그는 우상조차 존중받지 못한다는 안타까운 심정이 담긴 삽화를 삽입하였다〈그림 5〉.[53] 이러한 장승 이해는 1895년에 『코리언 리퍼지토리』에 실린 글 "길가의 우상Wayside Idols"이라는 글에 그대로 이어진다. 글쓴이에 따르면 장승은 "조잡하게 깎아 놓은 통나무로" 한국에서 "종교의 퇴락religious decay의 가장 재미있는 예"이다.[54]

52 Ernest Oppert, *A Forbidden Land : Voyages to the Corea, with an Account of its Geography, History, Productions, and Commercial Capabilities*, London : Sampson Low, Marston, Searles, and Rivington, 1880, pp.112~113. 이 책은 영문판과 독문판이 같은 해에 출간되었다. 여기서는 영문판을 인용하였다.
53 Ibid., pp.113~117.
54 Alexandis Poleax, "Wayside Idols", *The Korean Repository* 2, April, 1895, p.144; 방원일

장승 사진은 선교사 문헌에서 한국의 우상 숭배를 대표하는 이미지로 지속해서 재생산되었다. 선교사 저서에 실린 사진과 그 제목은 장승이 이해된 방식을 요약해서 보여준다. 1892년에 출판된 길모어의 책에는 "마을의 우상들Village Idols"이라는 사진이, 1898년에 출판된 기퍼드의 책에는 "길가의 우상들A Wayside Idols"이라는 사진이, 1898년에 출판된 게일의 책에는 "악마 기둥Devil Posts"이라는 사진이, 1906년에 출판된 헐버트의 책에는 "마을의 악마 기둥Village Devil-posts"사진이, 1909년에 출판된 게일의 책에는 "정령 기둥Spirit Posts"이라는 사진이 수록되었다.[55] 장승은 처음에 우상idol이라고 불렀다가, '악마 기둥devil's post'이 일반적인 명칭으로 통용되었다. 1911년에 출판된 무스의 책에서는 헐버트 책에 실린 것과 동일한 사진을 수록하면서 '악마 기둥'이 적절한 이름이라고 소개하기도 했고,[56] 1910년대에 활동한 테일러Corwin Taylor가 찍은 사진도 '악마 기둥'이라고 되어 있다.[57] 악마라는 명명은 개념적 엄밀성보다는 시각적

<hr />

편역, 『근대전환공간의 한국종교』 I, 134~136쪽. 글쓴이 알렉산디스 폴렉스(Alexandis Poleax)에 관한 정보는 확인할 수 없다.

55 이 도판들의 출처는 다음과 같다. George W. Gilmore, *Korea from Its Capital*, Philadelphia : Presbyterian Board of Publication and Sabbath-School Work, 1892, p.198; Daniel L. Gifford, *Every-Day Life in Korea*, New York : Fleming H. Revell, 1898, p.112; James Scarth Gale, *Korean Sketches*, New York : Fleming H. Revell, 1898, front page; Homer B. Hulbert, *The Passing of Korea*, London : Page & company, 1906, p.302; James Scarth Gale, *Korea in Transition*, New York : Young people's missionary movement of the United States and Canada, 1909, p.87. 기퍼드 책에 실렸던 것과 동일한 사진이 다음 책에 "Roadside Deity"이라는 이름으로 수록되었다. Rockhill, William Woodville, *China's intercourse with Korea from the XVth century to 1895*, London : Luzac & co, 1905, p.52. 이 외에 장승 사진이 수록된 책으로는 다음 책들이 있다. Frederick Arthur Mackenzie, *The Tragedy of Korea*, New York : Dutton, 1908, p.11, "A Village Idol"; Charles Allen Clark, "The Utmami", *First fruits in Korea : A Story of Church Beginnings in the Far East*, New York : Fleming H. Revell Company, 1921, front page.

56 J. Robert Moose, *Village Life in Korea*, Nashville, Tenn. : Publishing House of the M. E. Church, South, Smith & Lamar, agents, 1911, p.194.

〈그림 6〉 로웰이 촬영한 원각사지 석탑(1886)

인상에서 유래한 것으로, 장승은 한국 우상의 대표적 이미지가 되었다. 이
후 일제가 발행한 여행안내서나 사진엽서에도 선교사의 사진과 다르지
않은 이미지가 재생산되는 양상을 볼 수 있다.[58]

　한국에서 우상 숭배 개념에 재료를 제공한 다른 전통으로는 불교가 있
다. 처음에 서울을 방문한 서양인들은 도성 내에서 살아있는 불교를 만날
수 없었고 그 결과 '종교 없음'이라는 결론을 내렸다는 사실은 앞에서 본

---

57 테일러(Rev. Corwin Taylor, 한국 이름 : 재리오(載理悟))는 1908부터 1922년까지 천
안, 공주 지역에서 활동했던 감리교 선교사이다. 사진 출처는 미국 남가주대학 도서관의
"테일러 컬렉션(The Reverend Corwin & Nellie Taylor Collection)"이다. 다음 웹 주소
에서 볼 수 있다.
http://digitallibrary.usc.edu/digital/collection/p15799coll48/id/662/rec/32(접속
일 : 2021.6.13)

58 장승 사진을 수록한, 일제 발행 엽서의 예로는 다음을 볼 것. 부산역사관, 『사진엽서로 떠
나는 근대 기행』, 민속원, 2003, 138~145쪽. 또한 1919년에 일제가 영문으로 발행한 여
행안내서에도 장승이 한국종교문화를 대표하는 사진으로 수록되어 있다. Chosŏ Ŭhaeng,
Pictorial Chosen and Manchuria, Seoul : Bank of Chosen, 1919, p.119, "Posts represent-
ing the spirits of the road".

바 있다. 다만 그들이 도성 내에서 볼 수 있었던 것은 불교의 '흔적'에 해당하는, 현재 탑골공원에 있는 원각사지십층석탑과 대원각사비였다.[59] 퍼시벌 로웰은 민가에 둘러싸인 채 '버려진 외로운 탑'의 모습으로, 쇠퇴한 불교의 모습을 상징하는 모습으로 상세하게 묘사하였다〈그림 6〉.[60] 이후 비숍 부인을 비롯한 여러 관찰자와 선교사가 원작사지 석탑과 비문에 관련된 기록을 남겼다.[61]

선교사들은 도성 바깥으로 경험을 넓혀나가면서 '살아있는' 불교를 접하게 된다. 그들은 남한산성과 북한산성에서 승려를 직접 만날 수 있었다. 그리고 선교사의 초기 한국종교 경험에서 의외로 중요한 역할을 했던 곳이, 선교사들이 "백불White Buddha"이라고 불렀던, 현재 홍은동 옥천암에 있는 보도각백불이었다.[62] 서울에 거주하거나 방문한 서양인들은 주로 정

---

59 원각사(圓覺寺)는 고려 때부터 홍복사(興福寺)라는 이름으로 내려오던 사찰로, 조선 태조 때 조계종의 본사가 되었고, 1464년(세조 10)에 세조에 의해 원각사라는 이름으로 창건되었다. 1504년(연산군 10)에 연산군이 연방원(聯芳院)이라는 이름의 기방(妓房)으로 만드는 바람에 승려들이 머물 수 없게 되었고, 1512년(중종 7)에 폐사되었다. 원각사 자리에는 원각사지십층석탑(국보 제2호)과 대원각사비(보물 제3호)가 남아 있다. 현재는 탑골공원 내에 있다. 2000년 이후 원각사지십층석탑에는 표면 훼손을 막기 위한 유리 보호각이 설치되어 있다.

60 Lowell, *Chosön, the Land of the Morning Calm*, pp.187~189.

61 Isabella Bird Bishop, *Korea and Her Neighbours : A Narrative of Travel, with an Account of the Vicissitudes and Position of the Country*, New York : Fleming H. Revell, 1898, pp.43 · 48. 원각사지 석탑에 관련된 알렌의 다음 글이 있다. Horace N. Allen, "Places of Interest in Seoul : The Marble Pagoda, or Stone Pagoda", *The Korean Repository* 2-4(April, 1895):127-33. 이 글에서 알렌은 이 탑이 원나라 황제가 고려에 선물한 것이라는, 잘못된 전승에 의존해서 탑의 유래를 설명하였다. 이 잘못된 설명은 헐버트의 글로 추정되는 다음 글에도 나타난다. Anonymous[attributed to Homer B. Hulbert], "The Marble Pagoda", *The Korea Review* 1-12(Dec., 1901):534-38. 탑에 대한 게일의 해설로는 다음을 볼 것. James Scarth Gale, "The Pagoda of Seoul", *Transaction of the Korea Branch of the Royal Asiatic Society* 6-2(1915):1-22.

62 옥천암은 대한불교조계종에 소속된 사찰로 서울특별시 서대문구 홍은2동에 있다. 사찰에 관해서는 홈페이지(http://okcheonam.com)를 참조할 것. 보도각백불은 고려 시대에

동에 머물렀는데, 정동에서 북쪽으로, 경복궁 왼편의 길을 따라 올라가 자
하문을 통과하여 도성 밖으로 나간 후, 세검정 근처 홍제천을 따라 올라가
면 보도각백불에 당도한다. 이 코스는 서양인들이 '불교 구경'을 하는 답
사 코스가 되었고, 여기서 서양인들은 비로소 자신이 찾던 '우상'을 눈앞
에서 볼 수 있었다. 1886년에 내한해 1889년까지 육영학원 교사로 일했
던 길모어George William Gilmore, 1857~?가 1892년에 출판한 책『수도 서울
에서』의 제10장 '종교'에 보도각백불의 사진이 등장한다. 길모어는 한국
에 "사원이 매우 적은 수만 있으며 화려함의 요소가 부족하다. 사원은 이
나라의 빈곤함을 반영한다"라고 서술하였는데,[63] 부대 건물 없이 백불만
덩그러니 놓여있는 이 사진은 '사원의 빈곤'이라는 메시지를 효과적으로
전달한다.[64]

선교사의 보도각백불 답사의 성격은 이곳으로 소풍 간 노블 부인Wilcox
Mattie Noble, 1872~1956의 일기에 상세하게 기록되어 있다. 노블 부인은 남
편 윌리엄 아서 노블과 함께 내한하여 서울과 평양에서 활동한 감리교 선
교사로, 42년간의 한국 생활을 일기로 남겨 선교현장을 생생하게 보여주

조성된 마애보살상으로 서울특별시 유형문화재 제17호로 지정되어 있다. 현재 보도각백
불은 관음보살로 숭배되고 있으며, 입시에 관련한 기도를 드리러 불자들이 많이 찾는다.

[63] Gilmore, *Korea from its Capital*, p.186.

[64] Ibid., p.189. 본문에서 보도각백불에 관해 직접 언급한 내용은 없다. 다만 "[서울의] 사
원은 북서쪽 구석의 '하늘 사원[사직단](Temple of Heaven)'말고는 없다. 그것은 사실
상 사원이라고 할 수 없으며, 낮은 담으로 둘러싸이고 자갈이 깔린 개방된 공간에 불과하
다"라는 내용이 있다. 종래 연구와 번역서에서 'Temple of Heaven'은 천축사, 극락사 등
으로 번역되었는데, 해당 지역에 그런 이름을 가진 불교 사찰은 없다. 그가 말하는 위치와
묘사로 미루어보아, 'Temple of Heaven'은 그가 보도각백불 답사길에 지나가게 되는 사
직단(社稷壇)을 가리킨다고 생각된다. 알렌이 1895년에 쓴 글에서 사직단을 바로 'the
Temple of Heaven'이라고 표현하였다. Horace N. Allen, "Places of Interest in Seoul
: Temples", *The Korean Repository* 2-5, May, 1895, pp.182 · 184~185. 1900년 이후
'Temple of Heaven'은 원구단(圜丘壇)의 영문 명칭으로 사용되었다.

는 자료를 제공하였다. 그녀는 1892년에 입국하여 1895년까지는 한국어를 익히며 서울에서 선교 활동을 하고 있었다.[65] 노블 부인 일행은 1894년 5월 26일에 점심을 싸들고 서울 북문 밖에 있는, 흰 칠이 된 6미터30피트 높이의 불상을 찾아갔다고 한다.[66] 이곳에서 노블 부인 일행은 백불뿐 아니라 마침 백불 앞에서 승려와 불자가 공양을 드리는 광경을 목격할 수 있었다. 노블 부인은 그들의 몸짓을 다음과 같이 기록하였다.

마침 우리가 도착했을 때 불쌍한 이교도들이 그 앞에서 예배worship하는 모습을 볼 수 있었다. 승려는 돗자리와 작고 낮은 걸상을 들고 자신의 거처에서 내려왔다. 여성 두 사람과 사내아이 하나가 승려의 뒤를 따랐다. 이들은 쌀이 담긴 그릇을 가지고 왔는데, 승려는 우상 앞에 돗자리를 깔고 그 위에 작은 상을 놓은 뒤 상 위에 쌀그릇을 올렸다. 승려는 바닥에 앉더니 어떤 악기를 두드리기 시작했다. 이어서 두 여성이 돗자리 위로 올라와 우상 앞에다 여러 차례 절을 했고, 승려는 계속 악기를 두드리며 중얼거렸다. 한 여성은 서른네 차례 절을 했고, 다른 여성은 서른 차례 절을 했다. 절을 많이 할수록 보상을 많이 받는다고 한다. 여성들이 절을 마치자 이번에는 사내아이가 스무 차례 절을 했다.

불상의 뒤에 글자가 새겨진 비석이 세워져 있었는데, 불상 앞에서 절을 마

---

65 조선혜,『매티 노블의 선교생활, 1982~1934』, 한국기독교역사연구소, 2020, 55~62쪽.
66 노블 부인의 1894년 5월 26일 일기는 다음과 같이 시작된다. "해리스 양과 버스티드 박사 그리고 아서와 나는 서울 북문 외곽에 불상(Buddhist image)이 있는 곳으로 소풍 (picnicing)을 다녀왔다. 해리스 양과 나는 가마를 탔고 아서와 버스티드는 걸어서 갔다. 점심은 싸 가지고 갔다. 오랜만의 원행길이라 즐거웠다. 우리가 본 불상은 바위를 깎아 만든 큰 조각상으로, 흰 칠이 되어 있었다. 높이는 6미터 정도로, 동양 불상의 전형적인 자세를 하고 있었다. 굉장한 예술 작품이었다. 멋진 동양 예술의 특징을 볼 수 있었다." Wilcox Mattie Noble, *The Journals of Mattie Wilcox Noble 1892-1934*, Seoul : Institute for Korean Church History, 1993, p.42.

〈그림 7〉 홈즈 책에 실린 예불 사진(1908)

친 이들은 비석 위에 쌀을 올려놓고 다시 절을 했다. 절을 할 때마다 이들은 처음에는 똑바로 서고, 몸을 살짝 기울이며 양손을 앞으로 모은 후, 손을 이마에 모으고, 손이 이마 앞의 땅을 칠 때까지 몸을 천천히 숙여 절을 했다.[67]

노블 부인은 '불쌍한 이교도'들이 우상을 숭배하는 몸짓 하나하나를 상세히 관찰하였다. 그녀는 이교도들의 예배에 사용된 물품과 목탁 소리, 절의 횟수, 그리고 절하는 방법까지 주목해서 보았다. 그녀는 이 예배, 즉 실제 우상 숭배를 직접 볼 기회를 얻게 되어 기뻤다는 감상을 덧붙였다.

보도각백불은 헐버트의 1906년 책『대한제국 멸망사』의 종교 서술에 사진으로 실리는 등 다수의 선교사 문헌에 나타났다.[68] 여러 사진 중에서 노블 부인이 우상 숭배의 현장이라고 생각하며 목격했던 것과 유사한 모

---

67 Ibid., pp.42~43. '불상 뒤에 글자가 새겨진 비석'은 보도각 백불 뒤에 '산신지위(山神之位)'라는 문구가 새겨져 있는 바위를 말한다. 이 바위는 산신각 역할을 하기 때문에 백불 앞에서 불공을 드린 후 이 바위에 가서 불공을 행했으리라 생각된다.
68 Hulbert, *The Passing of Korea*, p.72.

습을 담은 사진이 1908년에는 여행사진사 버튼 홈즈의 책에 실려있다〈그림 7〉. 홈즈는 대중적인 여행기 저술가인 만큼, 동아시아 타자에 대한 서양인의 고정 관념과 한국에 대한 기존의 정보에 의존해서 주로 작업하였다. 그의 사진 책에는 보도각백불의 사진이 두 장 실려있는데, 그중 첫 사진에 백불 앞에서 불공을 드리는 승려와 신자들의 모습이 포착되어 있다. 이것이야말로 하멜 책에 실린 도상에서 볼 수 있는 서양인의 상상력을 충족하는 구도이다. 이 사진은 우상과 그에 절하는 동양인의 모습을 재현하고 있으며, 노블 부인이 관찰하고 기록에 남긴 바로 그 모습으로 여겨진다. 서양인들 사이에서 불교 답사지로서 백불의 위상은 1910년 이후에도 유지되었다. 1909년부터 한국에 진출한 베네딕트회 소속 독일 선교사들 사이에서도, 서울에서 유럽인들에게 가장 인기 있는 유원지의 하나로 '흰색 불상' 이야기가 소개된 바 있다.[69] 보도각백불의 인기는 한국의 '우상'을 시각적으로 경험하고 싶어 했던 초기 관찰자들의 바람이 반영된 것이었다.

2) 페티시즘

우상 숭배가 전통적인 언어라면 페티시즘은 17세기 유럽과 아프리카의 만남에서 태동한 새로운 언어였다. 페티시즘은 포르투갈 상인이 서아프리카 사람들의 종교적 실천을 묘사하는 말로, 물건을 숭배하는 신앙 형태를 일컫는 표현이었다. 이 말은 프랑스 계몽주의자 드 브로스Charles de Brosses

---

69 Anonymous, "Der 'weiße Budda' bei Seoul", *Missionblätter* 17 (1912/13), pp.236~238 (조현범, 「분도회 선교사들의 한국 문화 연구」, 『교회사연구』 33, 2009, 205쪽에서 재인용). 그 외에도 서양인 저술에 등장한 보도각백불의 목록은 다음을 볼 것. 방원일, 「초기 개신교 선교사들이 사용한 한국종교 사진」, 『종교문화비평』 27, 2015, 114쪽.

에 의해 종교 이론으로 발전하였으며, 이후 심리학과 경제학 용어로 채용되며 복잡한 의미를 갖게 되었다. 이 용어는 초기부터 줄곧 타자의 신앙을 경멸하는 데 사용되었다. 19세기 말 인도네시아에서 활동한 개신교 선교사의 사례에서 볼 수 있듯이, 선교사들은 대부분 페티시즘을 우상 숭배와 동일한 의미로 사용하였다.[70] 한국에서 선교사들이 사용한 페티시즘 용법에서 두 가지 의미를 구분할 수 있다. 하나는 한국인이 잘못된 물질적 가치를 부여한다는 함축을 지닌 페티시즘이고, 다른 하나는 파괴의 대상인 전통 신앙의 대상을 지칭하는 페티시즘이다.

첫째, 페티시즘은 어원적으로 물질적 가치, 특히 상업적 가치에 대한 잘못된 판단으로 인해 무가치한 것을 숭상하는 행위를 지칭했다. 페티시를 경제적 관점과 연관시킨 사례는 앞서 본 노블 부인의 일기에 나타난다. 그녀는 한국에 온 지 6년째 되는 1897년 4월 8일의 일기에 한국인 가정을 방문하여 가정신앙의 대상들을 호기심을 갖고 샅샅이 뒤져본 경험을 썼다. 그녀는 가정신앙의 대상물들을 '귀신에게 바치는 페티시'라고 표현했다.

다른 집에서는 여전히 많은 페티시가 집안에 있었다. 하나는 벽에 걸려 있는 두 개의 작은 쌀 봉지였는데, 이것들은 아기가 태어날 때 생명의 귀신에게 바치는 것이었다. 긴 시렁 위에는 위를 덮은 바구니 두 개와 질항아리 한 개가 있었다. 나는 그 속에 들어 있는 것들을 살펴서 이러저러한 때마다 귀신들에게 무엇을 바치는지를 알아보고 싶었다. 집의 안주인은 거기에 손을 대는 것을 두려워하는 것 같았다. 그러나 그것을 우리에게 보여줘도 그녀에게는 아

---

70 Webb Keane, *Christian Moderns : Freedom and Fetish in the Mission Encounter*, Berkeley : University of California Press, 2007, p.225.

무런 해가 미치지 않을 것이며, 귀신들spirits에게 제물을 바치면서 하느님을 섬길 수는 없음을 설명해주자, 그녀는 그것들을 내려 열어 보였다. 거기에는 오랜 세월 먼지들이 켜켜이 쌓여 있었다. 한 바구니 안에는 올이 성긴 아마포가 담겨 있었는데, 귀신에게 바치는 것이었다. 바구니 안에는 안주인이 35년 전 시집올 때 입었던 저고리와 치마도 들어 있었다. 또 다른 바구니 안에도 수십 년 전에 넣어둔 오래된 옷들이 들어 있었는데 이 역시 여러 귀신에게 바치는 것이다. 질항아리 안에는 오래전에 부패한 밥과 떡이 귀신들을 달래기 위해 담겨 있었다.[71]

여기에 내재한 것은 한국인 가정에서 모시는 조왕과 터주의 정체를 폭로하고픈 욕망이다. 노블 부인은 그냥 그것들을 섬기지 말라고 권면하는 데 그치지 않고, 그 정체, 즉 물질적 실체를 확인하고 싶다는 호기심에 보여달라고 요청한다. 그렇게 해서 드러난 물질은 쌀 봉지, 바구니, 질항아리, 삼베, 헌 옷, 밥과 떡이었다. 서술의 분위기에서 암시되는 것은, 한국인이 소중하게 모시는 것이 기실 하찮은 물건이었다는 것이다. 여기에는 가치 없는 물건에 주어진 전도된 가치 부여라는 페티시즘의 고전적인 의미가 통용되고 있다.

둘째, 페티시는 파괴의 대상이었다. 개신교 선교사들은 민간 신앙의 대상물과 무당의 무구를 페티시라고 지칭했다. 그런데 이 물건들은 개신교인으로 개종하는 과정에서 파괴되어야 했다. 특정 대상을 굳이 파괴하는

---

71 Noble, *The Journals of Mattie Wilcox Noble 1892-1934*, p.65; 매티 윌콕스 노블, 강선민·이양준 역, 『노블일지-미 여선교사가 목격한 한국근대사 42년간의 기록』, 이마고, 2010, pp.91~92.

것은, 옛것과 절연한다는 의지를 보이는 행동인 동시에, 그것의 가치를 인정하는 역설을 담고 있다. 페티시를 파괴하고 불태우는 행위는 한국인의 개종 이야기 중에서도 가장 극적인 장면에 속하는 것으로 개종 보고서에 자주 등장한다.[72] 1902년에 내한하여 1922년까지 활동한 남감리교 선교사 선교사 크램W. G. Cram에 따르면, 한 무당이 개종하기로 하자 교회 지도자는 그 무당에게 무구를 파괴하라고 요구했다고 한다. 그 이유는 "한국에서는 누군가가 그리스도를 믿게 되면, 「에베소서」에 나온 대로 이교도 숭배에서 사용되었던 물건, 그릇, 옷 등 모든 것을 없애 버려야 하기 때문"이었다.[73] 무당은 지도자의 권유에 따라 집안 물건들을 모조리 불사름으로써 옛사람을 벗어버림을 표현하였다고 한다.

1891년에 내한하여 1929년까지 활동한 미감리교 여선교사 루이스E. A. Lewis의 보고서에는 더 적극적인 파괴 행위가 나온다. 그녀의 1906년 글 "페티시 불사르기A Holocaust of Fetishes"는 다음과 같이 시작된다.

나는 장지내[74]에서 주일학교 여성들을 만나 그들과 이웃 마을을 돌아다니며 더 많은 페티시를 치워 버리는 것을 도왔다. 이번에는 많은 사람이 몰려와 이 퍼포먼스를 구경했다. 속장屬長 박씨의 아내 마르타가 앞장섰다. 그녀는 바

---

72 Sung-Deuk Oak, "Healing and Exorcism : Christian Encounters with Shamanism in Early Modern Korea", *Asian Ethnology* 69-1, 2010, pp.103~105; Laurel Kendall, *Shamans, Nostalgias, and the IMF : South Korean Popular Religion in Motion*, Honolulu : University of Hawai'i Press, 2009, p.5.

73 W. G. Cram, "Rescued after Years of Bondage", *The Korea Methodist* 1-11, Sept., 1905, p.149. 여기서 언급된 「에베소서」 구절은 "지난날의 생활 방식대로 (⋯중략⋯) 살다가 썩어 없어질 그 옛 사람을 벗어버리고 (⋯중략⋯) 새 사람을 입는 것"(4:22~24)이다.

74 1893년에 설립된 장지내교회는 수원 지역 선교의 출발점이었다. 경기도 화성시 동탄면 장지리 608-2에 있던 장천감리교회로 이어지다가, 동탄 신도시 개발로 철거되었다.

가지를 하나 달라고 하고 벽에서 자루를 내려놓더니 그 안의 쌀을 비워내었다. 그것을 돌려주며, "이 정도면 저녁으로 충분할거야"라고 말했다. 그러고 나서 그녀는 마당 한편으로 나가 빈 쌀겨(쥐가 곡식을 다 파먹었다)가 반쯤 차 있는 항아리 위에 덮여 있는 작은 짚 지붕을 뜯어냈다. 그녀는 이것을 불에 넣어 비우고, 계속해서 더러운 실로 반쯤 덮여있는 막대 하나를 부러뜨리고 쌀겨와 함께 집어넣고 모두 태워버렸다.[75]

루이스는 경기 남부지역을 순회하면서 신자 가정에 있는 페티시들을 꺼내어 파괴하였다. 일행은 주로 터주가리를 파괴하고 마당에 모아 불태웠고, 루이스는 동행하면서 찬송가를 불렀다. 그녀의 글에서 페티시를 불태우는 행위는 퍼포먼스performance라고 표현되고 뒤에서는 의식ceremony이라는 표현도 등장한다. 파괴 행위는 의례로 이해되었다. 글의 제목에서 표현되듯이 이 행위는 이교도의 신앙 대상을 불살라 하느님께 흠향하도록 하는 번제燔祭, holocaust였다.

위의 두 의미가 복합적으로 등장하는 자료가 애니 베어드의 선교소설 『한국의 새벽 – 극동의 변화 이야기』*Daybreak in Korea : A Tale of Transformation in the Far East*이다. 애니 베어드Annie Laurie Adams Baird는 윌리엄 베어드와 1891년에 내한하여 1916년 평양에서 사망할 때까지 많은 저서를 남겼다. 그중 『한국의 새벽』은 영어권 독자를 대상으로 한 선교소설로, 한국 전통사회의 굴레에서 고통받던 여성 보배가 기독교를 만나는 과정을 그린다. 소

---

75 E. A. Lewis, "A Holocaust of Fetishes", *The Korea Mission Field* 2-7, May, 1906, pp.134~135. 루이스의 보고서는 다음 연구에서 이미 소개된 바 있다. Oak, "Healing and Exorcism", p.104; 옥성득, 『한국 기독교 형성사』, 289~290쪽.

설에는 보배의 적대자인 무당 심씨沈氏가 등장하는데, 이 심씨가 회개하고 개종하는 순간이 소설의 절정을 이룬다. 페티시는 그 장면에서 적지 않은 역할을 한다.

소설의 초반에 무당 심씨가 선교사의 집을 방문한 에피소드가 있다. 심씨는 선교사 집에서 빈 토마토 깡통을 얻어 와서 "토마토 깡통에서 상표를 떼어 벽에 장식으로 붙였다. 깡통은 페티시를 담아두기 위한 높은 선반에 두었다".[76] 서양의 새로운 물건이 그 경제적 가치를 알지 못하는 한국인에 의해 제단에 모셔진다. 여기엔 페티시가 경제적으로 가치가 떨어지는 신앙 대상이라는 시각이 반영되어 있다.

심씨의 개종은 절정 부분에서 페티시 파괴를 통해 이루어진다. 심씨의 개종은 기존의 물질적 환경의 전면적이고도 철저한 파괴를 통해 이루어진다.

사탄과의 관계를 단절하면서 심씨가 한 첫 번째 행동은 사탄을 완전히 거부하는 것이었다. 그녀는 집안과 마당 구석구석에서 다량의 진절머리 나는 페티시들을 꺼내왔다. 최근 물건도 있었지만, 다수는 몇 년 동안 그 자리에서 상해가고 있었던 것들이다. 그중에는 낡고 해진 짚신, 오물과 함께 썩은 천 조각들, 기도와 주문이 쓰인 종이, 사람 뼈, 짚으로 만든 형상, 깨진 접시와 호리병 조각, 비단과 무명으로 만든 귀신 옷이 있었다. 귀신 옷은 귀신이 보고 기뻐하라는 뜻으로 만들어 어두운 집구석에 처박아 둔 것이었다.

76 Annie Laurie Adams Baird, *Daybreak in Korea : A Tale of Transformation in the Far East*, New York : Young People's Missionary Movement of the United States and Canada, 1909, p.69.

심씨는 문 앞에 쌓인 이 쓰레기더미에 자신의 모든 무구巫具, 무복巫服, 부채, 징을 얹었다. 그리고 잊을 수 없는 그 날 만식이네 마당에 버려 어디로 떠내려 갔는지 모를 것들을 주워왔다. 어린아이 몸이라고 속여 넘겼던 털 빠진 마른 개 사체, 사람의 모든 질병을 치료한다고 속여온, 차마 말할 수 없는 재료로 만든 알약, 가루약, 고약, 그리고 마지막으로 이슬을 가득 담은, 사실은 필요할 때마다 강물을 떠다 채운 해골이 있었다.[77]

심씨가 개종을 위해 하는 행동은 앞의 루이스가 묘사한 페티시 번제의 현실을 소설적으로 반영한 것이다. 심씨는 이렇게 모아놓은 페티시 더미에 불을 붙이고, 구경하던 사람들도 미처 버리지 못했던 자기의 페티시를 들고 와 불꽃에 던져넣는다. 불꽃 위로 사람들의 찬양가 노래가 이어진다. 베어드는 페티시 목록을 나열하는 데 주력했다. 내용물 중에는 실제 무속에서 사용된 것인지 확인하기 어려운 것도 포함된 것도 사실이지만, 중요한 것은 베어드가 공들여서 시시해 보이는 물건들을 나열했다는 점이다. 많으면 많을수록 가치 없는 물건의 무가치함은 강해지고, 불태우는 행위의 정당성이 확보된다. 페티시는 죄로 가득한 과거의 정수를 담은 물건이기에, 그것을 불사름은 죄를 탕감하는 의례적 속성을 갖고 개종 내러티브의 결정적인 순간에 등장할 수 있었다.

오래된 언어인 우상 숭배와 새로운 언어인 페티시즘은 한국종교에 대한 적대적 태도를 담은 개념이다. 이것이 다수 선교사의 태도이고 현재 개신교회의 배타적 자세의 한 원인임은 부정할 수 없다. 그러나 앞으로 우리가

---

77 Ibid., pp.99~100.

검토할 내용은 상대적으로 소수 선교사의 입장이다. 한국종교를 종교의 하나로 인식하려는 긍정적 태도, 더 나아가 종교학적 인식의 단초를 발견할 수 있는 서술에 초점을 둘 것이다. 그들이 한국종교를 종교라는 개념 안에 수용하여 '종교 없음' 서술을 극복하고, 나아가 종교로서 설명을 시도하는, 종교학적으로 의미 있는 진술에 초점을 두어 분석할 것이다.

제
4
장

한국종교를 인식함

1880~90년대 한국에 왔던 서양 관찰자들 사이에서 '종교 없음' 공론은 지배적이었다. 이제 이 공론이 종교에 대한 인식으로 전환되는 순간을 분석하고자 한다. 종교 유무에 관한 논쟁은 단순히 한국 경험이 부족한 관찰자의 시행착오로 보아 넘길 문제가 아니다. 한국종교가 인식되기 위해서는 한국 경험이 확대되는 것도 관건이지만, 더 중요한 것은 경험을 담을 새로운 언어의 존재이다. 우리는 선교사들이 당대의 종교학 유행으로부터 얻은 개념적 도구를 활용하여 한국종교를 인식하는 과정을 분석하고자 한다. 구체적으로 말하면, 선교사들은 당시 유행하던 말 중 애니미즘을 사용하여 한국의 무속을 종교현상으로 인식할 수 있었다.

1. 종교 인식의 이론적 기반

1) 타일러의 애니미즘 이론

낯선 문화를 접하고 그곳에 종교가 없다고 말하는 것은 한국에서만 있었던 특수한 현상이 아니다. 그것은 비서구세계를 처음 접한 서양인들의 기록에 광범위하게 나타나는 진술이다.[1] 그것은 종교 인식이 이루어지기 전前단계에 해당한다. 그리고 이러한 진술을 어떻게 해석할 것인지가 초기 종교학의 고민이었음을 당시 종교 이론을 주도했던 에드워드 버넷 타일러Edward B. Tylor의 저술에서 알 수 있다.

1871년에 출간된 타일러의 『원시 문화*Primitive Culture*』는 애니미즘을 제

---

[1]   방원일, 「비서구세계 종교문화의 만남과 종교개념에 대한 최근 논의들」, 『종교문화비평』 8, 2005, 143~147쪽.

시한 책으로 유명하다. 그런데 종교의 기원을 설명하는 가설인 애니미즘이 어떠한 이론적 계기에서 시작되었는지는 덜 알려진 편이다. 그것은 바로 종교가 없는 사람이 존재할 수 있느냐의 논쟁이었다. 이 부분은 우리의 논의와 연관된 것이어서 상세히 다루도록 하겠다. 타일러의 질문은 다음과 같다.

> 도대체 종교 개념을 갖지 않을 정도로 낮은 수준의 문화를 가진 사람들의 부족이 존재할까, 아니 존재했을까? 이것은 실질적으로 종교의 보편성에 대한 물음이다.[2]

특정한 사람들에게 '종교 없음'이 가능하냐의 문제는 19세기 말 종교학이 출발할 때의 고민이기도 하다. 그것은 종교가 인간에게 보편적이냐는 학문적 전제를 확립하는 문제이기 때문이다. 사실 서양인이 비서구세계에서 작성한 보고서 중에는 종교 없음을 말하는 자료가 많이 있었다. 타일러는 우선 그러한 자료의 엄밀성을 문제 삼았다. 특히 선교사들의 자료들의 경우 잘못된 전제의 적용으로 인해 종교 부재를 언급하는 자료들이 많음을 지적하였다. 그래서 "종교 없는 야만 부족이 실제로 있다는 주장은, 이론적으로 가능하고 또 실제로 그럴 수도 있지만, 현재로서는 예외적인 상황을 제외하고는 충분한 자격을 갖춘 증거에 근거를 두고 있지 않다".[3]

그다음에 그가 제안한 것은 보편적인 종교 정의였다. "하등 민족의 종교를

---

2 Edward B. Tylor, *Primitive Culture : Researches into the Development of Mythology, Philosophy, Religion, Language, Art, and Custom*, London : Murray, 1871, vol.1, p.377.

3 Ibid., p.377.

체계적으로 연구하기 위해서 첫 번째로 요구되는 것은 기본적인 종교 정의를 제시하는 것이다."[4] 그 "최소한의 종교 정의minimum definition of religion"는 "영적 존재에 대한 믿음the belief in Spiritual Beings"이었다.[5] 여기서 '영적 존재'의 의미를 해설할 필요가 있겠다. 그는 서구 전통의 신God 중심적인 정의에서 벗어나고자 했다. 최고신을 상정해야만 종교로 인정받는 것이 아니라, 정령spirit을 종교현상의 가장 기본적인 요소로 놓음으로써 종교의 범위를 넓히고 보편적인 현상으로 논하는 것이 가능하다고 생각했다. 따라서 서구인의 인식에서 신god보다 저급한 것으로 여겨져서 미신의 영역에 놓이곤 했던 데몬demon 혹은 귀신과 같은 존재들을 종교의 차원에서 논의하는 것이 가능해졌다. 그런데 그가 정령에 주목한 것은 당시 유행하던 심령술spiritualism과 무관하지 않았다. 그는 애니미즘이라는 표현을 사용한 이유를 다음과 같이 언급한다.

나는 여기서 애니미즘Animism이라는 이름 아래 영적 존재에 대한 뿌리 깊은 교리를 조사할 것을 제안하고 있는 것이다. 이 교리는 유물론적 철학과 반대되는 영적 철학의 본질을 구체화한다. (…중략…) 스피리추얼리즘spiritualism이라는 말이 일반적인 의미로 사용될 수 있고 가끔 그렇게 사용되기도 하지만, 우리 입장에서 볼 때는 분명히 결함이 있다. 이 말은 특정한 현대의 종파에 대한 지칭이 되어버려서, 이러한 관점을 세계적으로 확장해서 특별히 대표할 수 있는 말이 아니기 때문이다.[6]

---

4   Ibid., p.383.
5   Ibid..
6   Ibid., pp.384~385.

타일러는 심령술과 자신의 이론이 혼동되는 것을 경계했지만, 둘 간의 관계를 부정하지는 않았다. 오히려 그는 원시 철학이라는 지반에 깊이 뿌리내린 믿음과 행위가 현대에 부활한 것이 심령술이라고 보았다.[7] 어떻게 보면 타일러가 실제로 심령술 집회를 체험하고, 그것을 과거의 잔존물 survival로 파악하고 '정령에 대한 믿음'을 가장 기초적인 종교현상으로 제시할 것을 구상했을 수도 있다. 중요한 것은 그가 정령 개념을 통해 고대와 현대, 원시인들의 심성과 유럽의 신종교 현상을 보편적인 종교현상으로 묶어서 설명하는 이론적 바탕을 마련하였다는 것이다.[8] 우리는 심령술의 유행과 애니미즘 이론의 성립의 병행으로 인해서 '스피릿spirit'이라는 전통적인 용어에 새로운 의미가 부가되었음에 주목할 필요가 있다. 심령술사들은 자신의 운동에 정당성을 부여하기 위해 스피릿정령이라는 존재가 고대에서부터 유럽 이외 지역에까지 널리 존재한다는 점을 증명하고자 하였다. 그 결과 그들은 정령을 공통분모로 하는 종교사를 작성할 수 있었다.[9] 기독교 전통 내에서 성령聖靈을 지칭하는 말로 사용된 이 단어는, 19세기 말에 종교현상의 보편성을 뒷받침하기 위해 사용된 '새로운 언어'로서의 속성을 갖게 되었다. 한국에서 활동한 선교사들이 스피릿정령의 새로운 언어로서의 속성을 받아들인 과정을 살피는 것이 이 장의 주요 작업을 될 것이다.

---

7 Ibid., p.128.

8 George W. Stocking, "Animism in Theory and Practice : E. B. Tylor's Unpublished 'Notes on Spiritualism'", *Man* 6-1, Mar., 1971, pp.88~104; Nurit Bird-David, "'Animism' Revisited : Personhood, Environment, and Relational Epistemology", *Current Anthropology* 40, 1999, p.69.

9 Ann Taves, *Fits, Trances, and Visions : Experiencing Religion and Explaining Experience from Wesley to James*, Princeton : Princeton University Press, 1999, pp.190~200.

타일러의 정령은 기독교 전통의 '데몬'을 대체하는 새로운 언어로서의 성격을 갖는다. 그는 기존의 언어를 충분히 의식하고 있었다. 이 점은 그가 서술한 『브리태니커』 백과사전의 '데모놀로지demonology' 항목에서 잘 볼 수 있다. 여기서 그는 데몬 숭배를 보편적인 현상으로 기술한다.

> 세계 종교들에서는 일반적으로 영적 존재들의 체계를 인식한다. 이들은 지배적인 신격들의 지위 아래 존재하며, 살아있는 사람들과 일상사에 특히 관계된다는 점에서 요정과 님프와 같은 자연정령nature-spirit들과는 구분된다. 흔히 사자死者의 망령亡靈, ghost으로 여겨지는 이들이 바로 데몬demon이다.[10]

그는 데몬이 원래 그리스어에서 정령을 일컫는 중립적인 용어였으나 기독교에서 악한 정령을 일컫는 말로 좁게 사용되었음을 지적한다. 그러나 학술적으로는 원래의 중립적 의미로 사용되어야 한다고 주장하였다.

> 좁은 의미의 정의가 기독교 신학에 도입되었다. 기독교 신학에서는 선한 데몬과 수호 정령guardian genius이 일반적으로 선한 '천사'라는 일반적 개념으로 통합된 반면에, 데몬이라는 용어는 악한 정령 혹은 '악마devils'를 뜻하는 것으로 전용轉用되었다. [그러나] 학문적인 용도를 위해서는 더 넓은 의미를 사용하는 것이 바람직하다.[11]

---

10 Edward B. Tylor, "Demonology", *Encyclopaedia Britannica*, 9th ed., New York : C. Scribner's sons, 1878, vol.7, p.60.
11 Ibid., p.60.

번역하자면 '데모놀로지'는 '악령 숭배'라기 보다는 '귀신론'이다.[12] 타일러 입장에서 신학적 색깔이 탈색된 '데몬 숭배'는 사실상 그가 '영적 존재에 대한 믿음'이라고 주장한 애니미즘과 크게 다르지 않은 용어이다. 그럼에도 불구하고 타일러가 데몬이라는 전통적인 용어를 사용하기보다는 정령이라는 새로운 언어를 사용하여 애니미즘 이론을 제안한 것은 데몬이라는 어휘에 쉽게 뒤따를 수 있는 부정적인 의미가 부담스러웠기 때문이라고 추측할 수 있다. 학문적 맥락에서 중립적 어휘로 사용한다 하더라도, 기독교인들에게 이 용어는 쉽게 악마화되기 마련이었는데, 이것은 한국에서 일어났던 일이기도 하다. 처음에 서양 관찰자들은 한국의 귀신에 대한 관념을 '데몬 숭배'라고 불렀다. 그 어휘나 뉘앙스는 다양했지만, 대부분은 타일러가 지적한 신학적 개념, 즉 악령에 대한 숭배라는 부정적인 의미를 가졌고 종교가 아닌 미신으로 여겨졌다. 그러나 귀신에 대한 신앙은 비숍, 존스를 거치며 이 신학적 의미를 배제한 '정령 숭배'로 재정립되었고, 한국에 종교가 있음을 말해주는 가장 중요한 현상이 되었다.

2) 개신교 선교사들과 종교학 개념들

애니미즘 개념은 선교사들에 의해 세계 각지에서 사용되었다. 선교사들이 사용한 애니미즘의 사례들은 1910년 에든버러Edinburg에서 열린 선교대회에서 발표된 "애니미즘 종교"라는 항목에 정리되어 있다. 여기에는 아프리카, 남아메리카, 인도네시아, 인도 등 세계 각지에서 애니미즘을 접

---

12 'demon'이나 'spirit'이 한국종교에 적용될 때 '귀신'이라는 번역이 가능하다. 그러나 이 글에서는 어떤 서양 용어가 적용되었는지를 구분하기 위해서 'demon'을 '데몬', 'spirit'을 '정령'이라고 번역할 것이다. 아울러 'demonology', 'demonlatry'는 '데몬 숭배', 'spirit-worship'은 '정령 숭배'로 번역할 것이다.

한 선교사들의 보고가 수집되어, 이 용어가 전세계적으로 사용되었음을 보여준다.[13] 선교사들이 사용한 애니미즘은 '원시'민족의 신앙이라는 의미가 강해서 흔히 경멸적인 의미와 결합되었다. 타일러가 종교의 보편성을 확립하기 위해 제시했고 종교 기원을 설명하려는 원래의 이론적 맥락이 사라지고, 현실에 존재하는 원시 종교를 지칭하는 용어로 변질되었다. 이 용어는 선교계에서 참된 종교와는 거리가 먼 열등한 민족의 신앙을 묘사하는 용어로, 이름 없는 이방 종교를 총칭하는 이름으로 통용되었다.[14]

한국 선교 현장에서는 다른 양상이 나타난다. 물론 많은 선교사가 이 용어를 경멸적으로 사용하였고, 또 1910년 이후의 문헌에서는 원래의 경멸적인 시선으로 돌아가는 경우가 다수를 차지한다. 하지만 우리가 이 책에서 다루는 초기 선교사들, 한국 문화의 만남이 지적 인식을 자극했던 몇몇 선교사의 작업에서 이 용어는 분명 종교의 보편성을 추구하는 이론적 도구로서 역할을 했다. 그들이 타일러를 직접, 제대로 인용하는 일은 거의 없었다. 그들이 종교학과 인류학의 학문적 훈련을 받은 것은 아니고, 기독교계에서 소통되는 정보를 통해 간접적으로 접한 것이었기에 직접적 영향을 찾기에 어려움이 있는 것도 사실이다. 다만 선교사들에게 애니미즘은 '영적 존재에 대한 믿음'이라는 단어의 의미만으로도 선교지 종교를 설명할 새로운 언어로서 가치를 가진 것이라고 할 수 있다.

한국의 정령 숭배를 다루기에 앞서, 초기 선교사가 사용한 어휘 내에 종

---

13 "Animistic Religions", World Missionary Conference 1910, *Report of Commission IV : To Consider Missionary Problems in Relation to the Non-Christian World*, Edinburg : Oliphant, 1910, pp.6~37.
14 한 예로 인도네시아에서 활동한 선교사 와넥의 다음 책을 들 수 있겠다. Johannes Warneck, *The Living Forces of the Gospel : Experiences of a Missionary in Animistic Heathendom*, Edinburgh : Oliphant, Anderson & Ferrier, 1909.

교학 용어가 들어와 있는 양상을 알아둘 필요가 있다. 당시 선교사 문헌에는 초기 종교학에서 유행하던 용어들이 활용되는 용례가 흔히 나타난다. 예를 들어 1906년에 출판된 헐버트 글의 한 대목을 인용하면 다음과 같다.

> 한국인의 밑바탕에 깔린 종교이자 다른 모든 단순한 상부 구조의 기초는 한국인 본래의 정령 숭배spirit-worship이다. 일반적으로 이 용어는 애니미즘, 샤머니즘, 페티시즘, 자연 숭배를 포함한다.[15]

위 인용문의 핵심어인 정령 숭배에 관해서는 뒤에서 상세히 다룰 것이다. 정령 숭배 외에도 위의 문장에는 종교 기원을 설명하기 위해 드 브로스가 제시했던 페티시즘, 타일러가 제시했던 정령 숭배, 막스 뮐러가 제시했던 자연 숭배 등 종교학사의 주요 용어들이 등장한다. 개념들의 사용은 다소 혼란스럽다. 정령 숭배는 개념적으로 애니미즘과 동의어이지만, 여기서는 애니미즘이 정령 숭배의 하위범주 중 하나이다. 다른 개념들도 별다른 설명 없이 정령 숭배에 포함된다고만 언급될 뿐이다. 이론적 엄밀성을 갖추지는 않았지만, 종교학 개념들이 한국종교를 설명하는 언어로 사용되었던 사정을 잘 보여준다.

그중에서 페티시즘에 관해 설명을 덧붙이도록 하겠다. 우리는 앞에서 선교사들이 전통적 상징물을 페티시라고 부르고 파괴의 대상으로 삼았음을 보았다. 그러나 소수이긴 하지만 한국종교를 이해하려는 목적에서 페티시즘 개념을 사용한 시도도 있었다. "한국 페티시에 대한 권위자"라고

---

15 Hulbert, *The Passing of Korea*, p.404.

불린 감리교 선교사 조지 히버 존스George Heber Jones의 시도가 그러했다.[16] 존스는 1895년의 글에서 "귀신은 페티시로 표상represent된다"라고 언급하였으며,[17] 1901년의 글에서는 본격적으로 페티시즘을 한국 민간 신앙의 특성으로 꼽았다.

> [무속의] 영적 존재 대부분은 눈에 보이는 물질적 대상, 즉 페티시fetich를 통해 표상되는데, 이 때문에 페티시즘fetichism이 한국 무속의 중요한 특성이 된다. 페티시는 무엇이 되었든 특별한 신성성sanctity이 부여되어 한국인의 숭배 대상이 된다. 귀신과 페티시는 숭배자의 마음속에서 동일화되어서 무엇이 더 우선성을 갖는지 분간하기 힘들 정도이다. 그러나 페티시가 아무리 세월을 통해 타락하고 오염되었다 하더라도, 그것은 여전히 성스러우며, 한국인에겐 페티시를 보면 해를 받는다는 두려움이 있다.[18]

존스는 어떤 대상이든 페티시로 선택될 수 있다는, 상징과 상징물 간의 자의적 관계를 지적하였다. 또 그 상징의 힘은 매우 강력해서 신자의 내면에서 상징 대상과 거의 동일시되며, 이를 통해 그 성스러움이 보존되고 있음을 말한다. 그는 페티시즘을 비판의 대상으로 삼지 않았고, 이 대상에 대한 한국인의 두려움을 들추어내려 하지도 않았다. 헐버트도 존스를 따

---

16 Ibid., p.412.

17 Anonymous[attributed to George Heber Jones], "Obstacles Encountered by Korean Christians", *The Korean Repository* 2-4, April, 1895, p.147.

18 George Heber Jones, "The Spirit Worship of the Koreans", *Transactions of the Korean Branch of the Royal Asiatic Society* 2, 1901, p.41. 존스는 1907년 글에서도 페티시즘을 비슷한 용법으로 사용하였다. George Heber Jones, *Korea : The Land, People, and Customs*, New York : Eaton & Mains, 1907, p.49.

라 이 용어를 자주 사용하였다. 그는 한국의 고유 전통을 페티시즘이라고 지칭하였으며,[19] 무속뿐만 아니라 유교에도 이 용어를 적용하여 위패에 제사를 지내는 것을 "조상에 대한 페티시즘"이라고 부르기도 했다.[20]

뒤에서 보게 되듯이 존스는 기본적으로 타일러의 애니미즘을 받아들여 한국 무속을 종교로서 서술하는 태도를 보인다. 타일러가 과거 이론인 페티시즘을 애니미즘 이론에 포함된 한 요소로 설명하였듯이, 존스도 페티시즘을 애니미즘 이론에 속한 것으로 이해했다. 즉 그는 페티시즘을 단순히 무속과 동일시한 것이 아니라 무속의 물질적 측면이라는 하나의 특성을 포착하는 개념으로 사용했다.

2. 악령 숭배에서 정령 숭배로

서양인들이 비서구세계 신앙과 접촉하고 묘사할 때 중심적인 역할을 한 범주 중 하나가 우리말로 귀신이라고 번역될 수 있는 '데몬demon'이다. 대항해시대의 개막을 상징하는 마젤란Ferdinand Magellan의 항해 기록에서도 타자의 신앙대상을 데몬이라고 지칭하였다. 마젤란 일행은 태평양을 횡단하기 전에 남아메리카 남쪽 지역 파타고니아Patagonia에 잠시 머물렀는데, 거기서 만난 사람에 관해 다음과 같이 기록하였다.[21]

---

19 Homer B. Hulbert, "Korean Survivals", *Transactions of the Korean Branch of the Royal Asiatic Society* 1, 1900, p.35.

20 Hulbert, *The Passing of Korea*, p.404.

21 마젤란 일행이 만난 원주민은 '거인처럼 키가 큰 남자'였다고 한다. 마젤란은 이들을 '거인'이라는 뜻을 가진 '파타곤(patagon)'이라는 이름으로 불렀고, 이 지역을 '거인들의 땅'인 '파타고니아(Patagonia)'라고 불렀다.

신에 대한 그들의 생각은 매우 기초적이다. 아마도 잡신을 믿는 정도에 그치지 않나, 하는 생각이다. 선원들이 알아들은 바에 의하면, 누가 죽으면 열이나 열둘 가량의 귀신[데몬]이 노래를 부르고 춤을 추며 나타난다고 한다. 귀신들 가운데 가장 몸집이 큰 귀신이 춤을 주도한다. 이 귀신들을 그들은 세테보 또는 케레울레라 부르는데, 땅 위에 사는 자기들처럼 얼굴에 칠을 한 채 나타난다고 한다.[22]

여기서 '선원들이 알아들은 바'는 어떻게 생성되었을까? 마젤란 일행은 원주민 하나를 사로잡아 손짓, 발짓으로 주변 사물들을 가리키게 하며 어휘목록을 작성하였다.[23] 어휘 대부분은 신체 부위, 동물, 자연물, 물건, 행위에 관한 것이었는데, 공교롭게도 어휘집 제일 앞에 실린 단어가 '세테보 Setebo＝Demonio mayor＝큰 귀신'와 '케레울레Queleule＝Demonio menor＝작은 귀신'였다.[24] 기초적인 의사전달만 가능했던 상황에서 어떻게 원주민의 종교적 개념까지 번역될 수 있었을까? 마젤란 일행에게 데몬demonio은 신체부위나 주변 사물들만큼이나 자명한 대상이었기에, 원주민들의 영적인 존재라고 생각되는 것에 그 개념을 사용했다. 이것은 서양인들이 타자의 신앙을 이해하는 과정에서 자신의 머릿속에 있는 것을 그대로 뒤집어씌웠음을 보여주는 상징적인 에피소드이다. 그런데 여기서 '데몬'은 기독교 신앙을 통해 물리쳐야 할 대상이라는 부정적인 의미가 강하지만, 다른 한편

---

22 안토니오 피카페타, 박종욱 역, 『최초의 세계 일주』, 바움, 2004, 89쪽. 이 인용문에서 귀신이라고 번역된 단어는 스페인어 'demonio'이다.
23 위의 책, 102~104쪽. 배에 동승했던 원주민은 얼마 지나지 않아 '세테보'가 몸 안으로 들어갈 것 같다고 말하더니 죽었다고 한다.
24 위의 책, 104~107쪽.

으로는 영적인 존재를 지칭하는 중립적인 용법의 여지도 있는 단어였다.

한국에 온 서양인 역시 귀신을 만났고 그것을 데몬이라고 불렀다. 그리고 데몬의 두 의미가 그들의 이해 과정에서도 교차해서 나타났다. 우리는 그들이 귀신을 어떠한 언어로 이해하고 번역하였는지를 구체적으로 알아보고자 한다.

1) 한국의 데몬 숭배

우리는 3장에서 서양 관찰자들의 '종교 없음' 논의를 여럿 보았는데, 사실 이들은 대부분 완결적이지 못한 논의였다. 한편으로는 번듯한 종교 건물의 부재를 통해 종교가 없다고 선언했지만, 다른 한편으로는 민간 신앙, 바로 '데몬'에 대한 신앙이 있었음을 인정했기 때문이다. 그래서 종교가 없다고 하면서도 '종교성이 있다'라거나 '미신이 존재한다'라는 식의 언급이 뒤따라 나오곤 했다. 그들의 글에는 종교 없음과 데몬 있음이라는 두 서술이 빚는 긴장이 존재했으며, 이는 그들의 종교 개념의 불충분성을 보여주는 것이기도 하다.

앞서 우리가 살펴본 바 있는 퍼시벌 로웰은 한국에 종교가 존재하지 않는다고 주장하고 그 이유를 찾는 데 골몰했지만, 역설적으로 이후 관찰자들이 종교를 인식한 기반이 되었던 민간 신앙에 대해서 상세히 언급한 선구적인 관찰자이기도 했다. 그는 '데몬 숭배the Demon worship'라는 장章을 따로 두어 귀신에 관한 내용을 서술하였는데, 그의 책에서 '종교의 부재'라는 장에 뒤이어 '데몬 숭배'라는 장이 놓인 것은 그의 종교 개념의 불완전성이 일으키는 긴장을 암시한다.[25] 그는 어느 대목에서 "종교라고 불릴 만큼 충분히 이성적이고 순수한 믿음"이라는 언급을 하는데, 이는 그가

'합리적인 믿음'을 종교로 보고 있음을 보여준다. 그렇다면 '비합리적인 믿음'이 미신이 될 것이다. 종교는 유類개념으로 사용되지 않았으며, 종교와 미신을 포괄하는 상위 범주로서 '믿음'이 존재한다. 그는 한국인에게 믿음, 즉 "한국인들이 보고 들을 수 있는 것 너머의 무언가를 향해 손을 뻗치는 그 무엇, 즉 초자연적인 것을 향한 보편적인 갈망"이 존재한다는 것을 인정하였다.[26] 그는 바로 이 믿음의 영역에서 한국의 귀신evil spirit에 주목했고, '데몬 숭배'를 상술하였다. 종교를 넓게 정의하는 현재 학계의 입장에서 보면 로웰이 말하는 믿음이 종교에 해당하는 말이며, '초자연적인 것을 향한 보편적인 갈망'은 사실상 종교의 정의에 해당한다고 할 수 있다. 이런 측면에서 그가 상술한 '데몬 숭배'는 종교 개념의 불충분성에도 불구하고 앞으로 종교로 확장될 수 있는 재료를 제공하는 것이기도 하다.

1891년에 조지 허버 존스가 한국을 '종교가 없는 나라'라고 지칭한 글을 썼을 때,[27] 그는 '미신'이라는 항목 아래 민간 신앙에 관해 서술하였다. 다만 그는 '미신'의 일반적인 쓰임새를 거부한다는 점을 명확하게 밝히면서 글을 시작한다.

> 이것[미신]은 분명 경멸적인 용어가 아니라 체계화된 숭배 바깥에 존재하는 전통적인 신앙의 방대한 총체를 지칭하는 용어이다 (···중략···) '미신'은 엄청난 수의 신들, 데몬들, 반半신들, 그리고 수세기에 걸친 자연 숭배의 유산으로 이루어져 있다. 뒤틀리고 얼룩진 상상력에 의해 하늘, 땅, 바다가 초자연

---

25 Lowell, *Chosön, the Land of the Morning Calm*, chap.20.
26 Ibid., p.194.
27 이 책의 3장 2절을 참조할 것.

적인 존재로 가득 차게 되었다. 이들은 만물에 편재하는 다양성을 지니고 있고 선이나 악을 위한 그들의 힘은 예배를 요구한다.[28]

그가 종교 영역 바깥에서 '전통적인 신앙의 방대한 총체'를 언급하였다는 데서, 종교 개념의 확장을 요청하는 인식론적 긴장이 감지된다. 그는 이 신앙을 '데몬 숭배demonlatry'라고 불렀다.

인식론적 긴장은 대니얼 기퍼드Daniel L. Gifford, 1861~1900의 글에서도 나타난다. 기퍼드는 1888년 북장로교 선교사로 내한하여 1900년에 갑자기 사망할 때까지 선교활동을 하였는데, 그가 1898년에 출판한 단행본『한국의 일상Every-Day Life in Korea』은 선교사의 중요한 초기 저술로서 꼽힌다. 그는 1892년에 민간 신앙에 대해 서술하면서 "나는 귀신 숭배kwisin worship가 한국의 종교라고 기꺼이 말할 수 있다"라고까지 언급한 바 있다. 한국의 '종교'를 인정한 그의 의견은 '종교 없음' 공론이 지배적인 당시 분위기에서 돌출적인 것이었다. 동료 선교사의 일반적인 의견을 따르기 위해서였는지, 이 글이 1898년에 단행본에 수록되어 출판될 때 이 문장은 삭제되었다.[29] 우리는 이 문장이 삭제된 이유는 알 수 없지만, 민간 신앙의 존재가 한국에 종교가 있다는 인식을 향한 주요한 통로였음을 확인할 수 있다.

그 외에도 민간 신앙을 지칭하는 용어는 관찰자마다 다양하게 나타난다.

---

28 Jones, "The Religious Development of Korea", p.415. 또한 1895년에 존스는 한국의 '미신'에 대해 말해달라는 한 편집자의 요구에 대하여 한국의 '금기(taboo)'에 대한 글을 보내줌으로써 미신이라는 용어를 거부하는 태도를 보여주었다. George Heber Jones, "Corean Custom of Taboo", in Christopher Thomas Gardner(ed.), *Corea*, Brisbane : Australasian Association, The Advancement of Science, 1895, pp.28~29.
29 Gifford, "Ancestral Worship as Practiced in Korea", p.170; Gifford, *Every-Day Life in Korea*, p.90.

〈그림 8〉 하디의 글에 사용된 도판(1897). "Korean Demon Worshippers"

〈표 1〉 주요 저자들이 민간 신앙을 지칭한 개념의 변화 추이

데몬 숭배	로웰 (1886)	demon worship
	존스 (1891)	demonlatry
	록힐 (1891)	demonology
	길모어 (1892)	demonology
	존스 (1892)	demon worship
	언더우드 (1893)	demonism
	밀른 (1895)	demon worship
	하디 (1897)	kwesin yaba, demonolatry
	비숍 (1897)	daemonism
정령 숭배	존스 (1895)	spirit worship
	기퍼드 (1898)	spiritism
	존스 (1901)	spirit worship
	헐버트 (1906)	spirit-worship
	무스 (1911)	spirit worship

1886년부터 1889년까지 육영공원에서 교사로 근무했던 길모어George William Gilmore는 미국에 돌아간 후 1892년에 출판한 책에서 한국 민간 신앙을 '데몬 숭배demonology'라고 불렀다. 1890년부터 캐나다 YMCA 선교사로

입국해 부산과 원산에서 활동하고 1898년부터는 남감리회 선교사로 활동했던 하디Robert Hardie는 1897년에 기고한 글에서 한국 민간 신앙을 '귀신 예배kwesin yaba'라고 음역音譯하여 현지어 표현을 소개한 후 영어로는 '데몬 숭배demonolatry'라고 표현하였다.[30] 초기의 주요 서양 관찰자들이 한국의 민간 신앙을 어떻게 개념화했는지를 도표로 정리하면 〈표1〉과 같다. 용어 사용의 문제를 일률적으로 정리할 수는 없지만, 우리는 여기서 언어 변화의 흐름을 감지할 수 있다. 1890년대에는 한국의 민간 신앙을 '데몬'을 중심으로 하는 체계로 개념화하려는 경향이 강했다면 1900년경부터는 '스피릿'을 중심으로 하는 체계로 개념화하는 경향이 강해졌다는 것이다. 우리는 선교사들의 개념 사용에 데몬 숭배로부터 정령 숭배로의 전환이 있었다고 정리할 수 있다. 데몬 숭배는 '미신'으로서의 인식, 정령 숭배는 '종교'로서의 인식을 보여준다고 결론을 내리는 것은 지나친 단순화일 것이다. 뒤에서 보게 되듯이 이 말에는 여러 종교적, 이론적 의미가 담겨있기 때문이다. 그럼에도 데몬 숭배로부터 정령 숭배로의 전환이 미신으로부터 종교로의 전환과 병행하여 이루어진 측면이 있으며, 두 변환은 결코 무관한 것이 아니라는 점을 앞으로의 분석을 통해 보이고자 한다.

2) 귀신 번역의 성서적 배경

데몬 숭배로부터 정령 숭배로의 변환을 제대로 설명하기 위해서는 선교사들이 도대체 한국의 '귀신'을 어떻게 개념화했는지, 기독교 전통에서 대응하는 개념은 무엇이었는지를 살필 필요가 있다. 선교사들이 처음에

---

30 Gilmore, *Korea from Its Capital*, p.198; R. A. Hardie, "Religion in Korea", *The Missionary Reviews of the World* 10-12, Dec., 1897, p.929.

한국의 귀신을 이해한 것은 성서의 귀신 개념을 통해서였다. 성서는 선교사들의 언어 세계를 구성했던 텍스트로 타종교를 인식하는 준거였다.

적지 않은 선교사가 한국의 귀신 신앙과 성경 내의 서술의 유사성을 인식했다는 점은 중요하다. 선교사 게일은 한국인의 종교가 귀신 신앙이라고 보았던 인물인데, 그 귀신 신앙이 신약성경에 나오는 귀신과 같은 것이라고 주장했다.

> 귀신은 중국과 한국 신약성서에서 데몬demon의 번역어이다. 한국인들 자신은 그들의 숭배가 모두 하나의 기원을 가진 것이고, 「고린도전서」 10장 20절에 딱 부합하는 것이라고 주장한다. "이방 사람들이 바치는 제물은 귀신에게 바치는 것이지, 하느님께 바치는 것이 아닙니다But I say, that the things which the Gentiles sacrifice, they sacrifice to demons, and not to God."[31]

당시 한국의 신앙을 예수 활동 시기의 신앙과 동일시한 게일의 시각은 적지 않은 한국 개신교인들의 성서 이해와도 통하는 것으로, 별도로 논의할 필요가 있을 것이다. 여기서는 다만 그가 귀신을 표현하기 위해 '데몬'을 언급하였다는 데 주목해보자. 위의 인용 구절은 당시 선교사들이 통상적으로 사용한 킹제임스 판King James Version, KJV에서는 '데빌devil'인데,[32] 게일은 이를 따르지 않고 '데몬'을 사용하였다. 아마 킹제임스 판을 부분적으로 수정한 웹스터 성경을 사용하였을 것이다.[33] 게일은 타자의 영적

---

31 Gale, *Korean Sketches*, pp.217~218.
32 하디 역시 1897년의 글에서 한국의 귀신 신앙을 언급하며 「고린도전서」 10장 20절을 인용한 바 있다. 하디의 성서 인용에서는 킹제임스 판을 따라 '데빌'이 사용된다(Hardie, "Religion in Korea", p.929).

인 존재를 악마화하지 않기 위해 데빌 대신 중립적인 용어 데몬을 선택하였다.

기독교 전통에서 귀신을 악한 존재로 보는 이해는 신약성서 용어와 관련이 있다. 신약성서, 특히 복음서에서 귀신은 예수의 권능에 의해 쫓겨나는 적대적인 대상으로 등장한다. 이 귀신을 일컫는 용어는 두 계열로 나누어지는데, 하나는 다이몬δαίμων이고 다른 하나는 프뉴마πνεῦμα이다. 가장 많이 사용되는 것은 다이몬으로,[34] 다이몬이라는 형태 그대로 나타날 때도 있지만,[35] 대부분의 경우에는 '다이모니온δαιμόνιον'이라는 형태로 나타난다. 다이모니온은 라틴어 불가타 성서에서 '데모니아daemonia'로 번역되었고, 영어 킹제임스 판에서는 '데빌devil'로 번역되었다. 현대 영어 성경에서는 대부분

---

33 웹스터 성경은 1833년에 저명한 사전편찬자 웹스터(Noah Webster)가 킹제임스 판에서 몇몇 단어들을 수정하여 편찬한 성경이다. 서문에서 편찬자는 킹제임스 판의 단어 중 몇몇이 언어 현실과 맞지 않는 부분이 있다고 지적하였는데, 특히 데몬에 관해 다음과 같이 지적하였다. "데몬: 성경[킹제임스 판을 말함]에서 그리스어 다이몬은 데빌로 옮겨져 있다. 그러나 데빌과 데몬은 다른 존재로 여겨지기 때문에 이 번역은 매우 적절하지 않다. 나는 신약 주석자들을 따라서 그리스어 다이몬이 나온 곳에서 모두 데몬으로 바꾸어 넣었다. 어느 번역자라도 데빌이라는 단어를 사용해서 원본에서 그렇게 벗어나는 것에 대해 정당화할 수 없으리라 생각한다. 데빌의 원어는 절대 복수가 아니며, 성경에서 언급되는 데빌은 단 하나이다."(Noah Webster(ed.), *The Holy Bible, Containing the Old and New Testaments, in the Common Version. With Amendments of the Language*, New Haven: Durrie and Peck, 1833, introduction)

34 고대 그리스에서 다이몬은 신과 인간의 중간에 위치한 존재로 규정되었다. 예를 들어 『향연』에서 무녀 디오티마는 "정령(daimon)이라 할 수 있는 모든 것들은 신과 가사적 존재의 중간자"라고 규정한 후 다음과 같이 설명한다. "정령들은 신들에게는 인간들이 전하는 기도와 번제물들을, 그리고 인간들에게는 신들이 전하는 그들의 뜻과 번제에 대한 답례의 선물들을 해석해주고 전달해줌으로써, 신과 인간의 중간에 존재하면서 그 빈틈을 채워주고 이 우주 전체를 그 자체에 결합시켜주는 능력을 지닌 존재라 할 수 있지요. (…중략…) 사실 신은 인간들과 섞이지 않는 법인데, 이 정령들 덕분에 신들과 인간들 사이에 일어나는 모든 교제와 대화가 가능하게 되었지요." 플라톤, 박희영 역, 『향연─사랑에 관하여』, 문학과지성사, 2003, 118~119쪽.

35 「마태복음」 8:31; 「마가복음」 5:12; 「누가복음」 8:29.

'데몬'으로 통용되고 있다. 한글 성경의 경우 이 단어는 로스의 번역, 개역성경, 그리고 오늘날의 새번역까지 모두 '귀신'으로 옮겨졌다. 이 계열의 다른 형태로는 '귀신 들린'이라는 뜻의 '다이모니조마이δαιμονίζομαι'가 있다.[36] 이 단어는 킹제임스 판에서 'possessed with devils'라고 번역되는데, 현대 영문 성경에서는 데빌을 데몬으로 바꾸어 대체로 'demon-possessed'로 옮겨진다. 로스의 번역에서는 '귀신 븟튼(든) 쟈'로 옮겼고 개역성경에서는 '귀신 들린 자'로 옮겼다.[37]

　신약에서 귀신을 일컫는 용어는 다이몬만 있는 것이 아니다. 귀신을 일컫는 '프뉴마πνεῦμα'는 단독으로 나오기보다는,[38] 주로 수식된 형태인 '프뉴마 아카타르톤πνεῦμα ἀκάθαρτον'라는 형태로 사용된다. 이 표현은 불가타 성서에서는 'spiritus immundus'로, 킹제임스 판에서는 'unclean(혹은 foul) spirit'으로 번역되었다.[39] 로스의 번역과 개역성경에서는 '더러운 귀신'으로 옮겼으며, 새번역에서는 다소 의역해서 '악한 귀신'으로 옮겼다. 이보다는 적게 나타나지만 거의 동일한 의미로 사용되는 표현으로 '프뉴마 포네론πνεῦμα πονηρόν'이 있다.[40] 이 표현은 불가타 성서에서 'spiritibus malis'로, 킹제임스 판에서 'evil spirit'으로 번역되었다. 로스의 번역과 개역성경에서는 '악귀'로 옮겼고, 새번역에서는 '악령'으로 옮겼다. 이상의 표현들을 복음서 저자들이 사용한 경향을 정리해보면, 마태는 '다이모니온'을

36　「마태복음」 4:24 · 8:16 · 8:28 · 8:33 · 9:32 · 12:22 · 15:22; 「마가복음」 1:32 · 5:15 · 5:16 · 5:18; 「누가복음」 8:36.

37　다음 연구에는 역대 한글 성경에서 '귀신'이 어떻게 번역되었는지 잘 정리되어 있다. 옥성득, 『새로 쓰는 초대 한국 교회사』, 461~466쪽.

38　다음 구절에서만 단독으로 사용되었다. 「마태복음」 8:16; 「누가복음」 9:39 · 10:20.

39　이 용례를 따라 'evil spirit' 대신에 'foul spirit'이라는 표현을 사용한 선교사로는 아펜젤러가 있다. Appenzeller, *The Korea Mission of the Methodist Episcopal Church*, p.14.

40　「마태복음」 12:45; 「누가복음」 7:21 · 8:2 · 11:26.

선호하였고, 마가는 '프뉴마 아카타르톤'과 '다이모니온' 두 표현 모두 자주 사용하였으며, 누가는 더 다양한 용어를 사용하였다고 할 수 있다.[41]

〈표 2〉 귀신을 일컫는 성서 용어 번역

	그리스어	불가타	KJV	RSV	한국어 번역
다이몬 계열	δαιμόνιον	daemonia	devil	demon	귀신
프뉴마 계열	πνεῦμα ἀκάθαρτον	spiritus immundus	unclean (foul) spirit	unclean spirit	더러운 귀신/ 악한 귀신
	πνεῦμα πονηρόν	spiritibus malis	evil spirit	evil spirit	악귀/악령

선교사들의 어휘 사용에 절대적인 기준이 되었던 성경의 용어를 정리함으로써, 우리는 그들이 한국의 귀신을 '번역'할 때의 상황을 이해하는 단서들을 얻게 되었는데, 정리해보면 다음과 같다. 첫째, 신약에 등장하는 귀신은 한국의 귀신을 이해하는 데 중요한 전거였다. 특히 「고린도전서」 10장 21절에서 바울은 복음서에서 예수의 축귀 대상으로 등장했던 '데몬'을 이방인의 신앙대상을 가리키는 데 사용하였는데, 이 구절은 성서의 귀신과 한국의 귀신을 동일시하는 비교행위의 준거점으로 사용되었다. 둘째, 귀신을 일컫는 신약의 용어는 다이몬과 프뉴마, 혹은 데몬과 스피릿 둘이 존재하였다. 선교사들에게 귀신에 대응하는 제일감의 단어는 데몬이었지만 스피릿 역시 가능한 대안으로 존재했다. 셋째, 킹제임스 판에서 다이몬이 '데빌'로 번역되었기 때문에 적지 않은 의미상의 혼선이 일어났다. 중립적인 개념이었던 다이몬이 영어 번역을 통해 악마화되었기 때문에 서양인들은 이 개념에 대한 편견에서 벗어나기가 쉽지 않았다. '데빌'

---

41 David George Reese, "Demons : New Testament", in David Noel Freedman(ed.), *The Anchor Bible Dictionary*, New York : Doubleday, 1992, vol.2, p.140.

대신에 다이몬의 음역인 '데몬'을 사용하는 것이 그나마 할 수 있는 교정이었지만, '데몬' 역시 '데빌'과 겹쳐지면서 중립적인 의미를 회복할 수 없었다. 타일러가 지적하고 비숍이나 존스가 우려한 대로, 데몬 개념을 중립적인 개념으로 사용하고자 하는 저자도 독자들의 기독교적인 편견을 피하기는 어려웠다. 넷째, 이런 상황을 염두에 둘 때 '스피릿'은 유력한 대안이 될 수 있었다. 성서 용법에서 '데몬'의 동의어는 '악한더러운 스피릿'이었다. 악하다는 수식이 붙어서야 데몬(혹은 데빌)을 의미했기 때문에 스피릿 자체로는 중립적인 의미를 가진다는 것이 성서 용법상으로도 확연했다. 다의어이기 때문에 생기는 난점이 없지 않음에도 불구하고, 스피릿이라는 영어 단어는 악한 의미로 오염된 '데몬'을 대체할 수 있다는 장점을 가진 용어였다. 앞의 논의에서 우리는 19세기 말 심령술의 유행과 타일러의 애니미즘 이론을 통해 '스피릿'이 새로운 범주로서 등장하고 있었음을 말한 바 있다. 그러나 '스피릿'이 무리없이 수용된 기본적인 배경은 학문적 유행보다는 기독교 전통에서 준비되어 있었던 단어였기 때문일 것이다. 선교사들로서는 성경에서 귀신을 일컫는 데 사용된 악령evil spirit에서 '악한'이라는 수식을 제거하는 것만으로도 당시 종교학의 유행 개념인 정령spirit을 수용할 준비를 할 수 있었다.

3) 악령, 데몬, 정령, 귀신

정령스피릿은 타일러의 종교 이론에서 보편적 종교현상을 정의하기 위해 사용한 개념이면서, 성서적 근거를 가진 개념이기도 하다. 1880년대부터 1910년까지 서양 관찰자들의 문헌에서 한국의 귀신을 가리키는 표현을 정리해보면, 처음에는 성서적 명칭과 데빌을 사용했다가, 차차 더 중립적

〈표 3〉 서양 관찰자들의 주요 저술에서 귀신을 나타내는 용어들(여러 용어를 사용한 경우에는 복수로 표시하였음)

연도	devil	evil spirit	demon (성서적)	demon (중립적)	spirit
1886		로웰	로웰		
1891	록힐	록힐			존스
1892	기퍼드		기퍼드		길모어
1895		밀른	밀른	존스	존스 랜디스
1897		하디 노블부인	하디	비숍	
1898			게일 기퍼드		
1900					게일 힐버트
1901			번하이슬		존스 힐버트
1904			언더우드부인		
1905		무스부인 아펜젤러			아펜젤러
1906				노블	힐버트
1907					존스
1908					언더우드
1909				게일	게일
1910					언더우드
1911					무스

인 용어 데몬으로, 그리고 정령으로 용례가 증가하는 양상을 보인다〈표 3〉. 선교사의 언어에는 전통적 언어와 새로운 학술용어가 혼재되어 있지만, 전반적인 추세는 1900년대에 이르면 귀신을 'spirit'으로 표현하는 경향이 확대되는 것이다. 그렇다면 데몬과 정령 개념을 활용한 주요 문헌을 살피도록 하겠다.

초기 문헌 중에서 정령 개념이 사용된 예로는, 선교 개시 이전에 저술된 그리피스의 책에서 귀신을 'spirit'으로 표현한 사례가 있다.[42] 그리피스는 당시의 학술적인 언어를 반영해서 저술했던 것으로 보인다. 그러나 한국에 입국한 서양인 관찰자들은 성서적 용어를 통해 한국의 귀신을 서술하였다. 내한한 관찰자 중에서 한국의 귀신을 'evil spirit', 'devil', 'demon'이 아니라 'spirit'으로 번역한 사례는 1892년 기퍼드의 저술에서 처음으로 찾아볼 수 있다. 그의 글에서 귀신kwisin에 대한 주된 번역어는 악령devil이었고 귀신을 공포의 대상으로 보는 선교사의 전형적인 인식이 주를 이룬다.[43] 하지만 "귀신spirit을 공경하되 멀리하라[敬而遠之]"는 공자의 말을 영어로 번역할 때는 'spirit'이라는 표현을 사용하기도 하였다.[44]

본격적으로 귀신을 정령spirit으로 번역하였던 선교사로 주목해야 할 인물로는 뒤에서 상세히 다룰 성공회 선교사 랜디스Eli B. Landis, 1865~1898가 있다. 그는 1895년에 굿의 현장을 기록한 글에서 무당에 의해 모셔지는 신령들을 '정령spirit'으로 표기하였다.[45] 그는 굿의 대상이 되는 신령들 36개의 목록을 제시하였고, 그들을 '상위 신령spirits high in rank', '집안의 신

---

42 Griffis, *Corea : The Hermit Nation*, pp.326~328; Griffis, *Corea, Without and Within*, pp.161~171.
43 특히 1898년 책 『한국의 일상』의 제8장은 "데몬의 공포(the fear of demons)"로, 여기서 한국인은 귀신의 공포에 짓눌려 살아가는 사람들로, 무당은 그 공포를 이용해 살아가는 사람들로 묘사되었다. Gifford, *Every-Day Life in Korea*, pp.106~117. 이러한 기퍼드의 서술은 그가 속했던 학생자원운동의 선교 안내 책자의 한국 부분에 인용되어, 한국종교에 대한 부정적인 이미지를 확산하는 데 사용되기도 하였다. 다음을 볼 것. Harlan Page Beach, *A Geography and Atlas of Protestant Missions : Their Environment, Forces, Distribution, Methods, Problems, Results and Prospects at the Opening of the Twentieth Century*, New York : Student volunteer movement for foreign missions, 1901, pp.244~245.
44 Gifford, "Ancestral Worship as Practiced in Korea", p.170.
45 Landis, "Notes on the Exorcism of Spirits in Korea", pp.399~404. 랜디스는 유교 장례 절차에 대해 쓴 다음 글에서도 망자의 영을 'spirit'이라고 표현하였다. Landis, "Mourning and Burial Rites of Korea", pp.340~361.

령spirits of the house', '다양한 종류의 신령various kinds of spirits'으로 분류하였다.[46]

한편 귀신을 데몬이라고 번역하는 경우에는 앞에서 타일러가 지적했던 문제, 즉 데몬을 악마와 연결시켜 악신에 대한 숭배로 보려고 하는 기독교적인 경향이 결부된다는 문제가 있었다. 이 용어를 사용한 저자들의 의도는 다양했지만, 기독교와 관련된 독자들이 읽을 때 데몬은 악마라는 의미와 쉽게 연관이 되기 마련이었다. 특히 선교사의 저술의 경우, 귀신은 곧 악령이라는 신학적인 관점이 반영되기 마련이었다.[47] 하디가 귀신 신앙을 데몬 숭배demonolatry라고 한 후, '악령 숭배evil spiritism' 혹은 '악마 숭배devil-worship'와 동일시한 것이 그 예이다.[48]

의식적으로 성서적 용법에서 벗어나서 선악과 무관한 중립적인 개념으로 데몬 개념을 사용하고자 한 선교사는 바로 존스였다. 그는 1895년도의 글에서 한국의 정령이 "고대 그리스어 데몬demon에 깔린 관념에 상응하는 것"으로 "반드시 악하지는 않지만, 인간의 화복을 좌우한다"고 설명하였다. 그가 한국인의 종교를 정령 숭배로 기술하고자 한 시도에 대해서는 조금 후에 살펴도록 할 것이다. 이러한 존스의 의도를 공유한 다른 관찰자는 비숍 부인이었다. 비숍은 데몬이라는 용어를 사용하여 서술하면서도 용어가 잘못 이해될 위험을 경계하였다.[49] 앞서 타일러도 지적한 바

---

46 이사벨라 비숍은 이 목록을 한국 귀신의 분류라고 인용하였다. Isabella Bird Bishop, *Korea and Her Neighbours : A Narrative of Travel, with an Account of the Vicissitudes and Position of the Country*, New York : Fleming H. Revell Company, 1898, pp.421~422.
47 류대영, 「국내 발간 영문 잡지를 통해서 본 서구인의 한국종교 이해」, 151~152쪽.
48 Hardie, "Religion in Korea", pp.926·929. 하디가 데몬 숭배의 다른 표현으로 'evil spiritism'을 사용한 것은 성서의 'evil spirit'을 명사화시킨 표현이라고 볼 수 있다.
49 Bishop, *Korea and Her Neighbours*, pp.224·228.

있듯이, 데몬이 악마로 잘못 이해되는 경향을 의식한 것이었다. 비숍은 '데몬'이 부정적인 의미를 갖는다는 문제점을 인식하고 있었지만 이를 새로운 용어로 대체하는 데까지 이르지는 못했다. 그녀는 정령spirit이라는 용어도 간혹 사용했지만, 일반적으로는 데몬을 사용할 수밖에 없었다. 그녀가 '귀신'이라는 개념을 알파벳으로 음사하여 소개한 것은 그들이 데몬이라는 번역의 불완전함을 인식하였기 때문이었다.[50]

데몬을 중립적인 용어로 정립하려는 것은 성공하기 쉽지 않은 시도였다. 그래서 대안적인 용어로 사용되기 시작한 것 정령spirit이었다고 생각된다. 우리는 1900년 이후 데몬이 서서히 정령으로 대체되어가는 추이를 본 바 있는데, 이 변환은 당시 종교학, 인류학에서 논의되던 내용, 특히 애니미즘 이론이 선교사의 저술에 반영된 결과이기도 했다. 뒤에서는 비숍, 헐버트, 존스의 저술을 통해 이 변화의 내용을 알아보기로 하겠다. 그전에 잠시, 선교사 어휘에서 귀신 번역의 변화 양상을 사전 자료를 중심으로 확인하고자 한다.

4) 귀신의 번역어

선교사들이 한국의 귀신을 언어적으로 어떻게 이해하였는지는 그들이 편집한 영한사전, 한영사전을 통해 풍부하게 알 수 있다. 앞서 우리는 1880년대에 귀신이 데빌이나 데몬으로 지칭되던 것이 1890년대 들어 정령으로 지칭될 변화의 조짐이 보이고 1900년 가까이는 정령으로 정착되는 변화를 개괄하였는데, 이 변화는 당시 편찬된 영한사전들에서도 확인된다.[51]

---

50 Ibid., p.254. 그녀 외에도 기퍼드가 '귀신 숭배(kwisin worship, 1892)'를, 하디가 '귀신 예배(kwesin yaba, 1897)'를 음사하여 소개한 바 있다.

1890년에 언더우드가 편찬하고 게일이 보조적으로 참여한 최초의 『한영/영한사전*A Concise Dictionary of the Korean Language*』이 출판되었다. 여기서 귀신과 관련된 표제어의 내용은 다음과 같다.

한영사전

악귀惡鬼 An evil spirit, a demon

귀신鬼神 A demon, evil-spirit, a devil

신神 Spirit, the power or cause of being. the gods, a supernatural being

영한사전

God n. 신, 상제, 하ᄂ님, 천주, 성부

-of the kitchen 조왕신

-of the sea 하백

-of the privy 측신

-of the hills 산신

-of small pox 역신

Spirit n. 영혼, 마음, 심, 본성, 생명

---

51 영한사전이 편찬되기 전에 가톨릭 선교사들에 의해 불한/한불사전이 제작된 바 있다. 1868년 리델 신부가 한불사전을 집필하였고 1869년에 페롱 신부가 불한사전을 집필하였다. 리델의 한불사전은 1880년에 출판되었다. 이 사전에서 '귀신' 항목의 풀이는 다음과 같다. "귀신 : Génie; les dieux; les diables; démon; mauvais génies." 귀신을 신, 귀신, 악령 등으로 풀이하였다는 점에서 개신교 선교사의 영어 작업과 크게 다르지 않다. 다만 심령술에서 사용된 'esprit'는 등장하지 않는다. les missionnaires de Corée de la Société des missions étrangères de Paris, *Dictionnaire Coréen-Français*(한불자뎐), Yokohama : C. Lévy, 1880.

Evil- 귀신[52]

이 사전에서 귀신의 첫 풀이말은 '데몬'이고, 그다음으로 '악령evil-spirit'
과 '데빌'로 풀이되었다. 귀신이 주로 '데몬'으로 번역되었던 당시 상황을
반영한다. '스피릿'은 신神의 풀이말로 사용되고 있다. 한편 조왕신, 산신,
역신 등의 번역에 'god'이 사용된 것도 눈에 뜨인다. 그런데 1897년에 게
일이 편찬한『한영자전A Korean-English Dictionary』 초판에 실린 귀신 관련 내용
에는 의미심장한 변화가 보인다. 관련된 표제어들은 다음과 같다.

악귀惡鬼   An evil spirit; demon

귀신鬼神   Spirits; demons.

신神   A spirit; demons; gods-used by some Protestant sects

for "God"[53]

이 풀이에서 귀신의 제1대응어는 '스피릿'이고 '데몬'은 제2대응어이
다. '데빌'은 풀이말에서 사라졌다. 1890년 사전에는 귀신을 악한 정령
evil-spirit이라고 풀이했지만, 1897년에는 악귀惡鬼에만 'evil'이 사용되고

---

52 Horace Grant Underwood, *A Concise Dictionary of the Korean Language in two Parts :
Korean-English & English-Korean*(韓英字典), Yokohama : Kelly & Walsh, 1890.

53 James S. Gale, *A Korean-English Dictionary*(한영자뎐), Yokohama : Kelly & Walsh, 1897.
위의 표제어 외에도 관련된 내용을 더 보이면 다음과 같다.
요정(妖精) : Spirits; goblins; evil creatures
영(靈) : The soul; the spirit. See 신.
사귀(邪鬼) : Evil spirits; demons; corrupt object of worship. See 마귀.
신령하다(神靈) : To be spiritual; to be supernatural. See 영검하다.
잡신(雜神) : All sorts of evil spirits. See 잡귀.

귀신 자체에는 이 말이 사용되지 않았다. 귀신이 중립적인 개념으로 풀이된 것이다. 1890년의 사전과 1897년 사전의 변화는 한국의 귀신 숭배에 대한 이해가 악령 숭배에서 정령 숭배로 변화하고 있음을 암시한다.[54]

1914년에 존스가 편찬한 영한사전에서는 앞의 두 사전을 절충한 양상을 볼 수 있다. 존스는 대체로 귀신의 대응어로 'demon'을 제시하는 관례를 따랐으며 실질적인 번역어로는 'god'을 사용하였다. 'spirit'의 경우 다양한 용례 가운데 귀신의 의미가 포함되어 있다.

---

[54] 1897년 사전에서 확인할 수 있는 것은 귀신의 영어 번역으로 '스피릿'이 정착하였다는 점이다. 이 사전에는 역신(疫神), 가신(家神), 객신(客神), 무자귀신(無子鬼神), 별상(別星), 팔냥갑이, 손님마마, 뜬귀신(浮鬼) 등 귀신들의 명칭들이 풍부하게 수록되어 있는데, 이들의 영어 이름에는 '스피릿'이 사용되었다.

야차(夜叉) : A fierce spirit that takes on various forms and is said to devour man. Ogres; devils.
역신(疫神) : The Spirit of small-pox.
오방신장(五方神將) : The guardian spirits of the five cardinal points.
황건역사(黃巾力士) : The chief of spirits as invoked by exorcists. See 신장.
가신(家神) : The guardian spirits of the house.
객신(客神) : Other spirits or demons-entering one already possessed.
급살(急殺) : The name of a malignant spirit that strikes people dead suddenly-sudden death.
귀졸(鬼卒) : Demon attendants; lesser spirits. Opp. 귀왕.
마졸(魔卒) : Demon soldiers-of spirit land. Opps. 마왕.
몽혼(夢魂) : dream spirits; dreams. See. 몽사.
무자귀신(無子鬼神) : A childless spirit demon-of one who has had no heir.
별상(別星) : The spirit of smallpox. See. 마마.
팔냥갑이 : A spirit that moves about mysteriously. A kind of bird. A toy windmill.
삼신제왕(三神帝王) : The spirit that presides over conception-childbirth.
사직(社稷) : The spirits of land and grain. One's country.
신명(神明) : The guardian spirits.
손님마마 : The spirit of smallpox-as a guest. See. 호구별성.
대빈(大賓) : The great guest-the spirit of smallpox. See. 마마.
뜬귀신(浮鬼) : A wandering spirits. See. 객귀.
태주 : The spirit of a girl that has died of smallpox.
터주(土主) : The tutelary spirit of house site.
총토(冢土) : The spirits of heaven and the products of the earth.(B. O.) See. 사직.

Demon	n. 악귀惡鬼 : 귀신鬼神
Devil	n. 마귀魔鬼 : 악귀惡鬼
God	n. 하ᄂᆞ님神 : 텬쥬天主 : 샹뎨上帝 : (the Supreme Being) 대 쥬재大主宰 : (gods in inferior sense) 신神[55]
Spirit	n. 령혼靈魂 : 혼魂 : 생령生靈 : (incorporeal part of man, according to Confucianism) 혼백魂魄 : (intelligent being not connected with the body) 신령神靈 : 신神 : (heavenly being) 텬신天神 : (evil) 악귀惡鬼 : (elf,) 요귀妖鬼 : 괴물怪物 : 요물妖物 : (masterfulness) 긔셰氣勢 : 호긔豪氣 : 용긔勇氣 : (energy) 원긔元氣 : (inward intent) 진의眞意 : 신슈神髓 : 정신精神 : (alchohol) 정쥬精酒 : 쥬졍酒精[56]

한편 게일의 한영사전에서는 귀신을 스피릿으로 번역하는 기조가 유지되었다. 게일은 1931년에 『영한대자전』 제3판을 발행하였는데,[57] 귀신에

---

55 'God'의 뜻풀이 뒤에 다음과 같은 해설이 붙어있다. 언더우드의 사전과 마찬가지로 귀신의 실질적인 번역어로 'god'을 사용하였음을 볼 수 있다. There are innumerable local deities in Korea, as : 삼신(三神) -of birth. 조왕(竈王) -of the kitchen. 업쥬(業主) -of luck. 걸닙(土神) Messenger of the local -s. 셩쥬(城主) -of the house. 터쥬(家臣) -of the site. 산신(山神) -of the mountain. Also (山神靈). 룡신(龍神) The dragon -. 슈신(水神) Water -s. 화신(火神) Fire -s. 풍신(風神) Wind -s. 셩황신(城隍神) Tutelary -s. 관셩뎨군(關聖帝君) -of war, also 관운쟝(關雲長) and 관뎨(關帝).

56 George Heber Jones, *An English-Korean Dictionary (英韓字典)*, Tokyo : Kyo Bun Kwan, 1914. 이 사전에는 애니미즘과 심령술도 수록되어 있다. '애니미즘'이라는 표제어에 대한 한국어 풀이로 활존론(活存論)과 귀신론(鬼神論)이 제시되었다. 심령술의 풀이는 다음과 같다. "Spiritualism n. 유령론(唯靈論) : 회신주의(懷神主義) : 려신사(麗神事) : 유신론(唯神論)."

57 James S. Gale, *The Unabridged Korean-English Dictionary*(韓英大字典), 3rd ed., Seoul : 朝鮮耶蘇敎書會, 1931.

대한 풀이는 그대로 유지되었다. 이전 사전들보다 방대한 어휘를 수록하였고 종교 관련 어휘도 풍부해졌지만,[58] 악귀, 귀신, 신 등 우리가 지금 주목하고 있는 어휘들의 내용은 바뀌지 않았다. 다만 신령神靈이 '스피릿'으로 풀이되어 있는 정도가 수정되었다.[59] 이 사전에서 보이는 변화는 주로 새로운 어휘들의 유입인데, 종교에 관련해서 추상어나 번역어들이 많이 도입되었다.[60]

---

58 이전 사전들과 비교해보면, 언더우드 사전(1890)이 8,400개, 게일 사전 초판(1897)이 35,000개, 게일 사전 2판(1911)이 50,000개, 그리고 지금 다루는 게일 사전 3판(1931)이 82,000개의 어휘를 수록한다.

59 초판에서 신령(神靈)은 산신령의 줄임말로 인식되어 "Spirits of the hills; mountain spirits"이라고 풀이되었다.

60 '신화'와 '신비주의'와 같은 주요 종교용어들이 사용되기 시작한 것이 눈에 띈다.
신비(神秘) : Mystery / 신비론자(神秘論者) : Mystics / 신비설(神秘說) : Mysticism / 신비하다(神秘) : To be mysterious / 신화(神話) : Mythology / 신화설(神話說) : Mystical theory / 귀신론(鬼神論) : Mythology / 신성하다(神聖) : To be sacred; to be holy.
이 중에서 애니미즘이 '영혼설'이라는 이름으로 당시 한국에서 유통되고 있음을 확인할 수 있으며, 애니미즘 이론 형성 시 배경 중 하나였던 심령술과 관련된 어휘들이 수입된 것도 중요한 사항이다. 관련 내용은 다음과 같다.
영교술(靈交術) : Telepathic communication with those distant from one or the dead / 영적존재(靈的存在) : Spiritual existence / 영혼론(靈魂論) : Pneumatology / 영혼윤회(靈魂輪廻) : The transmigration of the soul / 영혼불멸설(靈魂不滅說) : The doctrine of the immortality of soul / 영혼설(靈魂說) : Animism / 영혼유전설(靈魂遺傳說) : Traducianism.

〈표 4〉 선교사들이 편찬한 사전들의 귀신 번역

사전	표제어	풀이말
리델의 한불사전(1868)	귀신	Génie; les dieux; les diables; démon; mauvais génies
언더우드 한영사전(1890)	귀신(鬼神)	A demon, evil-spirit, a devil
게일 한영자전 초판(1897)	귀신(鬼神)	Spirits; demons
존스 영한사전(1914)	Demon	악귀(惡鬼) : 귀신(鬼神)
게일 한영자전 3판(1931)	귀신(鬼神)	Spirits; demons

이러한 귀신의 번역이 실제로 한국종교문화 이해에 어떻게 기여하였는지를 게일의 번역 작업을 예로 들어 살펴보도록 하겠다. 게일의 다양한 번역 중에서 우리의 관심과 관계된 작업으로는 1913년에 펴낸 『한국 민담 *Korean Folk Tales*』이 있다.[61] 책에는 「유령의 방문A visit from the shades」이라는 제목의 이야기가 있다.[62] 한 재상이 꿈속에서 돌아가신 어머니를 만났다. 그런데 어머니는 정식 제사가 아니라 어느 종이 차린 제사에 가고 있었다. 어머니가 이렇게 말씀하셨다. "용산의 강가에 있는 우리 종 아무개가 자기 집에서 사당을 진설한다고 하기에 내 거기에 흠향하러 가는 길이란다."[63] 어머니는 자신에게 유교식 제사가 아니라 무교식 제사가 필요하다고 이야기하였다. 그 내용의 현대어 번역, 한문 원문, 게일의 영어 번역

---

61 이 책은 조선 중기 문인 임방이 저술한 『천예록(天倪錄)』과 이륙이 저술한 『청파극담(靑坡劇談)』에 실린 이야기 중 53편을 뽑아 번역한 책으로, 조선시대 귀신 이야기 모음집의 성격을 갖는다.

62 이 이야기의 원제는 "용산강(龍山江) 사당의 일로 아들이 감격하다[龍山江神祀惑子]"이다. James Scarth Gale, *Korean Folk Tales : Imps, Ghosts, and Fairies*, New York : J. M. Dent & sons, 1913, pp.157~161. 우리말 번역은 다음 책을 참조하였다. 임방, 정환국 역, 『(교감역주) 천예록』, 성균관대 출판부, 2005, 329~332쪽.

63 "龍山江上居吾家奴某者家, 方設神祀, 吾爲饗此而往矣."
"We have a servant living at Yong-san, and they are having a witches' prayer service there just now, so I am going to partake of the sacrifice."

을 차례로 제시하면 다음과 같다.

우리 집에 제사와 신도神道가 있긴 해도 별로 중히 여기지 않는다만 무당이
사당에서 하는 신내림만큼은 중요하게 여긴단다. 내림굿이 아니라면 혼령이
어찌 한 번이라도 흠향을 할 수 있겠느냐?

雖有祭祀, 神道不以爲重, 獨以巫人神祀爲重, 若非神祀, 鬼靈安得一飽乎?

Your sacrifices are of no interest to me, I like the prayers of the
witches. If there is no medium we spirits find no satisfaction.[64]

게일은 마지막 문장의 주어 귀령鬼靈을 '우리 정령들we spirits'로 옮겼다.
이 민담에서 귀신은 유교와 무속에 공동으로 속한 존재이다. 게일은 조상
귀신이자 망자의 영을 스피릿으로 번역하였으며, 이러한 번역은 책 전체에
서 일관되게 나타났다. 그는 귀신 이야기의 번역을 통해서 유교와 무속이
경쟁하던 조선 종교의 중요한 측면을 포착하는 자료를 소개할 수 있었다.

3. 정령 숭배로 서술된 한국종교

개신교 선교사의 한국종교 인식은 무속을 종교현상으로 이해하는 데서
출발한다. 1880년대와 1890년대 초만 해도 지배적이었던 한국의 '종교

---

64 이 번역에서 게일은 신사(神祀)를 무당의 굿(the prayers of the witches)으로 해석한다.
이는 '사당에서 하는 신내림'이라는 우리말 번역보다 원래 의미를 반영한 번역이라고 생
각된다. 뒤에서 부연설명하는 부분에서 게일은 굿에 대해 "the koot(witches' sacrificial
ceremony)"이라는 해설을 달았다.

없음' 공론은 1890년대 중반 이후 변화의 조짐이 보인다. 이 변화에서 가장 중요한 역할을 한 인물들로 비숍, 게일, 랜디스, 존스, 헐버트 등을 꼽을 수 있다. 이들은 무속과 민간 신앙 서술을 중심으로 한국에 종교가 있다고 발언하기 시작하였다. 우리는 귀신 신앙으로 이해된 무속과 민간 신앙이 데빌, 데몬, 정령으로 언어를 바꾸어가며 인식되는 과정을 앞서 보았다. 이제 이 언어적 기반을 바탕으로 본격화된 한국종교 서술을 인물별로 살펴보도록 하겠다.[65]

1) 비숍 - 종교의 자리를 차지하고 있는 귀신 신앙

이사벨라 버드 비숍Isabella Bird Bishop, 1831~1904은 영국의 저명한 여류 여행가로, 아시아를 포함한 세계 각지를 여행하고 왕립지리학회의 첫 여성회원으로 선출될 만큼 탐험가로서 인정받은 인물이었다. 비숍은 1894년부터 1897년까지 네 차례에 걸쳐 한국을 여행하였고, 1897년에 『한국과 이웃 나라들Korea and Her Neighbours』을 출판하였다. 서양인에게 가장 많이 읽힌 한국 관련 저서 중 하나라고 할 수 있는 이 책에서, 비숍은 한국종교에 관련해서 종전의 이해로부터의 변화 가능성을 보여주었다.

비숍의 『한국과 이웃 나라들』에는 한국에 관한 기존 지식의 영향이 지배적이지만, 비숍 자신의 예리한 관찰이 기존 지식을 비집고 나오는 경우들이 있다. 종교에 관한 서술도 기존 지식을 넘어서는 통찰을 보여주는 대

---

65 주요 개신교 선교사들의 한국 무속 연구에 대해서는 옥성득의 연구에서 상세하게 소개한 바 있다. Oak, "Healing and Exorcism," pp.107~116; 옥성득, 『한국 기독교 형성사』, 297~320쪽. 그는 이어지는 내용에서 네비어스의 책 *Demon and Possession and Allied Themes* 를 소개하면서 당대 선교사의 축귀 관념이 동아시아 선교 경험을 통해 수정되었다는 주목할 만한 주장을 제기하였다.

목이 있다. 일단 한국종교에 관한 전반적인 평가는 다음과 같다.

한국에는 국가 종교national religion가 존재하지 않는다. 유교가 공식적인 신앙이지만, 공자의 가르침은 한국인의 도덕 규율일 뿐이다. 한때 융성했던 불교는 3세기 전에 '비국교회disestablished'되어 도로에서 멀리 떨어진 산지에서나 주로 볼 수 있을 뿐이다. 샤머니즘의 일종인 정령 숭배spirit worship는 온 나라에 성행하고 있어 무식한 군중들과 모든 계층의 여성들을 완전히 속박하고 있다.[66]

유교가 도덕에 불과하고 불교가 쇠락했다는 평가는 기존 문헌과 비슷한 내용이다. 반면에 샤머니즘의 성행을 언급한 부분은 중요하다. 이는 샤머니즘이 미신이라는 기존 서술의 연장선상이 있지만, 이 내용이 어떻게 발전하는지는 뒤에서 보도록 하겠다. 비숍의 서울의 첫인상 역시 기존 관찰자의 것과 비슷하다.

서울에는 다른 도시들이 지닌 매력이 없다. 옛것으로 말하면, 어떤 유적지나 도서관, 문헌도 볼 수 없다. 결정적으로, 종교에 대한 비할 데 없는 무관심으로 인해 서울에는 사원이 남아있지 않고, 여전히 유지되고 있는 미신들로 인해 서울에는 무덤이 남아있지 않다.[67]

그러나 정작 그녀가 이야기하고 싶은 것은 관습적 인상을 반전하는 그

---

66 Bishop, *Korea and Her Neighbours*, p.21.
67 Ibid., p.60.

다음 언급이다. 종종 오해되기도 했지만,[68] 그녀의 강조점은 그럼에도 불구하고 종교에 해당한다는 것이 존재한다는 것이다.

> 사원들이 없고 종교를 나타내는 다른 표식들도 없기 때문에, 성급한 관찰자들은 한국인들을 종교 없는 민족으로 절하할 위험이 있다. 조상 숭배, 귀신 달래기, 자연의 힘에 대한 소심하고 미신적인 두려움의 결과 등이 한국인들에게는 종교의 자리를 차지하고 있다.[69]

그녀는 초기 방문자들을 '성급한 관찰자'라고 불렀다. '종교를 나타내는 표식들signs of religion'이 없음에도 불구하고, 비숍은 조상 숭배, 귀신 달래기, 자연력에 대한 두려움 등을 나열하며 한국의 종교문화를 이야기한다. 종교 개념 자체를 재설정하는데 이르지는 못했다. 하지만 그녀는 서구적 개념의 한계를 명확히 인지하였다. 그녀의 멈칫거림은 외부적으로 관찰되는 종교의 표식들이 서양의 것들과 다르다고 해서 '종교 없음'을 선언하는 것에 제동을 걸었다는 의미가 있다.

'데몬daemons' 혹은 '정령spirits' 달래기가 한국에서 종교의 자리를 차지하고 있다고 본 비숍의 견해는 "한국의 데몬 숭배 혹은 샤머니즘"이라

---

68 이것은 비숍이 오해받았던 대목이기도 하다. 독자 중에는 건물의 부재를 이야기했기 때문에 당연히 '종교 없음'을 이야기했다고 생각한 사람들이 많았다. 이것이 게일이 비숍에 대해서 했던 오해이다. 그는 비숍이 종교가 없다고 이야기한 것으로 받아들였다(Gale, *Korea in Transition*, p.69). 현재 연구자의 저술에서도 게일을 통해서 비숍을 이해한 경우, 마찬가지로 비숍의 글을 종교 없음 서술로 분류하는 오해가 발생하기도 한다. 김흥수, 「19세기 말~20세기 초 서양 선교사들의 한국종교 이해」, 11쪽; 서정민, 「선교사와 '토착화신학자'들의 한국종교 연구 과정—목표와 범위를 중심으로」, 188쪽; Baker, "A Slippery, Changing Concept", p.64.
69 Bishop, *Korea and Her Neighbours*, p.61.

는 별도의 장에서 정교하게 서술되었다. 그녀는 데몬 숭배Daemonism가 '귀신 위하는 굿Kur-sin wi han-nan Köt'이라고, 토착 언어를 소개하는 세심함을 보여준다.[70] 이것은 귀신이라는 토착어가 데몬으로 번역되는 과정에서 생길 수 있는 오해, 굿이라는 토착적 실천과 숭배라는 어휘 사이의 거리를 의식한 것이다. 특히 그녀는 한국 민간 신앙을 샤머니즘이라고 불러야 한다고 주장하는데, 그 이유는 "데몬이라는 단어에는 악한 영 말고 선한 영을 가리키기 위해 사용하기 어렵게 만드는 대중적인 의미가 있기 때문이다"[71] 그녀는 이어서 다음과 같이 말한다.

한국 샤머니즘에 '데몬 숭배daemon-worship'라는 표현을 사용하는 것은 다소 잘못 이해될 위험이 있다. 한국인의 믿음에서 세상에 존재하는 귀신들의 무리는 두 부류[선한 부류와 악한 부류]인데, 그 중 첫 번째 부류만이 우리의 데몬 개념에 상응한다.[72]

비숍은 데몬과 관련해 앞서 우리가 논의한 쟁점을 이해하고 있다. 즉 데몬은 원래 중립적인 용어여서 귀신의 번역으로 사용되었다는 것, 그럼에도 데몬을 데빌과 혼동하는 서구의 편견으로 인해 한국 귀신이 선악 양쪽 속성을 갖고 있다는 사실이 온전히 전달되기 힘들다는 한계를 염두에 두고 있었다. 비록 비숍의 서술에 서양의 문화적 전제가 남아있고,[73] 대안적

---

70 Ibid., pp.61 · 254.
71 Ibid., p.224.
72 Ibid., p.228.
73 김희영, 「오리엔탈리즘과 19세기 말 서양인의 조선 인식—이사벨라 버드 비숍의 『조선과 그 이웃나라들』을 중심으로」, 『慶州史學』 26, 2007, 165~181쪽.

언어를 제시한 것은 아니었지만, 그녀가 기존 언어의 문제점을 인지하고 무속과 민간 신앙을 중심으로 한국종교의 존재를 인식했다는 것, 그녀의 표현으로는 '종교의 자리를 차지하는 것'으로 인식했다는 것은 중요한 의미를 지닌다. 그것은 그간의 '종교 없음' 서술에서 종교를 인정하는 서술로의 전환을 보여주기 때문이다. 이러한 인식의 전환은 그녀 혼자 이룬 것은 아니고, 그녀에게 협조한 선교사의 네트워크가 있었기에 가능했다. 이에 대해서는 이 장 끝에서 언급하도록 하겠다.

2) 게일

선교사 제임스 게일James Scarth Gale, 1819~1953은 1888년 내한하여 1920년까지 활동한 장로교 선교사로, 한국 문화를 가장 깊이 이해한 서양인 중 한 명이다. 그는 최초의 한글 번역인 『텬로력뎡』을 비롯해 많은 책을 번역 소개하였고, 한국을 소개한 다수의 영문 기고문이 있으며, 『구운몽』을 영어로 번역한 것으로 잘 알려져 있다. 그의 사전 편찬과 『한국 민담』 번역에 관해서는 앞에서 살핀 바 있다. 한국에 관한 게일의 방대한 문헌은 우리의 논의에서 부분적으로만 다루어지지만 여러 번 등장한다. 이 대목에는 종교 인식의 전환기에 해당하는 1890년대의 저작만을 검토하도록 하겠다.

게일은 1888년 입국한 이후 서울의 선교사 거주지에서 한국말을 익히는 다른 선교사들과는 달리, 황해도 소래마을에 들어가 3개월간 한국인과 함께 지내며 한국어와 문화를 배웠다. 1898에 출판된 『한국 스케치』에는 그가 1888년에 소래마을에서 겪은 초기 경험이 상당히 반영되어 있다.[74]

---

74 유영식, 『착흔목쟈─게일의 삶과 선교』, 진흥, 2013, 49~57쪽.

그는 비숍과 비슷한 논리 전개를 보인다. 그는 "일부 부주의한 관찰자들이 한국에 종교 체계가 없다고 이야기한다"라고 비판한다. 그리고 경험에서 우러나온 중요한 사실을 덧붙인다. "한국종교는 삶과 동떨어져 있지 않고 일상의 세부 속에 미묘하게 스며들어있기 때문에 알아차리기 쉽지 않다."[75] 서양인이 인식하기에는 쉽지 않겠지만, 한국종교가 미묘하게 존재하는 것이다. 그리고 표면적인 다양성에도 불구하고 한국종교를 관통하는 현상은 귀신 숭배라고 주장한다. 그것은 성서의 데몬이기도 하다.

> 한국에 관심을 가진 사람들은 한국에 두 종교가 있다고 생각해왔다. 하나는 문명화되고 세련된 것으로, 조상 숭배라고 생각되는 것이며, 다른 하나는 철저하게 이교도적인, 페티시즘의 가장 저급한 형태라고 말이다. 그러나 한국인들 자신은 그런 구분을 하지 않는다. 그들은 자신의 종교를 귀신kwisin 숭배라고 부르는데, 이 귀신은 중국과 한국 신약성서에서 '데몬'의 번역어이다.[76]

그는 외부적 개념 적용이 적합하지 않다고 주장하였다. 조선의 종교를 공식종교인 유교의 조상 숭배와 민중적 전통인 무속으로 나누어 이해하는 것은 현재 학계의 일반적인 이해이다. 그런데 게일은 과감하게도 귀신 관념을 중심으로 한국종교를 통합적으로 이해해야 한다는 주장을 제시한다. 그것은 자신이 경험한 조선 민중의 종교관, 즉 유교적 세계관과 무속적 세계관을 구분하여 인식하지 않는 태도에 근거를 두었을 것이다. 그리고 그것은 게일이 번역한 『한국 민담』의 세계관과 통하는 것이기도 하다.

---

75 Gale, *Korean Sketches*, p.213.
76 Ibid., p.217.

여하튼 게일에게도 귀신 숭배는 한국종교를 이해하기 위한 가장 중요한
종교현상이었다.[77]

3) 헐버트 - 잔존물로서의 귀신 신앙

선교사들은 한국의 귀신 신앙에 주목하였고, 여기에는 타일러의 정령
숭배 이론이 명시적이지는 않아도 이론적 배경으로 작용하였다. 선교사
헐버트의 글은 타일러의 잔존물survival 개념이 등장한다는 점에서 주목할
만하다. 타일러는 애니미즘을 잔존물survival로 이해하였다. 그의 정의에
의하면 잔존물은 "관습적 힘에 의해 원래 있었던 자리와는 달리 새로운
상태의 사회에 놓이게 된 절차, 풍습, 견해 등이다. 잔존물은 그렇게 해서
새로 발달한 문화가 처해 있던 옛 환경을 말해주는 증거이자 자료로 남아
있다".[78] 잔존물은 19세기 말 인류학에서 사용되었던 중요한 개념으로,[79]
당시 진화론적 인류학에서 원시인의 종교는 인류의 과거를 볼 수 있는 살
아있는 화석으로 받아들여졌다. 현재 이 용어에는 '진화의 흐름에도 불구
하고 뒤쳐져 남은 것'이라는 부정적인 이미지가 있다.[80] 그러나 타일러가
이 용어를 제시했던 애초의 이론적인 맥락에서 볼 때, 잔존물은 우리가 이
해하듯이 부정적인 개념으로 사용된 것이 아니다. 『원시 문화』에서 이 개
념을 통해 타일러가 밝히고자 했던 것은 문화의 원래적 모습이었다.[81] 타
일러는 '발전'보다는 '잔존물'에 관심을 가졌으며, 그것은 결여된 것이라

---

77 Gale, *Korea in Transition*, pp.67~92. 게일은 이후인 1908년 저술에서는 귀신 숭배보다는
    조상 숭배에 초점을 두어 한국종교를 소개하였다.
78 Tylor, *Primitive Culture* vol.1, p.15.
79 샤프, 『종교학』, 73~76쪽.
80 위의 책, 79쪽.
81 Tylor, *Primitive Culture*, chap.3 · 4.

기보다는 먼 기원에 대해 증언해주는 가치 있는 것이었다.[82] 잔존물은 현대 문화 내에 존재하면서도 그보다 선행하는 형태를 증언하는 것이며, 그 선행은 단지 연대기적인 것이 아니라 구조적인 것으로서 훗날 종교학에서 계승하는 시원적archaic 형태의 탐구라는 문제의식과도 맞닿아 있는 개념이다.[83]

타일러의 잔존물 개념에 문화의 원형을 탐구하려는 의도가 담겨있음을 염두에 둘 때, 우리는 1900년에 헐버트가 '한국의 잔존물'을 언급한 이유를 이해할 수 있다. 헐버트의 글은 동아시아 문화의 보편성과 한국 문화의 독자성이라는 주제를 놓고 게일과 논쟁하는 맥락에서 발표되었다. 게일은 "한국에 대한 중국의 영향The Influence of China upon Korea"이라는 글에서 한국 문화의 대부분이 중국 문화의 영향 아래 형성되었음을 주장하였고,[84] 헐버트는 이에 대한 반론으로 한국 문화의 고유성을 강조하기 위해서 "한국의 잔존물Korean Survivals"을 저술하였다. 여기서 잔존물은 중국

---

82 Hans G. Kippenberg, "Survivals : Conceiving of Religious History in an Age of Development", in Arie L. Molendijk&Peter Pels(eds.), *Religion in the Making : The Emergence of the Sciences of Religion*, Leiden : Brill, 1998, pp.301 · 303.

83 '앞선 것'이 단순히 시간적인 선행이 아니라 구조적인 선행이기도 하다는 통찰은 토테미즘을 소개한 맥레난의 1865년 책에서 이미 나타난 바 있다. 여기서 맥레난은 시원적(archaic)이라는 표현을 엘리아데 용어를 떠올리게 하는 방식으로 사용하였다. "법과 사회를 다루는 과학에서, 오래됨이란 연대기적인 것이 아니라 구조적인 것이다. 즉 가장 고대적(archaic [시원적])인 것은 발전이라고 인식되는 인류의 진보의 출발점에 가장 가까이 있는 것이고, 가장 근대적인 것은 그 출발점에서 가장 떨어져 있는 것이다." J. F. McLennan, *Primitive Marriage : An Inquiry into the Origin of the Form of Capture in Marriage Ceremonies*, London : MacMillan & co., 1886[1865], p.3. 이러한 통찰은 1912년 뒤르켐의 『종교 생활의 기본 형태들』에서 본격적으로 제시되었다. "나는 '기원(origin)'이라는 단어에 전적으로 상대적인 의미를 부여할 것이다. 기원이라는 말은 절대적인 시작을 의미하는 것이 아니라 현존하는 것 중 가장 단순한 사회 상태를 의미한다." Emile Durkheim, Karen E. Fields(tr.), *The Elementary Forms of Religious Life*, New York : Free Press, 1995, p.7, n.3.

84 James Scarth Gale, "The Influence of China upon Korea", *Transactions of the Korea Branch of the Royal Asiatic Society* 1, 1900.

의 영향을 받기 이전 시기에 형성된 것이 당대의 한국 문화에 여전히 존재함을 말한다. 만약 한국 문화가 중국에 완전히 종속된 것이라면 "1,500년이 지난 후 이 나라에는 토착적 기원이라든지 잔존물survival이라고 할 만한 것을 지적할 수 없지만", 그런 독특한 면은 여전히 존재한다는 것이 그의 주장이다.[85]

타일러가 잔존물을 과거 문화를 증언하는 증거로 중요시했다면, 여기서 헐버트는 잔존물을 한국 문화의 독자성을 증언해주는 증거로 중요시하였다. 타일러가 말한 잔존물이 애니미즘이었다면, 헐버트가 말한 잔존물은 애니미즘의 한국적 형태인 귀신 신앙이었다. 이는 '페티시즘'이나 '샤머니즘'이라고도 표현되었다.[86] 그는 고대로부터 존재한 한국인 고유 신앙이 현재에도 남아있다는 점을 강조하기 위해 서양 사례들과 비교하기도 하였다.

한국 원시 부족의 페티시즘은 선사시대 영국의 고대 드루이드교 제의와 상당히 닮은꼴이다. 페티시즘은 지금도 존재하고 있으며 한국인들의 종교적 믿음의 기초를 이루고 있다. 그것은 한국 대중들에게 유교보다 훨씬 큰 영향력을 행사한다. 한국의 페티시즘은 중국에서 온 것이 아니다. 이는 한국 고대 부족에 대해 서술한 사람들이 말한 내용이고, 그 내용은 오늘날 우리가 아는 한국 미신들과도 상당히 일치한다. 한국에는 보름달과 초승달을 기념하는 축제가 있다. 한국에는 동물에 대한 숭배와 수많은 종류의 정령 숭배가 있다. 한문

---

85 Homer B. Hulbert, "Korean Survivals", *Transactions of the Korea Branch of the Royal Asiatic Society* 1, 1900, p.29.
86 Ibid., p.32.

유입 이전부터 한국인을 두렵게 했던 징조omen들은 고대 칼데아인, 페르시아인, 로마인들을 두렵게 했던 것과 동일하다. 일식, 운석, 바람의 울음, 도시의 야생동물, 예상치 못했던 자연의 다양한 현상들의 출현이 그것이다.[87]

이 글에서 헐버트가 언급한 페티시즘, 샤머니즘, 그리고 귀신 숭배의 지칭 대상을 정확하게 알 수 있는 것은 아니다. 하지만 그는 이 고유 신앙의 '잔존' 양상에 대해 주목할 만한 언급을 한다. 독립된 신앙으로 존재하는 것 말고도, 고유 신앙은 외부에서 들어온 다른 전통과 혼합된 양상으로 존속하고 있다는 것이다. 이것은 우리가 뒤에서 살펴볼, 한국종교의 혼합적 양상에 대한 관찰과도 관련이 되는 중요한 지적이다.

한국의 토착 데몬 숭배native demonology는 불교와 결합해서, 서로를 분별해내기 힘든 복합적 종교composite religion를 형성하였다. 그러나 우리는 불교의 형식 아래로는 네 근본적인 요소들이 흐르고 있음을 볼 수 있다. 그것은 신비주의, 운명론, 염세주의, 정적주의이다. 이것들이 한국인의 정서에 내재해 있다는 것은 그들이 흔히 사용하는 표현을 통해 알 수 있다. "모르겠소don't know"가 그들의 신비주의이다. "할 수 없소It can't be helped"가 그들의 운명론이다. "망하겠소going to the dogs"가 그들의 염세주의이다. "놉시다 Let's knock off work"가 그들의 정적주의이다.[88]

헐버트는 한국인의 일상 언어를 날카롭게 관찰하여 고유한 정서까지 드

---

87 Ibid., p.35.
88 Ibid., p.39.

러내 보이고자 하였다. 그 관찰의 적절성은 논란의 여지가 있겠지만, 중요한 것은 그가 현재 한국 문화에 '남아있는 것'을 통해 문화의 원형적인 측면을 추적할 수 있다고 생각했다는 것이다. 종교학자 키펜베르크가 지적한 것처럼, 타일러의 잔존물은 근대화 이전의 문화의 본질적 요소를 추적하기 위한 상상적 범주였다.[89] 헐버트의 경우에는 중국 문화의 영향 이전의 한국 문화 고유의 측면을 밝히기 위한 범주로 사용된 것이었다. 헐버트가 타일러를 거명하거나 글의 내용을 엄밀하게 인용한 적은 없었지만, 그가 한국 사례에 잔존물 이론을 사용한 것은 타일러 개념의 기본 취지를 살린 것이라고 평가할 수 있을 것이다.

4) 존스 - 한국의 정령 숭배

한국 민간 신앙에 관한 부정적인 편견을 제거하려는 경향은 앞서 언급한 비숍과 선교사 존스가 공유한 것이고, 엄밀히 말하면 비숍이 한국 방문 중에 인천 지역에서 존스를 만나 영향을 받은 것이었다. 존스는 1892년의 글에서 한국의 민간 신앙을 '데몬 숭배demon worship'라고 지칭한 바 있는데,[90] 1895년의 글에서 이 현상에 대한 관심을 구체화하였다. 그는 한국의 조상 숭배의 부족한 부분을 채워주는 것을 정령 숭배spirit worship라고 명명하였으며, 정령 개념이 그리스어 데몬에 해당하는 중립적인 의미임을 밝혔다.

> 조상 숭배 체계는 종교의 초자연적인 요소, 즉 항상 인간의 종교적 실천의 대상이 되는 신적인 측면을 무시한다. 이 부분에서 한국인은 학술용어로는 샤

---

89 Kippenberg, "Survivals", pp.307~309.
90 George Heber Jones, "The People of Korea", *The Gospel in All Lands*, Oct., 1892, p.465.

머니즘이라고 알려진 정령 숭배spirit worship 체계를 발견하였으며, 이것은 조상 숭배와 나란히 존재한다. 이 체계에서는 엄청난 수의 정령들의 존재를 상정하는데, 이 정령은 고대 그리스어 데몬demon에 깔려 있는 관념에 상응하는 것이다. 이 정령들은 반드시 악하지는 않지만, 인간의 화복을 좌우한다. 그들은 인간의 고통이라는 신비에 대한 보편적인 물음에 대한 하나의 해결책이다.[91]

이 주장은 1901년에 발표된 '한국의 정령 숭배'에서 본격화되었다. 이 글은 한국에서 종교 정의의 문제를 가장 본격적으로 제시한 글로서 우리의 관심에서 중요하다. 그가 이 글에서 종교 개념을 어떻게 재정립하였는지는 제5장에서 자세히 분석하기로 하고, 여기서는 종교를 정의하는 그의 관심이 한국 민간 신앙의 인식을 계기로 나타났다는 사실을 확인하고자 한다. 그는 종교 정의에 대해 논의한 후, '정령 숭배'를 한국의 대표적인 종교현상으로서 제시하였다. 이 글에서 존스는 1895년 글과 마찬가지로 '정령'이 '데몬'과 다르지 않다고 말한다. 하지만 그는 한국의 귀신에는 선악의 속성이 고정되어 있지 않으므로 그를 일컫는 용어 역시 선악이 배제된 개념이어야 한다는 점을 명확히 밝히고 있다.

> [한국] 정령들의 성격은 선하고 인간 삶에 이로운 영향을 행사하는 쪽으로 유도될 수 있다고 말하기도 한다. 그러나 많은 정령이 악하고, 어느 누구도 최소한 변덕에 의해 인간을 괴롭히는 힘을 갖고 있으며, 그렇게 한다. 이러한 점에서 그들은 옛 그리스의 '다이몬' 개념에 해당하며, 데몬 숭배demonolatry라

---

91 Anonymous[attributed to George Heber Jones], "Obstacles Encountered by Korean Christians", *The Korean Repository* 2-4, April, 1895, pp.146~147.

는 단어도 이 체계에 사용할 수 있는 이름이다.[92]

정령 숭배가 이전에 통용되던 데몬 숭배를 말한다는 것은 앞의 타일러의 논의에서 확인한 바 있다. 이 글에서 존스는 타일러를 명시적으로 인용하지도 않았고, 애니미즘 용어를 본격적으로 사용하지도 않았다. 하지만 그가 말하는 정령 숭배spirit worship는 타일러의 애니미즘 정의[the belief in Spiritual Beings]를 수용한 것이 확실해 보인다. 이후 1907년 글에서 "한국인에게 가장 보편적인 믿음은 정령 숭배, 즉 애니미즘이다"라고 하여 애니미즘 이론을 적용하였음을 확인해 주었다.[93] 존스는 1915년에 자신이 편찬한 영한사전에서 애니미즘에 해당하는 한국어 중 하나로 '귀신론'을 제시하였다.[94] 애니미즘과 귀신론의 동일시는 바로 그의 연구 성과에서 비롯한 것이었다.

5) 서구 종교학 이론에 사용된 한국 귀신론

지금 우리는 서양 종교학 이론이 선교사의 한국종교 이해에 어떠한 영향을 주었는지를 분석하고 있다. 그것은 유럽 학계에서 선교지라는 주변 지역에 끼친 영향이다. 그러나 그 반대 방향의 영향도 존재한다. 종교학 이론은 비서구세계에서 생산된 자료를 공급받아 형성된다. 종교학사는 이론이 자료에 영향을 주고 자료가 이론을 형성하는 피드백 관계 속에서

---

92 Jones, "The Spirit Worship of the Koreans", p.40.
93 Jones, *Korea : The Land, People, and Customs*, p.49.
94 George Heber Jones, *An English-Korean Dictionary(英韓字典)*, Tokyo : Kyo Bun Kwan, 1914. 그가 'animism'의 한글 뜻풀이로 제시한 것은 활존론(活存論)과 귀신론(鬼神論)이었다. 또한 'mythology'의 뜻풀이로 귀신론(鬼神論)과 신화학(神話學)을 제시했다는 점도 눈에 띈다.

구성된다. 이렇게 볼 때 선교사에 의해 한국에서 저술된 영어 자료가 서구의 종교학 이론에 끼친 영향에 대해서도 생각해볼 수 있다. 개신교 선교 이전의 저술이 프레이저의 책에 인용된 것에 관해서는 2장 끝부분에서 언급한 적이 있다. 여기서는 이 장에서 다룬 한국의 귀신 이야기가 서양 종교학 저서에 인용된 사례에 관해 이야기하고자 한다.

한국에서 귀신이 널리 존재한다는 사실은 초기부터 선교사들의 한국종교 서술에 가장 빈번히 등장한 요소 중 하나였다. 귀신 이야기는 천주교 선교사들의 보고를 취합한 달레의 책에 등장한 이래, 그리피스가 "한국인에게 공기는 비어 있지 않고" 귀신으로 가득하다고 표현한 바 있다.[95] 첫 세대 내한 선교사 중에서 이 내용을 발전된 형태로 서술한 이가 바로 존스였다.[96] 존스의 서술은 비숍의 1897년 글에서 인용된 바가 있다.[97] 이후 선교사들의 저술에서 '한국의 공기는 비어 있지 않다'거나 '육해공이 귀신으로 가득하다'는 표현은 한국 귀신을 표현하는 상투적인 어구로 등장한다.[98]

존스의 글은 서양 학자들에게 한국을 애니미즘의 사례를 제공하는 지역으로 받아들여지도록 했다. 존스가 한국 대표로 참석하기도 했던 1910년 에든버러 선교회의 보고서의 종교 분야에서, 중국종교와 일본 종교는 따

95　달레, 『한국천주교회사』, 1권, 219쪽; Griffis, *Corea : The Hermit Nation*, p.327; Griffis, *Corea, Without and Within*, p.165.

96　Jones, "The Religious Development of Korea", p.415; Jones, "The Spirit Worship of the Koreans", p.58; Jones, *Korea : The Land, People, and Customs*, pp.51~52.

97　비숍의 1897년 책에서 존스의 서술이 거의 동일하게 등장한다. 비숍은 이 부분에 존스에 감사하는 각주를 달아두었다. 존스의 글은 1901년에 발표되었기 때문에 비숍은 존스의 출판 이전 원고를 인용한 것으로 보인다. 다만 "그들이 온갖 곳에 다 있다는 사실은 하느님의 무소부재성의 슬픈 흉내이다(Their ubiquity is an ugly travesty of the omnipresence of God)"라는 마지막 문장은 약간 다르다. 비숍의 책에서는 '슬픈(ugly)' 대신 '불경한(unholy)'이라는 단어가 사용되었다. Bishop, *Korea and Her Neighbours*, p.228.

98　예를 들어, Underwood, *The Call of Korea*, p.85; Moose, *Village Life in Korea*, p.190.

로 항목이 마련되어 서술되었던 반면에 한국종교는 애니미즘 종교라는 항목 아래 아프리카와 인도네시아 전통과 함께 언급되었다.[99] 우리가 눈여겨 볼 것으로는, 네덜란드의 종교현상학자 게라르두스 판데르레이우 Gerardus van der Leeuw의 고전적인 종교학 저술에서 한국의 귀신 이야기가 인용된 대목이 있다. 판데르레이우는 1924년 저서 『종교현상학 입문』에서 한국 사례를 사용하였다.[100] 그는 책의 제9절 "의지와 형상, 정령 숭배"에서 타일러의 애니미즘 이론을 비판적으로 검토한다. 타일러의 설명에 따르면 원시인은 만물에 자기 자신처럼 '영혼'이 깃들어 있다고 잘못 유추하였기 때문에, 자연현상을 비롯해서 자기 주변에서 일어나는 모든 일의 배후에 정령의 의지가 존재한다는 결론을 내린다. 판데르레이우는 타일러 이론에서 원시인을 철학자처럼 취급하는 사변적 경향을 비판하지만, 적어도 원시인들이 주변 세계 전체에서 정령의 존재를 인식한다는 심리적 정황 자체는 인정한다. 한국 사례가 등장하는 것은 바로 이 맥락에서이다. 그는 "사실 원시인들의 세계는 영으로 가득 차 있다"라고 언급한 후, 이 점은 한국에서 '아직도' 잘 볼 수 있다고 소개한다. 그는 존스의 글 "한국인의 정령 숭배"에서 다음 대목을 인용한다.

정령들이 하늘 전역과 땅 한 치까지 모두 지배하고 있다. 그들은 길가에서, 나무나 바위나 산 위에서, 골짜기와 강에서 사람들을 기다리고 있다. 밤낮으

---

[99] *World Missionary Conference, 1910. Report of Commission IV*, p.218.

[100] 이 책은 1924년에 『종교사 입문(*Inleiding tot de Godsdienstgeschiedenis*)』이라는 제목으로 출판되었으며, 1948년에 개정되어 『종교현상학 입문(*Inleiding tot de Phaenomenologie van den Godsdienst*)』이라는 제목으로 출간되었다. 이 책에서는 1948년 판을 번역한 다음 책을 참조하였다. 반 델 레에우, 손봉호·길희성 역, 『종교현상학 입문』, 분도출판사, 1995. 한편 이 책에서 '반 델 레에우'는 현행 외국어표기법에 맞게 '판데르레이우'로 표기하였다.

로 정령들은 사람들의 말을 엿듣고, 사람들 주위를 배회하며, 그들 머리 위로 날아다니며 땅에서 나와 그들에게 접근한다. 자기 집에서도 정령들로부터 피할 수 없다. 정령들은 벽에도 있고 들보에도 있다. 그들이 온갖 곳에 다 있다는 사실은 하느님의 무소부재성無所不在性의 슬픈 흉내이다.[101]

판데르레이우는 "이 마지막 문장을 제외하고는 이 말은 많은 원시민족에도 해당된다"라는 짧은 논평을 덧붙이고 다음 논의로 넘어간다. 그는 존스의 자료에서 신학적 판단을 제거하는 신중함을 보여주지만, 애니미즘이라는 이론적 논의의 맥락에서 제시된 덕에 한국인은 원시민족의 일원으로 자리매김하게 되었다.

한국의 사례가 인상적이었는지 판데르레이우는 이례적으로 이 사례를 한 번 더 사용했다. 이번에는 제13절 "귀신들과 천사"에서 정령 숭배의 '어두운 면'을 보여주기 위해서였다. 어두운 면은 정령들의 의지가 자의적이어서 인간들이 그들의 한없는 변덕에 맡겨지는 것을 가리킨다. 판데르레이우는 위의 한국 사례를 다시 제시한 후, 정령들에게 도덕적인 척도가 적용되지 않는 상황은 인간에게 공포를 불러일으킨다는 설명을 부가했다.[102] 그가 존스의 글을 통해 이해한 한국인은 자의적인 정령의 괴롭힘에 떨고 있는 원시인이었던 것이다.

이처럼 귀신의 광범위한 존재는 선교사들이 선호하던 주제였는데, 그중

---

101 반 델 레에우, 『종교현상학 입문』, 79~80쪽. 번역본의 '영'은 '정령'으로 수정하였음. 역자들에 따르면 본문에서 'Korea'는 'Koran'으로 잘못 표기되어 있다. 이 내용은 존스의 다음 글을 다소 축약된 형태로 인용한 것이다. Jones, "The Spirit Worship of the Koreans", p.58.
102 반 델 레에우, 앞의 책, 109쪽.

에서도 완성도가 높은 존스의 1901년 서술이 종교학자 판데르레이우의 책에 인용되었다. 존스의 자료 가공 덕분에, 판데르레이우는 '원시인'을 설명하는 이론에 한국의 사례를 어렵지 않게 사용할 수 있었다. 여기서 우리는 선교사와 유럽 학자 사이에서 일어난 이론-자료-이론의 순환을 볼 수 있다. 선교사들은 정령 숭배라는 유럽의 종교학 이론을 받아 이것을 한국의 귀신 이야기를 자료로 다듬어내었고, 유럽에 있는 종교학자는 '한국의 정령 숭배'라는 형태로 다듬어진 이 자료를 이용해 원시인의 정령 숭배라는 이론을 강화한 것이다.

6) 정령 숭배로 시작된 한국종교 서술

1890년대 중반부터 한국의 무속을 종교로 바라보는 관점이 비숍, 게일, 헐버트, 존스 등의 서술에서 나타나기 시작했다. 그런데 이들 간에 인간적인 교류가 있었음을 지적해 두고 싶다. 교류의 흔적은 비숍의 『한국과 이웃 나라들』에서 희미하게 찾을 수 있다. 비숍은 1894년부터 1897년 사이에 이루어진 한국 방문에서 여러 선교사의 도움을 받았다.[103] 영국 출신이기에 인천에서 성공회 선교사 랜디스와 긴밀한 관계를 맺었다.[104] 그 교류

---

[103] 비숍은 다른 여행인 1898년 중국 양자강 여행에서도 선교사의 도움을 받았다. 그녀는 선교사의 실제적인 도움을 받으면서도 그들의 인식과는 어느 정도 거리를 두는가 하면, 어느 대목에서는 그들의 헌신에 감화를 받는 복합적인 심경을 드러낸다. 이사벨라 버드 비숍, 김태성·박종숙 역, 『양자강을 가로질러 중국을 보다-백년 전 중국의 문명과 문화』, 효형, 2005, 604쪽.

[104] 비숍은 인천에서 "의자도 탁자도 없이 작은 방에서 연구하고 집필하고 식사하며 한국 사람과 다름없이 살아가는 랜디스"의 생활을 묘사할 수 있을 정도로 친하게 지냈다. Bishop, *Korea and Her Neighbours*, p.33. 이것이 인연이 되어 후에 랜디스의 병원에 여성 전용 병실 건축을 위해 기부했다. 이재정, 『대한성공회 백년사-1890~1990』, 대한성공회 출판부, 1990, 47쪽.

는 랜디스 논문 "한국의 축귀에 관한 기록"을 참조한 것에 대한 감사로 남아있다.[105] 또 인천에서 존스에게 한국 민간 신앙에 대한 정보를 얻었으며 그의 견해에 동조하였다. 한국의 무속신앙과 귀신에 대해 서술한 33, 34장은 1886년 10월 제물포에서 존스를 만나 취재하고 정보를 얻은 내용이 바탕이 되었음을 밝혀놓았다.[106] 한편 비숍이 금강산과 원산 지역을 여행할 때는 원산에서 사역하던 게일의 도움을 받았다. 같은 시기 인천에서 활동한 감리교 선교사 존스와 성공회 선교사 랜디스는 서로를 직접 언급한 적은 없지만 비숍의 책을 통해 연결되어 있다. 그들이 설립한 인천 내동교회와 인천 내리교회는 현재도 가까운 거리에 서서 둘의 긴밀한 관계를 암시하고 있다. 존스와 랜디스는 함께 무속에 깊은 관심을 보였고, 그 결과 랜디스는 굿 현장을 담은 보고서를 1895년에 출판하고 존스는 무속을 다룬 깊이 있는 논문을 1901년에 출판하였다. 그들의 관심과 비숍과 나눈 지적 교감을 고려해본다면 다음과 같은 가설을 제안해 볼 만하다. 선교사가 한국종교를 인정하는 전환은 인천 지역에서 랜디스, 존스, 비숍이 관찰한 무속이 계기가 되었다고 말이다.

한국의 '종교 없음' 공론이 지배적일 때 귀신 숭배는 '데몬 숭배' 혹은 '악령 숭배'로 지칭되었고 미신으로 인식되었다. 귀신 숭배는 있었지만 종교는 없었다. 그러나 귀신 숭배에 애니미즘 이론이 적용됨으로써 '정령 숭배'로 불리게 되었고, 타일러의 '최소한의 종교정의'를 충족한 이 현상은 한국의 대표적인 종교로서 인정받게 되었다. 비록 주석이 달린 엄밀한 학술적 적용은 아니었지만, 애니미즘이라는 종교학 이론은 한국에 종교

---

105 Bishop, *Korea and Her Neighbours*, pp.400·415.
106 Ibid., pp.224·228~229.

라는 대상을 확립하는 데 결정적인 역할을 하였다. 종교를 보편적인 현상으로 연구하려는 종교학적인 사조의 영향을 받아 타자의 신앙을 종교로 인식하는 과정에서 "기독교=종교 / 전통신앙=미신"이라는 기존의 개념 구도는 붕괴하였다. 이제 한국 무속은 이교도의 미신이 아니라 종교의 속성을 말해주는 자료로서 연구되기 시작했다. 그 변화는 귀신이 악령이 아니라 정령으로 번역되는 것에 의해 대표되었다.

사실 한국 종교학사에서 정령 숭배라는 범주는 샤머니즘이라는 범주가 일반화되기 전까지 일시적으로 사용되었을 뿐이다. 김종서가 지적하였듯이, 사실 학사적인 관점에서 현재까지 영향력을 미치는 중요한 선교사들의 이론적 공헌은 정령 숭배라기보다는 샤머니즘 개념이다. 한국 무교를 샤머니즘이라는 범주로 포괄하고 민간 신앙을 포함한 논의는 존스 이후 언더우드에 이르러 정론화되었고, 이 범주 설정은 오늘날 한국 민간 신앙 연구에 계승되고 있기 때문이다.[107] 그러나 일시적인 이론이기는 했어도 애니미즘 이론은 미신이나 악령 숭배로 지칭되던 한국의 귀신 신앙을 보편적인 종교현상의 차원에서 다룰 수 있도록 해주었다. 그들은 타일러로 대표되는 당시 종교학자들의 기획, 즉 미개인들의 '미신'을 영적 존재에 대한 믿음으로 정의하여 보편적인 종교로서 연구하고자 했던 지적 기획에 동참했던 것이다. 그렇다면 귀신 신앙을 통해 한국종교의 존재를 확인한 선교사들의 논의는 어떻게 발달하였을까? 제5장에서는 그들이 종교 개념 논의를 통해 어떻게 한국에서 종교학적 사유를 전개하였는지를 알아보도록 하겠다.

---

107 김종서, 『서양인의 한국종교 연구』, 32쪽, 주35.

제 5 장

한국종교 설명하기

우리는 앞에서 서양 관찰자들이 한국을 접한 가장 초기인 1880년대와 90년대에 '종교 없음' 공론이 지배적이었음을 보았다. 1890년대 말에 들어서는 이 공론에 대한 인식의 전환이 발생하면서 한국종교에 관한 여러 의견이 공존하였다. 1897년 글에서 선교사 하디는 당시의 사정을 다음과 같이 전한다.

> 한국인의 종교에 관해 매우 상충되는 진술들이 제시되어 왔다. 어떤 이는 엄밀하게 말해서 한국인은 종교를 갖고 있지 않다는 결론을 내린다. 다른 이는 현재 상대적으로 영향력이 적은 불교 외에도 두 구분되는 종교들이 성행하고 있다고 주장한다. 하나는 국가의 보호를 받으며 유교 규범을 윤리로 삼고 있는 종교이고, 다른 하나는 하위 계층에 국한된 미신적인 광신superstitious fanaticism이다.[1]

우리는 1880년대부터 1900년대 초에 이르는 비교적 한정된 시기 동안 한국종교에 관한 "상충되는 진술들"이 제출되었다는 사실을 지금까지 확인했다. 그 추세는 '종교 없음'을 보고하던 초기 인식이 귀신 신앙을 종교 현상으로 인식하는 것을 계기로 종교에 대한 긍정으로 전환되어 갔다는 것이다. 다양한 저자들의 견해를 정리하면 다음 표와 같다.[2]

---

[1] Hardie, "Religion in Korea", p.926.
[2] 종교에 대한 선교사의 견해 변화를 선명하게 지적하고 정리한 연구자는 옥성득이다. 그는 한반도에 30년 이상 거주한 선교사라면 10년 단위로 한국 이해의 변화를 추적하는 것이 좋은 방법이라고 적절하게 제안하였다. 옥성득, 『새로 쓰는 초대 한국 교회사』, 482쪽; 옥성득, 『한국 기독교 형성사』, 72~83쪽.

<표 5> 한국종교의 존재에 대한 주요 언급들

종교 없음	로웰(1886)	종교 건축물의 절대적 결핍 현상은 (…중략…) 종교의 갑작스런 소멸을 말해준다.
	그리피스(1888)	한국인은 종교 없는 민족의 모습을 보여주면서 종교를 기다리고 있다.
	알렌(1891)	한국 사람들은 특별한 종교가 없는 사람들이라는 이야기를 듣는다.
	존스(1891)	종교가 없는 나라는 기독교에게 기회이다.
	언더우드(1892)	하느님의 손길이 길을 닦아 놓은 한국은 종교가 없는 땅이라고 말할 수 있다.
	밀른(1895)	한국에는 특별히 종교가 없다고 인정해야 할 것이다.
전환기	비숍(1897)	조상 숭배, 귀신 달래기, 자연의 힘에 대한 소심하고 미신적인 두려움의 결과 등이 한국인들에게는 종교의 자리를 차지하고 있다.
	게일(1898)	한국인들은 자신의 종교를 귀신 숭배라고 부른다.
종교 있음	존스(1901)	종교 체계는 모든 진화하는 사회에서 일반적이면서도 필수적인 요인이다. 그러한 종교 체계는 한국에 결여되어 있지 않다.
	존스(1907)	바울이 고대 아테네 사람들에게 말했던 것과 마찬가지로, 한국인도 매우 종교적이라고 말할 수 있다.
	헐버트(1906)	한국인의 밑바탕에 깔려있는 종교이자 다른 모든 단순한 상부구조들의 기초가 되는 것은 한국인 본래의 정령 숭배이다.
	게일(1909)	인간의 영혼이 자신을 벗어나 그 위나 너머에 있는 다른 영혼들에 도달하는 것을 종교라고 본다면, 한국인 역시 종교적이다.

개신교 선교사들의 한국종교 서술에서, 1900년대는 20여 년 동안의 한국에 대한 여러 관찰과 기록들이 정리되고, 한국종교를 '설명'하기 시작한 시기로 중요하다. 여기서 설명은 독자적인 이론적 체계 안에서 한국종교가 서술되었음을 의미한다. 이 시기에 선교사들은 한국의 종교현상을 바탕으로 자신의 종교 개념에 존재하는 문화적 전제에 대해 의문을 던지고 새로운 정의를 통해 한국종교 연구를 시도하였다. 그들은 단순히 당시 유행했던 종교학적 논리나 개념들의 영향을 받는 것을 넘어, 그것들을 개념적 도구로 사용한 독자적인 종교학적인 작업을 수행했다. 이 장에서는 그들이 제기한 종교 정의의 문제를 분석하고, 그들이 어떠한 이론적 설명을 제시하였는지를 정리하도록 하겠다.

1. '종교'를 되묻다

초기 종교학 설립을 주도한 학자 막스 뮐러는 1878년에 행한 히버트 강연 '종교의 기원과 발달'의 제1강에서 서양 지성사의 종교 정의들을 개괄하였다.[3] 그는 종교를 도덕성으로 본 칸트와 피히테의 입장을 소개하고, 종교를 '절대 의존의 의식'으로 정의한 슐라이에르마허와 '완벽한 자유'로 본 헤겔을 소개하였다. 뮐러는 두 사상가의 강조점을 각각 '의존'과 '자유'로 정리한 후, 여기에 자신의 강조점으로서 인간의 종교적 의식religious consciousness에 주목할 때 종교를 정의할 수 있다고 주장하였다.[4] 그는 1873년에 한 강연에서도 비슷한 취지에서 다음과 같은 종교 정의를 내놓는다.

> 종교는 감각이나 이성과는 별도로, 아니 감각과 이성의 작용에도 불구하고, 사람들에게 다른 이름과 다양한 외관 아래서 무한을 파악할 수 있도록 해주는 정신적 기능mental faculty이나 성향이다. 이 기능이 없다면 아무리 저열한 우상 숭배나 페티시즘이라고 해도 종교는 성립할 수 없다. 귀 기울여 들어보면, 우리는 모든 종교에서 영혼의 신음, 상상할 수 없는 것을 상상하려는 투쟁, 발언할 수 없는 것을 발언하려는 투쟁, 무한에 대한 갈망, 하느님에 대한 사랑을 들을 수 있을 것이다.[5]

---

3   Müller, *Lectures on the Origin and Growth of Religion*, pp.9~53.
4   "종교라고 불리는 모든 것들에 대한 적절한 정의나 철저한 묘사가 불가능하다고 해도, 종교적 의식의 대상을 다른 대상들과 구별해주는, 감각이나 이성에 의해 공급되는 대상을 다룰 때와는 달리 종교적 대상을 다룰 때 적용되는 몇 가지 특징적인 성격을 제시하는 것은 가능할 것이다." Müller, *Lectures on the Origin and Growth of Religion*, p.21. 이처럼 의식적 측면에서 종교를 정의하는 노력은 "성스러움은 의식 현상의 요소"라고 한 엘리아데에서도 발견된다. Mircea Eliade, *The Quest : History and Meaning in Religion*, Chicago : University of Chicago Press, 1969, preface.

뮐러는 이러한 정의를 통해서 종교를 인간 의식 내부의 현상으로 탐구하는 길을 열었다. 뮐러의 예에서 볼 수 있듯이 19세기 말 종교학이 출범할 때 핵심 작업은 종교를 되묻는 일이었다. 그렇다면 19세기 말과 20세기 초 한국에서 활동한 선교사들이 타자의 종교와 대면해서 종교 일반에 관해 물음을 던지는 그 상황에서, 과연 어떠한 종교학적인 사유를 펼쳤느냐 하는 것이 여기서 살필 내용이다.

1) 존스의 종교 정의

한국에 입국한 개신교 선교사들 중에서 종교 개념을 한국에 적용하는 논의를 선도한 인물은 우리의 논의에서 빈번히 등장한 감리교 선교사 존스였다. 조지 허버 존스George Heber Jones, 1867~1919는 21세인 1888년에 미감리회 선교사로 입국하여 1909년까지 활동하였다. 그는 고졸의 학력이었지만 선교현장에서 독학으로 대학 과정을 공부하였으며,[6] 한국어 교사 최병헌의 도움을 받아 한국의 언어, 역사, 문화에 정통한 선교사가 되었다.[7] 그는 1892년부터 인천과 강화도 지역에서 활동하였는데, 이 지역 무속을 접하면서 한국종교에 관해 본격적인 연구를 진행하게 된 것으로 보인다.[8]

그는 한국을 비롯한 동아시아 종교에 대한 지식을 인정받아 1905년에

---

5   F. Max Müller, *Introduction to the Science of Religion*, London : Longsman, Green, 1873, pp.17~18.
6   존스는 서신을 통해 대학 과정을 이수하여 1892년에 아메리칸대학(American University at Harriman)의 '우편 학사'를 취득하였다. Oak, "Healing and Exorcism", p.127, n.8.
7   존스의 활동과 한국 연구 전반에 대해서는 다음 글을 참조할 것. 이덕주, "존스(G. H. Jones)의 한국 역사와 토착종교 이해", 『신학과 세계』 60, 2007.
8   Oak, "Healing and Exorcism", p.108.

보스턴대학에 종교학Comparative Religions 교수로 초빙되었으나 선교를 위해 고사한 적이 있고,[9] 1909년에 미국 귀국 후 드퍼대학1911과 보스턴대학1915~1918에서 선교에 관련된 강의를 하였다.[10]

존스는 한국 선교를 통해 지적으로 성장한 선교사였다. 학력에서도 그러하고, 종교에 관한 인식의 깊이에서도 그러하다. 우리가 앞에서 본, 선교 초기인 1891년에 쓴 그의 글에서는 종교가 없는 한국에 선교가 시급하다고 서술한 바 있다. 그러나 1900년 이후에 발표한 글에서 그는 한국의 귀신론을 애니미즘으로서 서술함으로써 보편적인 종교 개념 안에 한국종교를 포함시키는 중요한 이론적 작업을 진행하였다. 이 책 여러 곳에서 언급되는 한국종교에 대한 존스의 주요 언급을 연도순으로 정리해보면 다음 표와 같다.

〈표 6〉 존스의 한국종교 서술 변화

1891년	한국은 이교도의 삶, 이교도의 종교, 이교도의 윤리가 있는 이교도 국가이다. (…중략…) 종교가 없는 나라는 기독교에게 기회이다.
1901년	종교 체계는 모든 진화하는 사회에서 일반적이면서도 필수적인 요인이다. 그러한 종교 체계는 한국에 결여되어 있지 않다.
1907년	한국인은 종교적인 사람이다. 그는 무신론자가 아니다. 바울이 고대 아테네 사람들에게 말했던 것과 마찬가지로, 한국인도 매우 종교적이라고 말할 수 있다. 그는 어디서나 신들을 발견하기 때문이다.

---

9 W. A. Noble, "Dr. George Heber Jones : An Appreciation", *The Korea Mission Field* 15-7, July, 1919, p.146.

10 존스의 1915년경의 강의 자료와 서신이 현재 유니온신학대 버크도서관 서고(Burke Library Archives)에 보관되어 있다(MRL 8. George Heber Jones Papers, 1898~1918). 한국 교회의 성장, 기독교와 세계 민주주의, 선교의 주요 요건 등이 강의 내용이다. 자료의 내용에 대해서는 다음 문서를 참조할 것.
http://www.columbia.edu/cu/lweb/img/assets/6398/MRL8_Jones_FA.pdf (접속일 : 2010년 12월 6일)

그렇다면 존스의 1901년의 글 '한국의 정령 숭배'에서 그가 종교 정의를 제시한 부분을 자세히 보도록 하겠다.[11] 그는 "한국인들은 종교를 갖고 있는가?"라는 질문에서 출발하였다. 하디가 지적했던 것처럼, 한국종교에 관한 의견은 긍정과 부정으로 갈린다. 그러나 그가 보기에 '종교 없음'을 말하는 사람들조차도 종교가 실제로 부재한다기보다는 제 기능을 못하고 있다는 뜻으로 말하는 것이기 때문에, 종교 정의의 문제만 잘 조율된다면 인식론적인 입장에서 종교의 존재를 긍정하는 것은 가능하다고 보았다.

그는 다시 질문한다. "국가 생활의 한 측면으로서 '종교를 갖는다'는 표현의 의미는 무엇일까?" 그의 수정된 질문은 긍정적인 답변을 끌어낸다. 조선 사회에서 "사람들은 대부분 교의를 받아들이고 제의를 지키기" 때문에 "한국인들은 세 개의 종교, 유교, 불교, 샤머니즘을 갖고 있다"고 말할 수 있다는 것이다. 이처럼 한국 사회 내에 실체를 갖는 종교 전통들이 있음을 환기시킨 후 존스가 지적하는 것은 그럼에도 그러한 것을 종교로 받아들이지 않는 사람들이 있다는 것이고 그 이유는 그들이 고차원적인 종교 정의를 갖고 있기 때문이라는 것이다. 그는 고차원적인 종교 정의의 예로 글래스고대학 총장 존 케어드John Caird의 정의를 언급한다.

> 종교는 유한자의 의지를 무한자에 내맡기는 것이자, 개인으로서의 나에 속한 모든 욕망, 성향, 의지를 포기하는 것이고, 나만의 즐거움과 이익을 추구하는 모든 목표와 활동을 포기하는 것이며, 나의 의지를 하느님의 의지와 절대적으로 동일화하는 것이다.[12]

---

11 Jones, "The Spirit Worship of the Koreans", pp.37~38.
12 존스는 출처를 명시하지 않았지만, 아마 다음 책에서 인용한 것으로 보인다. John Caird,

존스는 이런 식의 종교 개념은 한국 현실을 설명할 수 없다고 보았다. 이것은 "기독교 학자"의 정의에 불과한 것이며, "그러한 특정한 기독교적 의미에서 볼 때" 한국종교를 부정하는 것은 당연하다고 지적한다. 기독교적 맥락의 종교 개념이 철저히 반성되고 있다.

여기서 케어드의 종교 개념이 당시 학술적 논의에서 차지하는 위치를 잠시 검토하도록 하겠다. 성공회 성직자 윌리엄 카펜터William Boyd Carpenter가 1887년에 옥스퍼드대학에서 행한 강연의 첫 부분에서 당시의 종교 정의들을 검토한 적이 있는데, 여기서 그는 케어드의 종교 정의를 기존의 종교 정의의 핵심이 되는 의존과 자유라는 두 요소를 결합한 시도였다고 평가한 바 있다. 사실 카펜터의 종교 정의 개괄은 막스 뮐러의 1878년 강연에 나오는 종교 정의에 대한 내용을 요약 정리한 것에 가깝다. 그는 뮐러를 좇아 슐라이에르마허의 종교 정의에서 의존의 요소를, 헤겔의 종교 정의에서 자유의 요소를 추출해내고, 그 두 요소를 훌륭하게 결합한 종교 정의로 케어드의 것을 소개한 것이다.[13] 사실 케어드의 정의에서 나타나는 유한자와 무한자의 대립 구도는 신학의 전통적 구도로, 막스 뮐러에서도 볼 수 있었다. 다만 차이가 나는 점은 뮐러처럼 지각의 문제에 관심을 갖기 보다는 양자의 대립적 속성에 더 주목하면서 인간과 절대자의 차이를 강조하는 신학적인 주제를 강조했다는 것이다. 존스가 지적한 대로, 케어

An Introduction to the Philosophy of Religion, New York : Macmillan, 1880, p.296. 케어드의 종교 정의는 켈로그의 다음 책에 상세히 소개되어 있다. Samuel H. Kellogg, *The Genesis and Growth of Religion*, New York : Macmillan and co., 1892, pp.13~16. 당시 선교사들이 켈로그의 책을 많이 보았다는 점, 그리고 케어드의 이름을 켈로그와 마찬가지로 "Principal Caird"라고 표기했고 인용한 형태가 같은 점으로 보아, 존스는 켈로그의 책에서 케어드의 종교 정의를 간접 인용하였을 가능성이 크다.

13 William Boyd Carpenter, *The Permanent Elements of Religion : Eight Lectures*, London : Macmillan, 1889, p.xxxvii.

드의 종교 정의는 더 "기독교적"이다.

케어드의 정의를 기각한 후, 존스는 다시 질문하는 방식에 변화를 준다. "우리가 갖고 있는 질문을 한국인들의 **종교적** 감정의 발달에 관련된 질문으로 변형시켜서 해답을 찾을 수 있겠다." 이것은 명사 '종교religion'에서 형용사 '종교적religious'으로 물음의 대상을 전환하는 전략이다.[14] 이 전략의 효과는 무엇보다도 종교라는 실체의 경계 긋기로부터 종교의 속성으로 관심을 돌리는 것이다. 존스가 지적하듯이 "이 점에 대해서는 논란의 여지가 적다." 또한 개신교 전통의 입장에서 '종교성'은 '하느님의 말씀을 받아들일 수 있는 인간의 능력'을 의미하기 때문에 종교와는 달리 누구에게나 있는 것으로 인식되어 왔다. 그래서 알렌과 언더우드의 경우에도 한국종교의 존재를 인정하는 것을 꺼리면서도 한국인이 종교적이라는 점은 인정했다.[15] 존스는 '한국인이 종교적 감정을 가진다'라는 명제의 내용을 다음 세 가지로 구체화하였다.

1. 한국인은 자기보다 높고 우월한 것에 대한 의존의 감정을 갖고 있다. 그들은 필요한 때가 되면 자신들 바깥을 바라본다. 그것은 단지 위에 있는 넓고 푸른 하늘을 바라보는 것이면서 기대와 희망에 찬 바라봄이기도 하다.

---

14 현대 종교학자 중에서 '종교'라는 명사를 '종교적'이라는 형용사로 바꾸는 전략을 통해 종교 정의 문제의 해결을 시도한 학자로는 샘 길이 있다. 그는 다음과 같은 종교 정의를 제시한다. "세계의 범위와 성격을 표현하고 규정해주는 이미지, 행위, 상징들, 특히 그 중에서도 사람들이 안에서 살아가며 의미와 그 성취의 조건을 찾아내는 우주적인 틀(framework)을 제공해주는 것들을, 우리는 종교적(religious)이라고 부를 것이다. 또한 우리는 삶의 의미와 목적을 갖고 살아가도록 해주는 행위, 절차, 상징들을 종교적이라고 부를 것이다." Sam Gill, *Native American Religions : An Introduction*, Belmont : Wadsworth Publishing Company, 1982, p.11.

15 Allen, *Things Korean*, p.168; Underwood, *The Call of Korea*, pp.98~99.

2. 한국인은 인간과 신격the divine이 서로 소통하고 관계를 맺는 차원을 갖고 있다고 굳게 믿는다.

3. 우리는 괴로움과 고통에서 벗어나 영혼의 자유를 진지하게 추구하는 한 국인의 모습을 어디서나 볼 수 있다.[16]

앞서 존스는 서구적인 정의를 비판하였지만, 그 내용을 전적으로 부정하지는 않았다. 그가 내놓은 정의는 서구 전통의 논의에서 중요하게 다루어지던 요소들을 재배치한 것이다. 그는 이 요소들이 자신이 한국에서 관찰한 내용과 어긋나지 않는다는 점을 간결하게 제시하였다.

우리는 존스가 제시한 1항과 3항이 앞서 막스 뮐러가 정리하였던 전통적인 주제, 그리고 케어드가 조화시키고자 했던 두 주제임을 알아볼 수 있다. 그것은 슐라이에르마허가 강조한 절대 의존의 감정과 헤겔이 강조한 자유이다. 특히 존스는 절대 의존의 감정의 예로 한국인의 하늘에 대한 신앙을 언급하는데, 이는 18세기 말 초기 천주교 신자 정약종의 『주교요지』 첫 대목을 떠올리게 한다.[17] 2항에서 말하는 관계성 역시 서양 종교의 전통적인 주제이다. 종교religio의 어원을 '렐레가레relegare : 다시 결합하다'에서 찾을 수 있을 정도로, 신과 인간의 관계는 서양에서 종교를 정의하는 대표적인 방식이었다.

이처럼 전통적인 요소들을 재배치하여 종교성의 측면을 비교적 탈기독교

---

16 Jones, "The Spirit Worship of the Koreans", p.38.
17 『주교요지』의 첫 대목은 다음과 같다. "무릇 사람이 하늘을 우러러봄에 그 위에 임자(主)가 계신 것을 아는 고로 질통고난(疾痛苦難)을 당하면 앙천축수(仰天祝手)하여 면하기를 바라고, 번개와 우레를 만나면 자기 죄악을 생각하고 마음이 놀랍고 송구하니, 만일 천상에 임자가 아니 계시면 어찌 사람마다 마음이 이러하리오?" 정약종, 하성래 감수, 『주교요지』, 성황석두루가서원, 1986, 11쪽.

적인 용어들을 통해 서술한 후,[18] 존스는 한국에 '종교 체계religious system' 들이 존재한다고 확언한다. 이는 앞에서 '국가생활의 한 측면'으로서 종교가 존재한다고 했던 것의 다른 표현이기도 하다.

이들 세 가지 주관적인 조건에서 볼 때, 한국인이 지닌 다양한 종교 체계들이 존재하면서 인간 운명의 문제와 물음에 대한 해답을 제공해왔다. (…중략…) "종교 체계는 모든 진화하는 사회에서 표준적이고 필수적인 요인이다." 그러한 종교 체계는 한국에 결여되어 있지 않다.[19]

존스가 한국종교의 존재를 선언하면서 사용한 결정적인 표현은 "종교 체계는 모든 진화하는 사회에서 표준적이고 필수적인 요인"이다. 출처 표시 없이 인용부호만 달려 있는 이 문장은, 다윈의 진화론을 사회현상에 적용하여 사회진화론을 주창했던 허버트 스펜서Herbert Spencer의 글에서 나온 것이다.[20] 스펜서임을 굳이 밝히지 않는다 해도, '진화하는 사회'에서 종교가 필수적이라는 언급에서 사회진화론의 분위기는 충분히 느껴진다.[21]

여기서 존스가 '종교' 대신에 '종교 체계'라는 사회과학적 언어를 사용하는데도 주목할 필요가 있다. 존스가 체계system라는 언어를 즐겨 사용한 것

---

18 류대영은 존스의 정의를 다음과 같이 평가한다. "근본적으로 종교를 신과의 관계라는 맥락에서 파악하는 서구적 관점을 반영하면서도 기독교만 유일한 종교라는 아집을 극복한 것으로 보인다." 류대영, 「국내 발간 영문 잡지를 통해서 본 서구인의 한국종교 이해」, 146쪽.
19 Jones, "The Spirit Worship of the Koreans", p.38.
20 원문은 다음과 같다. "A religious system is a normal and essential factor in every evolving society." Herbert Spencer, "The Study of Sociology", *The Popular Science Monthly* 3-17, 1873, p.344.
21 김종서, 『서양인의 한국종교 연구』, 25쪽, 주6.

은 이보다 이전인 1895년의 글에서 더 두드러진다. "한국 기독교인의 난관"
이라는 글에서 존스는 한국 사회가 '조상 숭배 체계system of ancestor worship'
에 의해 조직되어 있다고 분석한다. 그런데 이 체계가 초자연적인 측면이
약하기 때문에 '정령 숭배 체계system of spirit worship'가 발달하였다고 그는
주장한다. 체계 언어의 사용은 여기서 그치지 않는다. 그는 이 정령 체계를
둘러싸고 '종교적 실천, 의례, 축일의 체계', 즉 의례 체계가 성장했다고까지
서술하였다.[22]

종교 개념에 관한 한 연구에서 캠퍼니는 종교를 '체계'라고 부르는 말버
릇이 종교를 조직화되고 정형성을 갖는 실체로 파악하려는 의도에서 사
용된 은유라고 지적한다. 그는 현재 학계에도 만연한 이 표현이, 종교를
신념과 제의가 연합된 체계로 정의한 뒤르켐에서 비롯하여 종교를 상징
체계a system of symbol로 정의한 기어츠를 통해 널리 확산하였다고 지적한
다.[23] 그러나 종교를 체계로 부르는 관행은 현재 학계에서뿐만 아니라 20
세기 초 진화론적 관점의 영향을 받은 선교사들에 이미 퍼져 있었음을 우
리는 확인할 수 있다.

'종교 체계'와 더불어 '국가 생활'도 비슷한 맥락에서 강조되었던 표현
이었다. 1898년 게일의 글에 이 두 표현이 존스의 글과 마찬가지로 사용
됨을 볼 수 있다.

일부 부주의한 관찰자들이 한국에 종교 체계religious system가 없다고 말

---

22 Anonymous[attributed to George Heber Jones], "Obstacles Encountered by Korean
    Christians", pp.146~147.
23 Campany, "On the Very Idea of Religions", pp.293~294.

해 왔다. 그러한 진술들의 영향은 미국의 신문들에 자주 나타나기 때문에, 이 오해의 이유를 밝힐 필요가 있다. 그런 오해가 나타나는 이유는 아마도 한국에선 어떤 종교도 한국인의 **국가 생활** ─ 왕으로부터 노비에 이르기까지 한국의 모든 존재는 조상 숭배 체계와 얽혀있으므로 ─ 에서 분리되어 있지 않기 때문일 것이다.[24]

1911년 선교사 무스의 글에서도 '종교 체계'가 비슷한 맥락에서 사용된 용례를 볼 수 있다.[25] 이처럼 당시 선교사들이 한국종교의 존재를 긍정하기 위해서 당시 사회과학 담론의 힘을 빌린 것은 시사하는 바가 크다. 한국에서 만난 종교현상을 인식하는 바탕으로 종교에 관한 과학적 언어가 사용된 것이다.

두 쪽 남짓한 분량이지만, 존스가 종교 정의의 문제를 검토하여 한국에 종교가 있다는 결론을 내리는 과정에는 19세기 말 서구 지성계, 특히 종교학계에서 논의했던 많은 요소가 압축되어 있다. 그가 종교 정의 문제를 고민할 때, 그 안에는 슐라이에르마허가 강조한 의존적 감정, 헤겔이 강조한 절대 자유, 그리고 무엇보다도 그 두 요소를 통합하면서도 종교인의 인식이라는 요소를 강조하여 무한자에 대한 유한자의 지각이라고 종교를 정의한 뮐러와 신학자들의 논의가 반영되어 있다. 또 인간과 신의 관계라는 서양의 고전적인 종교 개념, 종교성을 중시하는 개신교적 종교 개념의 요소들이 들어있다. 그리고 종교 체계의 사회적 의미를 강조하는 사회진화론적인 요소가 들어있다. 존스가 이 많은 논의들을 의식적으로 충분히

---

24 Gale, *Korean Sketches*, p.213.
25 Moose, *Village Life in Korea*, pp.190·191.

이해하고 활용했다고 할 수는 없을 것이다. 그러나 분명한 것은 그가 한국 종교를 인식하고 다루기 위해서는 새로운 학술적 논의의 도움이 필요했으며, 그 이론적 자양을 당대의 종교학 유행으로부터 얻었다는 것이다. 그런데 존스의 정의가 개신교의 전통적인 정의, 예를 들어 보이는 세계와 보이지 않는 세계 사이의 연결을 종교라고 했던 귀즐라프의 정의로부터 과연 얼마나 더 나아갔으며 구체적으로 달라진 점은 무엇인지에 대해서 반문할 수 있을 것이다. 냉정하게 말해서 존스가 당시 종교 정의들의 요소들을 재결합함으로써 한국 사례를 포함하고자 시도한 것은 인정할 수 있지만, 실상 정의의 내용 자체에 새로운 요소가 추가된 것은 아니기 때문이다. 그렇다면 한국과의 만남을 통해서 확장된 종교 논의로는 무엇이 있을까? 우리는 헐버트와 게일의 종교 정의에서 그 일부를 찾을 수 있다.

2) 헐버트와 게일의 종교 정의

헐버트Homer B. Hulbert, 1863~1949는 존스와 더불어 한국종교에 대한 논의를 주도했던 개신교 선교사였다. 그는 1884년에 다트머스대학을 졸업하고 유니온신학교를 다니다가 1886년에 내한하였다. 그는 조선 정부와 친밀한 관계를 유지하였고 반일적인 정치적 태도를 가졌던 탓에 1907년에 미국으로 돌아가야 했다. 그는 한국에서 활동하는 동안 한국의 고유성에 관심을 두고 한국사에 관한 중요한 저작들을 남겼으며, 종교에 관한 연구도 한국종교의 고유성을 찾으려는 맥락에서 이루어졌다고 할 수 있다.

우리는 그가 한국 고유 종교 전통과 그 복합적 존재 양상에 대해 일찍부터 관심을 가졌음을 앞에서 본 바 있다. 그는 민간 신앙의 축귀 현상과 무당에 대해서도 관심을 가졌다.[26] 종교에 관한 그의 입장은 1906년 저술인

『대한제국 멸망사*The Passing of Korea*』에서 정리되어 나타난다. 종교에 관한 장의 제목은 '종교와 미신'인데, 이는 저자 자신은 한국종교를 미신으로 부르지 않지만 서구 독자의 입장에서는 그렇게 볼 수도 있다는 이중적 시선을 담은 제목이다. 그는 서구적 종교 개념이 한국 상황에 적용되는 데서 오는 어려움을 자각하였으며, 이는 그의 종교 논의의 출발점이 된다.

한국의 종교를 논하기에 앞서 용어를 정의할 필요가 있다. 종교가 무엇인지를 잘 아는 서양 독자들에게는 이상하게 들릴지 모르겠지만, 동양 사람들에게는 어느 지점에서 종교가 끝나고 어느 지점에서 순전한 미신이 시작되는지 분간하는 것이 너무나도 어려운 일이다. 나는 종교religion라는 단어를 가장 넓은 의미로 이해하는 것이 좋다고 생각한다. 즉, 종교는 인간이 초인간적인 superhuman 현상, 인간 외부의infra-human 현상, 더 넓게 말한다면 인간을 넘어선extra-human 현상들과 맺고 있는, 혹은 맺고 있다고 상상하는 모든 관계들을 포함하는 단어이다. 여기서 '인간을 넘어선'이라는 범주에는 죽은 사람의 정령spirit이 포함된다는 설명을 덧붙일 필요가 있다.[27]

"어느 지점에서 종교가 끝나고 어느 지점에서 순전한 미신이 시작되는지"의 경계 설정, 서양에서는 명확해 보였던 이 경계가 뚜렷지 않다는 것이 한국에서 종교현상을 접한 헐버트의 고백이다. 그는 되도록 넓은 현상

---

26 축귀에 관한 짧은 언급으로는 다음을 볼 것. Homer B. Hulbert, "Odds and Ends : Exorcising Spirits", *The Korea Review* 1-4, April, 1901, p.163. 무당과 판수에 관한 집중적인 연구로는 다음을 볼 것. Homer B. Hulbert, "The Korean Mudang and P'ansu", *The Korea Review* 3-4·5·6·7·8·9, 1903.

27 Hulbert, *The Passing of Korea*, p.403.

을 포괄할 수 있도록 종교를 인간과 인간을 넘어선 현상 사이의 관계라고 정의하였다. 존스의 경우처럼 관계성을 중시하는 전통적인 정의를 존중하면서도 "단어의 가장 넓은 의미"를 추구하는 태도를 천명함으로써 최대한 융통성을 꾀하였다.

헐버트의 정의에서 가장 주목할 대목은 그가 달아놓은 단서이다. 그는 종교적 대상인 '인간을 넘어선'이라는 범주에 죽은 사람의 정령을 포함한다는 추가조항을 정의에 삽입했다. 이 삽입은 바로 그가 한국에서 만난 민간 신앙, 혹은 귀신 숭배를 종교로 다루기 위한 그의 특별한 배려였다. 존스가 귀신 숭배를 정령 숭배로 봄으로써 보편적인 종교현상으로 다룬 것처럼, 헐버트도 귀신 숭배를 확실히 종교현상으로서 설정하였다. 이는 한국 사례가 종교 정의에 영향을 끼친 중요한 장면이다. 한국의 귀신을 종교 대상으로 인정하게 된 그간의 논의의 결과가 종교 정의에 포함되었다.

게일도 존스, 헐버트와 함께 한국종교의 존재를 승인하는 입장을 발전시킨 중요한 선교사였다. 그는 1898년의 글에서 한국종교가 "한국인 일상의 세세한 부분까지 스며들어 있어" 외부인들이 쉽게 분별해낼 수 없음을 지적한 바 있다.[28] 그가 종교 정의를 선명하게 언급하는 것은 10년 후인 1909년의 저서 『전환기의 한국』에서이다. 선교지망생들을 위한 교재로 집필된 이 책은, 그의 독자적인 견해를 제시한다기보다는 그간 한국에서 활동한 선교사들의 논의를 요약하는 성격을 갖는다. 그래서 이 책의 서술은 첫 관찰자들이 종교 건물의 부재를 통해 '종교 없음'을 말한 시행착오부터 시작된다.

---

28 Gale, *Korean Sketches*, p.217.

한국에는 특이하게도 종교가 없는 것처럼 보인다. 서울 도성에는 평민 거주지 위로 솟은 거대한 사원이 없다. 승려, 공공의 기도, 참배객, 탁발승, 돌아다니는 성스러운 동물, 예식서나 촛불의 판매, 향을 올릴만한 그림, 엎드려 절하는 모습 등, 사실상 종교를 나타내는 일반적인 표식들을 찾아볼 수 없다. 그러나 인간의 영적인 면the spiritual이 자기 너머나 위에 있는 다른 영혼들에 도달하는 것을 종교라고 한다면, 한국인 역시 종교적이다. 한국인은 성스러운 책들을 갖고 있고, 기도할 때 무릎을 꿇으며, 하느님, 영, 하늘나라에 대하여 이야기한다.[29]

앞에서 본 비숍의 글과 마찬가지로, '종교를 나타내는 표식'들을 찾기 쉽지 않음을 지적했지만 그것은 그러한 첫인상을 극복하고 종교의 인식에 도달해야 함을 강조하기 위해 글을 풀어나가는 기교에 불과하다. 그는 헐버트의 정의를 거의 그대로 따라서 "너머나 위에 있는 다른 영혼"을 언급하였다. 귀신을 정령으로 이해하여 보편적 종교 정의에 포함시킨 그간의 논의가 응축된 표현이다. 이에 따라 종교가 존재한다. 그는 더 나아가 선교사 중에서도 가장 강력한 표현을 사용하여 한국인의 종교를 긍정하였다. "한국 환경에 더 오래 머물게 될수록, 나는 한국인들이 종교를 갖고 있으며, 본국의 보통 기독교인들이 신앙을 위해 실천하는 것보다 더 많은 것들을 종교를 위해, 또 종교를 갖고 있기에 실천하고 있다고 더욱 힘주어 말하고 싶어진다."[30]

존스, 헐버트, 게일 등의 종교 개념 논의의 맥락은 감리교 선교사 무스

---

29 Ibid., p.67.
30 Ibid., p.69.

의 1911년 저술에서도 이어진다. 한국 마을의 종교라는 다소 독특한 범주를 다루고 있긴 하지만, 그의 접근은 한국종교에 대한 접근과 동일하다. 그는 역시 기존의 정의들이 불충분하기 때문에 종교의 정의가 필요하다는 논의로부터 글을 시작한다. 그가 원하는 정의는 어원론적인 것이 아니라 현상적인 접근에서 도출된 것으로, 그의 입장에서 종교는 "영적 영역 spiritual realm에 대한 모든 사람들의 믿음의 총체"로 정의된다.[31] 이 정의는 헐버트나 게일의 것과 유사하면서도, 타일러의 애니미즘 정의의 영향을 받은 것이라고 할 수 있을 것이다. 헐버트의 "죽은 사람의 정령이 포함되는 인간을 넘어선 현상"이나 게일의 "너머나 위에 있는 다른 영혼"은 짧은 구절이지만, 귀신 신앙으로 이해된 한국종교를 종교로서 이해하기 위해 세심하게 고안된 문구로, 20년 이상의 선교사와 한국종교의 만남의 결실을 대표하는 표현으로 손색이 없다.

3) 한국종교의 중층다원성

선교사들이 종교 정의를 재검토해서 얻게 된 가장 중요한 성과 중 하나는 한국인이 종교'들'을 갖고 있다는 점을 효과적으로 서술할 수 있게 되었다는 것이다. 한국종교의 중층다원성을 잘 인식했다는 것은 개신교 선교사의 종교연구에서 두드러진 특징으로,[32] 현재도 이에 대한 존스나 헐버트의 언급은 한국종교의 독특성을 보여주는 탁월한 서술로 인용되고 있다. 여기서 우리는 다종교 상황에 대한 선교사의 인식이 종교에 대한 인식

---

31 Moose, *Village Life in Korea*, p.189.
32 김종서, 「한말, 일제하 한국종교 연구의 전개」, 257・259・262쪽; 김종서, 『서양인의 한국종교 연구』, 25・27쪽; 김종서, 「근대화와 한국종교의 개념」, 181~182쪽.

과 더불어 어떻게 다듬어 졌는지 정리하고자 한다. 사실 한국에 여러 종교 전통들이 공존한다는 사실은 개신교 선교 이전의 그리피스의 서술부터 인식되어 있었다. 문제는 이들이 잡다한 미신들이 아니라 종교들로 받아들여진 이후에야, 종교들의 평화로운 공존을 한국의 독특한 상황으로 묘사하는 것이 가능해졌다는 점이다. 우리는 '종교' 인식 이전과 이후의 다종교상황 서술을 비교함으로써 초기 개신교 선교사의 서술이 개념적으로 다듬어지며 한국종교문화의 독특성을 담아내는 모습을 살펴볼 수 있다.

부패한 토탄 늪

앞에서 그리피스의 저서가 개신교 선교사들의 종교 서술의 틀을 제공하였다는 사실을 지적한 바 있다. 개신교 선교 이전에 한국에 입국한 경험 없이 쓴 글이었지만, 그리피스가 다룬 쟁점들은 이후 저자들의 서술에 계승되었다. 그중에서도 가장 중요한 것은 다종교 상황에 주목하였다는 것이다. 그는 다음과 같이 한국인의 종교가 다층적임을 지적하였다. "[한국인의] 신앙 기저에는 역사적 순서대로 세 층의 관념들이 존재한다. 그것은 원시 페티시즘과 샤머니즘─가시적 대상에 대한 숭배와 비가시적인 상상의 영향력에 대한 숭배─, 유교, 그리고 불교이다."[33] 그러나 이교도에 대해 부정적인 종교관을 가졌던 그리피스에게 다층적인 신앙은 큰 의미를 지닌 것이 아니었다. 그것은 부패의 은유로 표현된다.

한국 농민의 심성은 부패한 것들이 뒤섞여 있는 토탄늪과 닮았다. 그에게 일

---

[33] Griffis, *Corea, Without and Within*, p.162.

단 영향을 주었던 신앙은 구분되는 생명력과 형태를 갖고 있다. 신앙의 틀과 내용물은 이제 사라졌지만, 그는 모든 신들을 모시고 모든 미신들을 믿는다.[34]

그리피스의 눈에 다양한 종교 전통의 공존은 이교도 종교들의 잡거성雜居性을 보여주는 것에 지나지 않았다. 훗날 기독교계를 중심으로 사용하게 되는 혼합주의 담론의 부정적인 함축, 여러 요소가 정체성을 잃은 상태로 무분별하게 혼합되어 있는 상태라는 인식이 이 서술에서 나타난다. 여기서 하나 더 지적하고 싶은 것은 이러한 묘사가 그리피스가 일본 종교를 보았던 시각의 연장선상에 있다는 점이다. 그는 일본 종교에 관한 저서에서 일본 종교를 "신도, 유교, 불교의 혼성amalgam"이라고 규정한다. 이 전통들이 일본인의 삶에서 나타나는 양상은 다음과 같다. 이 표현 방식은 훗날 한국종교에 관한 존스와 헐버트의 글에서 비슷하게 나타난다.

기독교 신학의 용어를 써서 말하면, 신도는 신학을, 유교는 인간론을, 불교는 구원론을 제공한다. 일반적인 일본인은 신도로부터 신들을 배우고 애국심을 향한 열망을 얻으며, 유교로부터 사회생활과 윤리에 관한 교훈을 배우며, 불교로부터 그가 구원이라고 여기는 것에 대한 희망을 얻는다.[35]

---

34 Ibid., pp.170~171.
35 William Elliot Griffis, *The Religions of Japan, from the Dawn of History to the Era of Meiji*, 4th ed., New York : Charles Scribner's sons, 1912[1895], p.11. 이 표현은 후에 존스와 헐버트가 한국인을 묘사한 유명한 표현들을 떠올리게 한다. "[한국인은] 개인적으로 유교식 교육을 받는다. 하지만 그는 부인이 후사를 위해 부처님께 기도 드리도록 보내고, 아플 때에는 무속의 무당과 판수에게 기꺼이 비용을 지불한다."(Jones, "The Spirit Worship of the Koreans", p.39); "한국인은 사회에 있을 때는 유교인이 되고, 철학할 때에는 불교인이, 어려움에 빠질 때에는 귀신 숭배자가 된다."(Hulbert, *The Passing of Korea*, pp.403~404.)

그리피스는 한국과 일본에서 공통적으로 종교 전통의 다양성을 인지하였지만 그것을 부정적으로 묘사하였다. 한국종교에 대해 부패한 토탄 늪과도 같다고 한 것과 마찬가지로, 그는 일본 종교를 묘사할 때도 "미신의 무성한 잡초"가 있다는 표현을 쓴다. "페티시즘, 샤머니즘, 자연 숭배, 혹은 수많은 형태의 이교주의 등, 그것을 그 어떤 이름으로 부르든지간에," 그것은 무시무시한 존재이며 "일본 땅의 가시와 엉겅퀴 자리에 활발하게 가득 자라나는 죽순"과도 같은 끈질긴 존재라고 묘사된다.[36]

개신교 선교 이후 한국에서 활동한 선교사들은 그리피스의 서술을 이어 받아 한국종교문화의 다원성을 지적하였다. 예를 들어 1892년에 기포드는 한국종교가 "한국의 종교적 믿음은 유교, 불교, 도교가 뒤섞인 모습blending을 보여 준다"고 서술하였다.[37] 특히 그리피스의 개념적 자장은 1891년에 존스가 쓴 글에서도 유지된다. 1901년 저술과는 확연한 차이를 보인다는 점에서 다음 부분의 논조에 주목할 필요가 있다.

[데몬 숭배, 불교, 조상 숭배는] 서로 가까이 존재하고 있으면서도 부조화를 이루지는 않는다. 한국인은 대다수 사람들이 진정한 이교적pagan 관용성을 지니고 자신을 세 전통 모두의 성원으로 인식하면서도 어느 전통으로부터도 출교 당할 위험에 처하지 않는다. '이교적 관용성'이 높이 숭상되는 더 좋

---

36 Griffis, Ibid., p.12.
37 Gifford, "Ancestral Worship as Practiced in Korea", p.169. 이 글은 1898년에 단행본으로 출판된 다음 책의 제3장으로 다시 실렸다. Gifford, *Every-day Life in Korea*. 단행본에서는 약간의 수정이 가해졌다. 특히 위 문장의 경우, 1892년에는 도교(Tauism)라고 지칭했던 전통을 1898에는 샤머니즘(Shamanism)으로 수정했다는 점이 눈에 띈다. 이는 무교와 민간 신앙을 샤머니즘으로 통칭하는 동료 선교사들의 용법을 수용한 결과이다. cf. 김종서, 『서양인들의 한국종교 연구』, 32쪽, 주35.

은 사례는 한국 말고 다른 나라에서는 볼 수 없을 것이다. (…중략…) 한국인은 조상 숭배에서 종교 의식을 취하고, 불교 기도의 효과를 갈구하며, 산신령 사당에서 정성스레 머리를 조아리면서도, 이단에 빠진다는 죄책감조차 전혀 갖지 않는다.[38]

여기서 존스는 한국종교의 다원성에 대해 의미 있는 지적들을 보여준다. 명칭은 다소 정리되어 있지 않지만, 그는 유교, 불교, 무교가 존재함을 인식하였으며 더욱이 그들이 '부조화를 이루지는 않았다'라는 긍정적인 측면을 읽어냈다. 한국인이 삶의 여러 국면에서 각 전통의 요소들을 활용하고 있는 모습도 성공적으로 묘사하였다. 그러나 이 시기의 존스는 이 전통들을 '종교'라는 연구대상으로서 존중하는 태도를 확립하지 못한 상태였다. 그에게 한국인의 신앙은 그것들은 이교도의 것에 불과해서 그 공존 역시 '이교도적인 관용'으로 폄하되었다. 그것은 한 전통에 일관되게 의존하는 것이 아니라 필요에 따라 다른 전통들에 의존하면서도 양심에 거리낌이 없는 무심함으로 묘사되었다. 여기서 존스가 종교다원성에 대한 더 성숙한 묘사에 도달하기 위해 요청되었던 것은 바로 '종교'에 대한 재인식이었다.

종교 복합체의 인식

우리가 앞서 보았듯이 1901년의 글에서 존스는 종교 개념을 재검토하고 한국에 종교가 존재한다는 결론을 내렸다. 그러한 결론에 이어 그는 한

---

[38] Jones, "The Religious Development of Korea", p.415.

국의 종교'들'에 대해 말할 수 있었다. 그가 종교들의 공존 상태에 대해 묘사한 내용은 혼란스러움이라는 부정적 뉘앙스가 여전히 남아있긴 해도, 이교도를 운운하던 이전의 서술에서 확연히 진일보한 양상을 보인다.

이들 세 체계[유교, 불교, 샤머니즘]는 서로 중첩되거나 상호침투하기보다는 나란히 존재해왔다. 오늘날까지도 그것들은 일반적인 한국인의 심성에 하나의 어지러운 복합체confused jumble로서 유지되고 있다. (…중략…) 한국인들은 이론적으로는 유교, 불교, 샤머니즘이라는 세 숭배의 성격을 구분하지만, 실제로는 그들의 마음속에서 어지럽고 채 소화되지 않은 가르침과 믿음의 덩어리가 가망 없이 뒤섞이고 혼란스러운 채로 놓여 있다. 한국인은 셋 모두를 믿는다. 그는 개인적으로 유교식 교육을 받는다. 하지만 그는 후사를 위해 부인을 부처님께 기도 드리도록 보내고, 질병이 닥치면 샤머니즘 무당과 판수에게 기꺼이 비용을 지급한다. 그래서 평균적인 한국인은 세 체계의 연합된 도움을 통해 복된 운명에 이르리라는 희망을 품고 셋 모두를 따른다.[39]

서양의 통념상 한 사람이 종교 셋을 모두 믿는다는 진술은 모순으로 받아들여질 수 있는 표현이다. 이것이 초기의 존스처럼 이교도의 미신에 관한 내용이라면 미신적 신앙에서 흔히 일어날 수 있는 잡스러운 요소들의 동거로 이해되고 말 일이다. 그러나 이제 다루는 대상이 종교이기 때문에 이 공존, "세 체계의 연합"은 한국종교의 특성으로서 기술될 수 있었다.

존스가 지적한 한국종교의 다원성에 대해서는 다른 선교사들도 인식을

---

39 Jones, "The Spirit Worship of the Koreans", p.39.

공유하고 있었으나,[40] 그중에서도 존스와 나란히 이 인식을 발달시키면서
한국종교의 독특성에 대한 가장 완성도 높은 서술에 도달한 선교사는 헐
버트였다. 헐버트는 1901년의 글에서 무교와 불교의 혼합적 양상을 지적
한 바 있다.[41] 이것은 1906년의 책에서 한국종교 일반의 양상에 적용되었
다. 1901년에 무교와 불교로 이루어졌던 '복합적 종교composite religion'를
말했다면, 1906년에는 유교, 불교, 무교가 오랜 시간 형성해온 '종교 복합
체religious composite'를 제시하게 된다.

한국인의 삶에서 (…중략…) 누구에게도 존재하는 종교 신념들의 혼성물
mosaic만큼 그들 문명의 유구함을 분명하게 보여주는 것은 없다. (…중략…)
모든 한국인들의 심성에는 전체가 뒤엉켜jumble 있다. 아무리 논리적으로 서
로를 부정하는 것이라고 해도 다른 신앙 간에는 어떠한 대립도 존재하지 않는
다. 그 신앙들은 수 세기에 걸쳐 함께 침잠되어 일종의 종교 복합체religious
composite를 이루었고, 사람들은 이 복합체로부터 자기가 좋아하는 요소를 선
택하면서도 나머지 요소를 무시하지 않는다. 누구도 이 복합 종교에서 어느 한
부분만 배타적으로 신앙하지 않는다. 그는 마음의 어떤 상태에서는 불교적 요
소에 의존할 수도 있고, 다른 때는 조상에 대한 페티시즘로 전환할 수도 있다.
일반적으로 전인적인 한국인은 사회에 있을 때는 유교인, 철학할 때는 불교인,
어려움에 빠질 때는 정령 숭배자가 된다고 할 수 있다.[42]

---

40 예를 들어 게일은 한국종교에 대해 다음과 같이 말한다. "한국의 종교는 조상 숭배가 불
    교, 도교, 귀신 숭배(spirit cult), 점복, 주술, 풍수, 점성술, 페티시즘와 뒤섞인 이상한 종
    교이다."(Gale, *Korea in Transition*, p.68)
41 "한국의 토착 귀신론(native demonology)은 불교와 결합해서 서로를 분별해내기 힘든
    복합적 종교(composite religion)를 형성하였다."(Hulbert, "Korean Survivals", p.39)
42 Hulbert, *The Passing of Korea*, p.403.

헐버트에 이르러 부정적인 뉘앙스는 완전히 극복되었다. 여러 전통의 요소들이 존재한다는 것, 그것들이 중층적으로 존재한다는 점은 그리피스 이래 여러 관찰자들이 언급해왔던 내용이다. 그러나 헐버트는 이 요소들이 모순을 일으키지 않으며 공존하는 것을 부패한 상태나 이교도 특유의 무분별함으로 보는 대신에 한국 문명의 유구함으로 인해 가능했던 한국종교의 독특성으로 보았다. 이 서술은 헐버트가 "단어의 가장 넓은 의미를 택하여" 종교를 포괄적으로 정의한 결과 "한국의 종교들이 매우 복잡한 연구대상을 이루고 있음"을 파악했기에 가능했다.[43] 개신교 선교사의 가장 손꼽히는 연구 성과라고 할 수 있는 한국종교의 중층다원성에 대한 묘사는 종교 개념의 인식과 맞물려 이루어졌다.[44]

선교사들이 종교들의 공존을 묘사하기 위해 동원한 단어들은 실로 다양했다. '뒤섞인 모습blending', '어지러운 복합체confused jumble', '얽힘adulteration', '뒤섞임mixture', '혼성물mosaic', '뒤엉킴jumble', '종교 복합체religious

---

43 Ibid., p.403.

44 종교 개념의 성찰에 뒤이어 한국종교의 다원적 성격을 서술하는 구도는 1911년 무스의 저작에서도 나타난다. 그 역시 헐버트처럼 종교의 다원성이 오래된 전통의 결과라고 말한다. 그는 한국종교에 대하여 다음과 같이 서술한다. "[한국의] 마을 종교(village religion)는 순수하고 단순한 종교로, 어떤 특정한 종교 체계는 아니다. 그것은 유교라고 불릴 수도 없고, 불교도 아니며, 순수하고 단순한 페티시즘도 아니다. 마을 사람들은 정령 숭배자(spirit worshipper)들이며, 정령들과 좋은 관계를 맺는 데 도움이 되는 것이라면 기꺼이 그들의 종교에 덧붙이려는 태도를 지녔다. 교육 받은 양반들은 자신이 큰 스승 공자를 따르는 사람이라고 말할 것이다. 그러나 그의 집에 들어가 보면 유교와 무관한, 정령 숭배의 기물들을 많이 볼 수 있다. 이것은 불교를 믿는다고 주장하는 다른 사람들도 마찬가지이다. 그 역시 자신의 [종교] 체계에서 유교나 페티시즘에 속한 것들을 배제하지 않고 있기 때문이다. 의심할 여지없이, 마을 사람들의 종교적 행위와 신념 속에는 기원을 가늠할 수도 없는 아득한 옛날부터 내려온 것들이 많이 들어 있다. 이 점은 4세기 중엽 한국에 들어온 불교나, 그 시기로부터 멀지 않은 시점에 이 나라에 등장한 유교에는 해당하지 않는다. 그들이 들어온 시점보다 훨씬 이전부터 한국인들은 종교를 갖고 있었고, 오래된 체계의 많은 부분들이 오늘날까지 유지되고 살아있는 것이다." Moose, *Village Life in Korea*, p.190.

composite' 등이 그 예이다. 이 표현들 중에는 부정적인 뉘앙스를 가진 것도 있었지만 대부분은 종교의 상황을 있는 그대로 묘사하는 와중에 동원된 것들이다. 사실 기독교계에서는 종교문화의 섞임에 대해서는 부정적인 인식이 지배적이었으며, 이 인식이 혼합주의syncretism라는 용어로 개념화되어 19세기 말에 유행하기 시작했다.[45] 이 점을 염두에 둔다면 선교사들이 한국의 정황을 서술하기 위해 다분히 묘사적인 언어를 사용했다는 점에 의미를 둘 수 있다. 선교사들이 혼합주의라는 용어를 알지 못해서 사용하지 않은 것인지, 아니면 용어를 알면서도 일부러 사용하지 않은 것인지에 대해서는 알 수 없다. 그러나 어떤 경우가 되었든 중요한 것은 선교사들이 서술하고자 했던 것은 혼합주의 담론이 담고 있는 부정적인 함축과는 다른 맥락을 가진 것이었고, 그 영향을 받지 않았기에 한국종교의 중층다원성을 성공적으로 서술할 수 있었다는 것이다.

2. 한국에서 만난 알지 못하는 신

우리는 1901년 이후의 중요한 변화, 즉 민간 신앙이 정령 숭배라는 개념을 통해 종교현상으로 인정받고, 종교 개념의 재성찰을 통해 한국종교를 다룰 보편적인 종교 개념에 대한 인식이 확립되는 과정을 보았다. 그런데 이 시기에 선교사들이 종교를 인식하게 되는 중요한 계기가 하나 더 있다. 그것은 1906년 이후 기독교 유일신 'God'의 번역어로 '하느님하ᄂ님'

---

45 방원일 외, 『메타모포시스의 현장─종교, 전력망, 헝가리』, 보고사, 2023, 26~30쪽.

이 공인되었다는 것이다. 이는 단순한 번역이 아니라 한국문화에 기독교 유일신의 흔적을 찾을 수 있다는 인식의 반영이다. 로스가 사용했던 번역어 하느님의 사용은 한국 문화 내의 '알지 못하는 신'에 대한 긍정적 인식의 길을 열어놓았다.

'알지 못하는 신'이라는 선교 신학적인 사유는 종교의 보편성을 추구하는 종교학에서도 어느 정도 공유되는 생각이다. 특히 막스 뮐러로 대표되는 19세기 비교종교학과 선교사들의 자유주의 신학 사이에서는 꽤 너른 공감대가 존재했다. 이하에서는 막스 뮐러의 종교학에서 선교사와 공유된 부분을 살펴보고 그러한 전제가 한국종교 이해에 어떻게 반영되었는지를 보겠다.

1) 19세기 종교학의 '알지 못하는 신'

우리가 종교학사에서 '종교학의 아버지'로서 만나는 막스 뮐러는 언어학과 비교를 통해 근대 학문으로서 종교학을 정초하는 모습으로 그려진다. 하지만 뮐러의 저술에는 하느님과 구원이라는 서구 기독교의 전제, 진보주의 신학의 태도가 깃들어 있다.[46] 종교학자 키펜베르크Hans Kippenberg는 막스 뮐러가 근대적 방법을 통해 진정한 종교를 추구했지만, 막상 그 진정한 종교는 기독교적인 것이었다고 지적한다.

---

[46] 피츠제럴드는 에릭 샤프로 대표되는 종교학사에서 막스 뮐러의 작업에 깔려 있는 신학적인 유산이 간과되어 왔다고 비판한다. Timothy Fitzgerald, *The Ideology of Religious Studies*, New York : Oxford University Press, 2000, p.34. 그러나 저자는 뮐러와 신학적 작업의 연관을 논하는 것이 종교학의 위장된 학문성에 대한 '폭로'에 해당한다고 보는 피츠제럴드의 입장에는 동의하지 않는다.

뮐러는 감각적 지각과 이성적 지각과 더불어 독립적으로 존재하는 보편적인 인간의 능력이 있다고 보았다. 이 능력은 (…중략…) 인간으로 하여금 유한한 세계에서 무한성을 지각하는 것을 가능하도록 해준다. [뮐러에 따르면] 언어의 역사 덕분에 우리는 인류의 가장 오래된 시기로 돌아갈 수 있으며, 여기서 '진정한 종교authentic religion'의 요소들을 알아낼 수 있다. 진정한 종교는 하느님에 대한 직관적인 인식, 의존의 감정, 세계 내의 하느님의 역할에 대한 믿음, 선과 악의 구분, 그리고 더 나은 삶에 대한 희망으로 구성된다. 진정한 종교를 묘사할 때면, 문헌학자 뮐러는 설교자이자 신학자가 된다.[47]

우리가 여기서 주목하는 부분은 문헌학자보다는 '설교자이자 신학자'로서의 막스 뮐러이다. 당대에 막스 뮐러가 선교사, 신학자들과 어떠한 생각을 공유했는가, 그래서 뮐러가 주창한 비교종교학이 선교사에게 어떻게 받아들여졌는가를 알아보도록 하겠다. 뮐러의 이론이 당시 한국 자료를 이해하는 데 영향을 미쳤다면, 그것은 분명 신학적인 필터를 통해서 이루어진 것이다.

뮐러의 진정한 종교

막스 뮐러는 자유주의 기독교인이었다.[48] 그는 1867년 출판된 『독일인 작업실의 글조각들Chips from a German Workshop』에서 종교학의 발달이 선교사들에게 가져다줄 이득에 관해 다음과 같이 말했다.

---

47 Kippenberg, *Discovering Religious History in the Modern Age*, p.42.
48 샤프, 『종교학』, 190쪽.

나는 종교학이 야만적인 모습의 신앙과 예배를 바라보는 관점에 [언어학이 했던 것과] 비슷한 변화를 일으킬 것이라고 희망한다. 그래서 선교사들은 [기독교와 이방 종교들 사이에서] 단순히 차이점들을 보는 대신에 공통의 기반을, 여전히 되살아날 수 있는 진리의 빛의 번득임을, 그리고 진실된 하느님에게 새로이 봉헌된 제단을 더 열렬하게 찾아낼 수 있을 것이다.[49]

여기서 뮐러가 종교의 '공통의 기반'으로 이야기하는 '진리의 빛'은 기독교 유일신의 계시를 말한다. 유명한 뮐러의 정의, "유한자the finite에 의한 무한자the infinite의 지각"은 유한자와 무한자라는 철학적인 개념을 도입했다는 차이는 있지만, 절대자를 대상을 놓고 그에 대한 관계를 강조한다는 점에서 '하느님에 대한 앎'이라는 기독교적인 이해와 구조적으로 크게 다르지 않다.[50] 뮐러가 "몇 줌의 진리도 없는 종교는 존재하지 않는다"라는 아우구스티누스의 말을 인용한 맥락도 마찬가지이다. 그것은 모든 종교에는 탐구할 가치가 있는 진리성이 포함되어 있다는 열린 태도를 나타내는 말이지만, 동시에 그 진리성은 기독교적인 것으로 전제되어 있다. 그 결과, 종교학은 "다른 어디보다도 고대 종교사에 '신이 인류에 가르쳐 준 것'이 뚜렷이 있음을 볼 수 있게 해줄 것이다".[51] 비슷한 견해가 다음과 같이 피력되기도 한다.

---

49 Friedrich Max Müller, *Chips from a German Workshop*, London : Longmans, Green, 1867, pp.xxi~xxii.

50 Müller, *Introduction to the Science of Religion*, p.13; Müller, *Lectures on the Origin and Growth of Religion*, pp.22~53.

51 Müller, *Introduction to the Science of Religion*, p.151.

모든 종교는 아무리 불완전하고 퇴화된 상태라 하더라도 성스러움에 대하여 우리에게 가르쳐 줄 수 있는 것을 갖고 있다. 모든 종교에는 알지 못하는 신을 통해서 진리를 추구하려는 열망이 있기 때문이다.[52]

뮐러의 종교 개념, 즉 종교를 종교이게 하는 것 중 핵심적인 것은 기독교가 아닌 종교들에도 '알지 못하는 신the Unknown God'의 계시가 존재한다는 것이다. 「사도행전」에 등장하는 표현 '알지 못하는 신'이 선교사들에게 핵심적인 명제였음은 뒤에서 살펴볼 것이다. 여기서는 뮐러가 상정하는 보편적인 종교에 '알지 못하는 신'이 전제되어 있음을 확인하도록 하자. 예를 들어 비기독교 종교에도 진리가 존재함을 말하면서 뮐러는 다음과 같이 언급한다.

> 무신론적 종교에 관해 말하면, 그것은 완전히 불가능하다고 보일지도 모르겠다. (…중략…) [그러나] 기독교 성립 이전에 가르쳐진 최상의 도덕은, 신들이 단순한 허깨비가 되어버린 사람에 의해서, 알지 못하는 신에 바치는 제단도 없는 상태에서 교육되었다.[53]

뮐러는 다양한 종교, 여러 신들은 하나의 종교적 진리가 다양한 모습으로 나타난 양상이라고 보았다.[54] 여러 신들은 여러 이름에 불과하다. 그는

---

52 Müller, *Chips from a German Workshop*, p.xxx.
53 Müller, *Introduction to the Science of Religion*, p.82.
54 신의 숫자로 종교를 분류하는 뮐러의 용법(비록 뮐러 특유의 분류는 아니지만)은 선교사 문헌에서도 많이 볼 수 있다. 뮐러의 분류는 다음과 같다. "매우 중요하고, 어떤 목적을 위해서는 매우 유용한 분류가 다신론적(polotheistic), 이원론적(dualistic), 유일신론적(monotheistic) 종교로 나누는 것이다. 종교가 상위의 힘(Higher Power)에 대한 믿음

이렇게 말한다. "벨, 주피터, 바루나, 상제上帝 등이 여호와 옆에 [따로] 존재하는 개별적인 존재라고 생각하십니까? 이것들은 하느님God의 잘못되거나 부정확한 이름들입니다. 하지만 결코 잘못되거나 부정확한 신들gods의 이름은 아닌 것입니다."[55]

중국의 상제는 뮐러 논지의 중요한 사례였다. 그는 중국 선교사, 특히 제임스 레그와의 교류를 통해서 이러한 확신을 얻게 되었다. 1867년만 해도 뮐러는 중국의 유일신에 대하여 이야기할 때 중국의 최고신 개념을 둘러싼 가톨릭 선교사들의 논쟁을 소개했을 뿐 어느 한 입장에서 이야기하지 못했다.[56] 그러나 1873년의 글에서는 개신교 선교사 메드허스트의 글을 인용하면서 상제가 'God'의 번역에 해당하며 따라서, 고대 중국에 하느님에 대한 신앙이 있다는 주장을 자기 논지의 주요 전거로 사용하게 된다.[57] 후에 뮐러는 『동방의 성전』 시리즈에 수록된 중국 고전의 번역에서 '상제'를 'God'으로 옮긴 것에 대하여, '신'으로의 번역을 선호하는 중국 선교사들과 논쟁을 벌이기도 한다. 이때도 그는 번역자 레그의 편을 들어서 상제라는 토착적인 신 명칭이 결국 하느님을 지시하는 것이라는 입장을 고수하였다.[58]

만약 뮐러가 한국의 성서 번역에 대해 알았다면, 그는 토착적인 유일신 명칭 '하느님'의 사용을 적극적으로 지지하였을 것이다. 그는 어느 곳에

에 주로 의존하는 것이라면, 그 상위의 힘의 성격은 세계의 종교들을 분류하는 가장 독자적인 특성을 제공하는 것으로 보일 것이다. (…중략…) 거기다가 두 다른 종류들을 추가하는 것이 확실히 필요하다. 그것은 택일신론적(henotheistic) 종교와 무신론적(atheistic) 종교이다." Müller, *Introduction to the Science of Religion*, p.80.

55 Müller, "Interminable Question", p.231.
56 Müller, *Chips from a German Workshop*, pp.xv~xvi.
57 Müller, *Introduction to the Science of Religion*, pp.127~129.
58 Müller, "Interminable Question", pp.228~233.

나 '알려지지 않은 신'과 그를 일컫는 이름이 존재함을 의심하지 않았으며, 한국에 그러한 존재가 있음이 바로 종교가 있음을 지시한다고 해도 놀라지 않았을 것이다.

선교사와 종교학

뮐러가 보는 종교학과 선교학의 거리는 그리 멀지 않았다. 그의 동료 학자이자 중국 선교사 출신 제임스 레그의 경우가 그러했다. 선교사가 '온종일 개종 사역만 할 수는 없으며' 그들의 여가활동은 학문이라는 다소 익살스러운 그의 묘사에도 선교학과 학문의 관계에 대한 그의 우호적인 인식이 반영되어 있다.

> 가장 유능한 선교사 중 일부는 학자로서도 가장 훌륭한 업적을 남긴 사람들이다. 내가 활발한 활동을 보이는 선교사들과 이 주제에 관해 대화를 나눌 때마다, 그들은 모두 하루 종일 개종시키는 일만 할 수는 없다는 사실을 인정하게 된다. 또한 문학이나 학술 활동을 하는 것보다 그들에게 재충전이 되고 힘이 솟게 하는 일이 없다는 데도 동의한다.[59]

그렇다면 이번에는 한국 선교사 문헌에서 언급된 종교학을 간단히 살피도록 하겠다. 사실 선교사 문헌에서 종교학이 자주 언급되는 것은 아니다. 우리가 검토한 인물 중에서는 그리피스가 종교학에 관해 말한 것이 있다.

---

[59] Friedrich Max Müller, "Open Address"(delivered by the president of the Aryan section at the international congress of Orientalists, held in London, september 14~21, 1874) in *Chips from a German Workshop*, New York : C. Scribner's Sons, 1876, vol.4, p.338.

그는 1895년의 저서에서 당시 유행하는 종교학the science of Comparative Religion에 관해 언급하고, 막스 뮐러의『동방의 성전』과 제임스 레그를 언급하였다. 하지만 그가 이해하는 종교학은 철저하게 신학의 보조 학문이었다.

> 종교학은 기독교의 자식이다. (…중략…) 종교학은 예수의 종교가 낳은 직계자손이다. 이것은 두드러지게 기독교적인 학문이다. "왜냐하면 종교학은 기독교 문명의 결과이며 기독교가 키워온 물음의 자유에서 추동력을 얻었기 때문이다." 기독교 학자들 안에 있는 그리스도의 정신이 종교학이 무엇인지를 비추어주었기 때문에, 그들은 이미 종교학의 탐구를 시작했고, 원칙을 세웠으며, 자료를 수집하였고 그 장대한 구조를 형성해왔다.[60]

한국에서 활동한 선교사 중에는 헐버트가 뮐러의 책을 읽었다는 호의적인 기록이 있다. 한국에 오기 2년 전인 1884년의 편지에서 헐버트는 다음과 같이 말한다. 당시에 그는 대학을 졸업한 후 조선 입국을 준비하고 있었다.[61]

> 나는 오늘 저녁 막스 뮐러가 쓴『종교의 기원Lectures on the Origin and Growth of Religion』1878을 다 읽었단다. 이것은 참 놀라운 책이었어. 나는 이 책을 곧

---

60 Griffis, *The Religions of Japan*, pp.4~5.
61 헐버트는 1884년에 다트머스대학을 졸업하고, 그 해 육영공원 설립 계획을 듣고 조선에 가려 하였다. 그러나 조선 사정으로 육영공원 설립이 연기되자 유니언 신학대학에 입학하였다. 2년 후인 1886년에 육영공원이 설립되자 그는 조선에 오기 위해 중도에 학교를 관두었다. 김동진,『파란 눈의 한국 혼 헐버트』, 참좋은친구, 2010, 35~37·50~51쪽.

장 다시 읽었는데도 똑같이 재미를 느낄 수 있었단다.[62]

단순히 독서 했다는 사실만 갖고 학문적인 영향 관계를 논하기는 섣부를 것이다. 하지만 선교사들이 직접 종교학자를 언급한 기록은 많지 않기 때문에 헐버트의 언급은 종교학을 대하는 선교사들의 분위기를 짐작하는 단서가 된다. 우리는 언더우드가 뮐러의 택일신론 개념을 염두에 두고 한국종교사를 재구성하려고 시도했다는 것을 뒤에서 보게 될 것이다. 뮐러의 비교종교학 역시 애니미즘 이론처럼 엄밀한 인용의 단계는 아니지만 상식 차원에서 선교사들이 숙지하고 있었던 지식이었다.[63]

선교사들이 종교학에 대한 지식을 얻은 경로를 잠시 짚고 넘어갈 필요가 있겠다. 헐버트의 경우처럼 개인적인 관심에서 종교학 책을 읽은 경우도 있지만, 대부분의 지식은 선교를 준비하는 단계에서 얻은 것으로 보인다. 한국에 입국한 대부분의 개신교 선교사들은 19세기 말에 활발했던 학생자원운동SVM 출신들인데, 학생자원운동본부에서는 선교준비를 위한 강의에서 기독교와 타종교의 관계를 논한 신학적 비교종교학 도서들을 교재로 사용하였다.[64] 교재로 사용된 그랜트와 켈로그의 책은 기독교 호교론의 입장

---

62 "헐버트가 누이에게 보낸 편지"(1884.10.26), 〈한국독립운동사 정보시스템 (http://search.i815.or.kr)〉의 '독립운동가 문건'(접속일 : 2010년 8월 30일).

63 선교사들이 참고한 종교학 서지사항의 한 예를 들면 1929년 클라크의 저작에서는 드 호루트, 매럿, 보아스, 모니에르-윌리엄스, 타일러 등 당시의 중요한 학자들의 이름을 확인할 수 있다. Charles Allen Clark, *Religions of Old Korea*, New York : Fleming H. Revell, 1932, pp.287~290.

64 Oak, "The Indigenization of Christianity in Korea", pp.81~93. 옥성득에 따르면 1910년까지 비기독교 종교에 관련되어 주로 사용된 교재들은 다음 4권이다. George M. Grant, *The Religions of the World in Relation to Christianity*, New York : F.H. Revell, 1894; Samuel H. Kellogg, *A Handbook of Comparative Religion*, Philadelphia : The Westminster Press, 1899; J. S. Dennis, *Social Evils of the Non-Christian World*, New York : Student volunteer

에서 세계 종교들을 다룬 책으로, 틸러나 뮐러 등의 학자 이름들이 간간이 언급된다.[65] 당시 기독교 선교계에서 뮐러를 비롯한 종교학자들의 이론은 어느 정도 상식화되어 있었다.

2) 한국종교사에서 찾은 하느님의 흔적

선교사들이 비기독교 종교들을 접하고 해석할 때 특히 중요하게 작용한 성서 구절들이 있다. 대표적인 것들로는 "창조주 대신 피조물을 숭배하고 섬김"을 말하는 「로마서」 1장, "이방 사람들이 바치는 제물은 귀신에게 바치는 것임"을 말하는 「고린도전서」, 그리고 아테네 시민들이 "모든 면에서 종교심이 많음"을 말하는 「사도행전」 17장이 있었다.[66] 앞에서 보았듯이 귀츨라프는 "오류와 미혹의 체계"로서 종교를 설명할 때 「로마서」 1장을 원용하여 "지고 존재에 대한 숭배가 그의 피조물에 대한 숭배로 경시된다"고 하였다.[67] 또 하디와 게일은 한국의 귀신을 섬기는 행위를 부정적으로 평가하면서 "이방 사람들이 바치는 제물은 귀신에게 바치는 것이지, 하느님께 바치는 것이 아닙니다"라는 「고린도전서」 구절을 인용하였다.[68]

movement for foreign missions, 1898; *Religions of Mission Fields as Viewed by Protestant Missionaries*, New York : Student volunteer movement for foreign missions, 1905.

65 Grant, *The Religions of the World in Relation to Christianity*, pp.1~3; Kellogg, *A Handbook of Comparative Religion*, pp.32 · 80.

66 「로마서」 1장이 선교에 사용된 맥락에 대해서는 다음 글을 볼 것. Andrew F. Walls, "Romans One and the Modern Missionary Movement", *The Missionary Movement in Christian History : Studies in the Transmission of Faith*, Maryknoll : Orbis Books, 1996. 「고린도전서」와 「사도행전」 17장과 관련된 근대 종교현상에 대한 분석으로는 조너선 스미스의 다음 글들을 볼 것. Jonathan Z. Smith, "Re : Corinthians", *Relating Religion : Essays in the Study of Religion*, Chicago : The University of Chicago Press, 2004; *Idem*, "The Unknown God : Myth in History", *Imagining Religion*, Chicago : The University of Chicago Press, 1982.

67 Gutzlaff, *Journal of Three Voyages along the Coast of China*, p.370.

68 Hardie, "Religion in Korea", p.292; Gale, *Korean Sketches*, p.217.

「로마서」 1장과 「고린도전서」가 타종교를 우상 숭배로 보는 개신교의 보수적인 태도와 관련된다면, 「사도행전」 17장의 내용은 종교의 보편성을 지지하는 19세기의 새로운 분위기를 반영한다.

"여러분은 종교심이 많습니다"

'알지 못하는 신unknown God'은 「사도행전」 17장에서 바울이 아테네에서 선교할 때 등장하는 표현이다. 처음에 바울은 "온 도시가 우상으로 가득 차 있는 것을 보고 격분"하였지만, 아테네 시민들을 향해서는 다음과 같이 차분히 연설을 시작한다.

> 바울이 아레오바고 법정 가운데 서서, 이렇게 말하였다. "아테네 시민 여러분, 내가 보기에, 여러분은 모든 면에서 종교심이 많습니다. 내가 다니면서, 여러분이 예배하는 대상들을 살펴보는 가운데, '알지 못하는 신에게'라고 새긴 제단도 보았습니다. 그러므로 나는 여러분이 알지 못하고 예배하는 그 대상을 여러분에게 알려 드리겠습니다."**69**

바울은 기독교가 전파되지 않은 지역 사람들 역시 '종교적'이라는 것을 인정한다. 아울러 그리스 문화를 이교적인 것으로 배격하지 않고 그 안에서 기독교 진리를 예시하는 요소를 찾아내며 긍정적으로 받아들인다. 이런 의미에서 이 이야기는 기독교가 다른 전통을 포용적으로 이해하는 근

---

69 「사도행전」 17:22~24, 새번역. 진실한 신의 이름이 여러 언어로 번역되어 여러 곳에 쓰여 있다는 관념은 고대 지중해 세계에 널리 퍼져 있었다. '알지 못하는 신'은 이러한 관념과 관련된 표현으로 이해될 수 있다. 얀 아스만, 변학수 역, 『이집트인 모세-서구 유일신교에 새겨진 이집트의 기억』, 그린비, 2010.

거가 되는 텍스트로, 소위 성취론fulfillment theory의 전거가 되는 텍스트로 자주 인용된다.

하지만 '종교심이 많습니다'라고 번역된 단어 '데이시다이모니아δεισιδαιμ ονία'는 역사적으로 다양하게 해석되었다. 이 단어 자체는 긍정적으로도 부정적으로도 해석될 수 있어서, 뉘앙스에 따라 '미신적'과 '종교적'이라는 두 해석이 존재했다. 보편적인 종교 개념이 확립되기 이전에 번역된 킹제임스 판에서 이 단어는 '너무 미신적이다too superstitious'로 번역되었다. 칼뱅 역시 이 구절을 '더욱 미신적이다more superstitious'라고 해석하고 인간의 손에 의한 예배를 비판하는 내용으로 이해하였다.[70] 반면에 현대 성서학에서는 바울의 아테네 설교의 맥락에서 이 단어는 그리스 청중의 호의를 끌기 위해 의도적으로 사용된 말이며, 따라서 긍정적인 뉘앙스를 갖고 있는 것으로 보는 것이 일반적이다.[71] 한편 한글 성경 번역에서는 1887년에 존 로스가 최초로 번역한 『예수셩교젼셔』에서 이 구절이 "귀신 슝샹ㅎ기를 심히 ㅎ는지라"로 번역되었고, 1939년의 개역 성경에서 "종교성이 만토다"로 수정되었다.[72] 우리가 3장에서 귀신 숭배를 통해 한국종교가 인식되었다는 사실을 다룬 바 있는데, 이 번역은 그러한 과정을 보여주는 흥미로운 예이다.

분명한 것은 보편적인 종교 개념이 출현하기 전에 이 단어를 '종교적

---

70 John Calvin, *Commentaries on the Four Last Books of Moses Arranged in the Form of a Harmony*, Edinburgh : Printed for the Calvin Translation Society, 1847, vol.35, pp.154~163. 종교학자 에릭 샤프도 이 단어를 '초자연적인 대상을 두려워 하는 것'으로 보아 '미신'으로 번역할 것을 주장한다. 그는 '종교'로 번역된 현재 영어권의 해석에 반대한다. Eric J. Sharpe, *Understanding Religion*, London : Duckworth, 1983, p.42.

71 유상현, "바울의 아레오바고 설교", 『신학논단』 45, 2006, 50~52쪽.

72 옥성득, 『새로 쓰는 초대 한국 교회사』, 464쪽.

religious'이라고 해석하는 것은 불가능했으며, 이러한 번역은 종교의 보편성을 추구하는 19세기의 새로운 분위기를 반영한다는 것이다. 헐버트, 존스, 게일 등 대부분의 선교사는 한국종교 존재의 인식을 바울식의 종교 이해와 연결시켰다. 이 견해를 가장 먼저 본격화한 것은 헐버트였다. 그는 1906년『대한제국 멸망사』에서 한국인에게 하느님이 고유한 관념이라는 주장을 개진한다. 동아시아에 고대로부터 유일신론이 존재했다는 주장은 예수회 선교사로부터 내려와 당시 진보적인 중국 선교사들에게 받아들여졌던 견해인데, 헐버트는 이를 한국종교사에 적용하였다. 그의 주장 이면에는 '알지 못하는 신'이라는 전제가 놓여 있었다.

이상하게 들릴지 모르겠지만, 오늘날 한국인이 갖고 있는 가장 순수한 종교 관념은 하느님 신앙이다. 하느님은 수입된 신앙들과 전혀 연결되어 있지 않고 조야한 자연 숭배로부터도 멀리 떨어져 있는 존재이다. 하느님이라는 말은 '하늘'과 '주인'으로 이루어진 말로, 한문 천주天主에 대응하는 순한글이다. 한국인들은 모두 이 존재를 우주의 절대적 지배자로 여긴다. 하느님은 자연 전체를 물들이는 다양한 귀신과 악령들의 세계 바깥에, 그로부터 철저히 분리되어서 존재한다. 이러한 관점에서 볼 때, 한국인은 철저하게 유일신론자 monotheist이다. 이 존재에 부여된 속성과 힘은 여호와와 너무나 잘 맞아 떨어지는 것이어서, 외국 (개신교) 선교사들은 전체적으로 기독교를 가르치는데 이 용어를 사용하는 것을 받아들였다.[73]

---

73 Hulbert, *The Passing of Korea*, p.404.

이러한 언급은 하느님 용어에 대한 논란이 마무리된 상황을 반영하는 것이다. 하느님은 한국종교사에서 중요한 존재로 두드러지게 된다.

존스는 1907년 저술『한국─땅, 사람, 관습*Korea : The Land, People, and Customs*』에서 바울식의 종교 이해를 한국종교에 본격적으로 적용하였다. 1901년 글에서 "종교 체계는 한국에 결여되어 있지 않다"는 다소 조심스러운 의견을 개진했던 그는,[74] 1907년 저술에서는 "한국인은 종교적인 사람들이다"라는 선언적인 문장으로 글을 시작한다.

> 한국인은 종교적인 사람이다. 그는 무신론자가 아니다. 바울이 고대 아테네 사람들에게 말했던 것과 마찬가지로, 한국인도 매우 종교적이라고 말할 수 있다. 그는 어디서나 신들을 발견하기 때문이다. 모든 자연이 신들로 가득 차 있다. 사자 숭배에서 분명히 볼 수 있듯이, 한국인은 사후의 지속적 존재의 관념을 막연하게나마 갖고 있다. 한국인은 도덕적 가치를 지니고 있다. 수세대 동안 유식 계층의 주된 업무는 윤리에 대한 철학화 작업이었다. 한국에는 종교현상이 풍부하다. 유교에서 볼 수 있는 고도로 발달한 국가 종교의 형태와 나란히, 귀신에 대한 믿음과 자연의 힘에 대한 두려움 같은 야만 종교의 잔존물도 존재하고 있는 것을 볼 수 있기 때문이다.[75]

한국인을 종교적인 사람이라고 한 진술에 뒤이어 존스는 바울의 '알려지지 않은 신' 테제를 한국에 적용하였다.[76] 바울의 테제가 뮐러의 종교

---

74 Jones, "The Spirit Worship of the Koreans", p.38.
75 Jones, *Korea : The Land, People, and Customs*, p.49. 이 책에서 종교를 다룬 제3장은 이듬해 『코리아 미션 필드(*Korea Mission Field*)』에 2회에 걸쳐 개재되었다. George Heber Jones, "The Native Religions", *Korea Mission Field* 4-1 · 2, Jan. · Feb., 1908.

개념으로부터 한국의 '종교 있음' 논의까지 관통하는 키워드가 된다는 점을 이 자료에서 확인하게 된다.

존스의 견해가 동료 선교사들에게 받아들여지고 있었음은 감리교 선교사 제이콥 무스Jacob R. Moose의 1911년 저서 『한국의 마을생활』에서 확인할 수 있다. 그의 책 20장은 종교에 관한 내용인데, 한국 마을 종교의 이모저모를 이야기하다가 갑자기 아레오바고 연설을 언급하며 마무리된다.

> 바울이 "아레오바고 법정 가운데 서서, '아테네 사람들이여, 여러분은 내가 보기에 모든 면에서 매우 종교적입니다'라고 말한he[Paul] stood in the midst of Mars' hill, and said, Ye men of Athens, in all things I perceive that ye are very religious" 내용은, 오늘날 한국 마을에 들어온 선교사 누구라도 진실로 똑같이 말할 수 있는 내용이다.[77]

무스는 마치 한국종교에 관한 관습화된 서술이라도 되는 것처럼 존스가 언급한 내용을 사용한다. 바울이 말한 것과 마찬가지로 한국인은 종교적이라는 존스의 언급이 다른 선교사들의 동의를 받고 있음을 보여준다.

바울 모델

바울의 아레오바고 연설 내용이 보편적 종교 개념을 뒷받침하는 것으로 이해된 것은 막스 뮐러의 비교종교학과 자유주의적인 선교신학을 관통하

---

76 옥성득은 존스가 1901년에 출판된 미국 표준판(ASV)을 인용했다고 지적한다. "내가 보기에 여러분은 매우 종교적입니다(I perceive that ye are very religious)." 존스, 옥성득 역, 『한국 교회 형성사』, 184~185쪽, 주1.

77 Moose, *Village life in Korea*, p.203.

는, 당시 유럽의 지적 분위기였다. 우리는 그러한 지적 분위기가 한국에서도 '알지 못하는 신' 하느님의 발견과 한국종교에 대한 의미 부여와 연동됨을 살펴보았다.

이러한 접근은 타문화에 대한 기독교의 진보적인 이해라고 흔히 일컬어지지만, 그것이 정당한 타자 이해인지는 되짚을 필요가 있다. 사실 바울 모델은 세계에서 보고되는 '야만인'들의 문화를 기독교의 틀 안에서 수용하려는 시대적인 패러다임이었다. 종교학자 지라르도Norman Girardot는 이것을 '바울 패러다임'으로 명명한다. 이 패러다임은 '알지 못하는 신에게'라고 새겨진 이방인들의 제단을 부수지는 않는 온정주의적 태도를 보이면서도, 이방인 자신들도 모르는 그들 종교의 진정한, 숨은 의미를 가르쳐 준다는, 서양인들의 '해석의 주도권'을 유지하는 빅토리아 시대의 담론이었다. 그는 19세기 말 비교종교학자들의 분류와 비교작업이 위에서 바울이 했던 문화 간의 소통 방법을 오직 표면적으로만 세속화시켜 재진술한 것에 지나지 않는다고 지적한다.

신약성서에서 이야기된 대로, 바울은 이방 도시 아레오바고 법정 위에서 "'알지 못하는 신에게'라고 새긴 제단을 부수지" 않는 동정적 이해를 보인다. 그러나 바울은 또한 "나는 여러분이 알지 못하고 예배하는 그 대상을 여러분에게 알려 드리겠습니다"라고 말하며 아테네인들 자신보다도 그리스 종교의 진정한, 혹은 숨은 의미를 더 잘 아노라는 당당함을 보였다.[78]

---

78 Girardot, *The Victorian Translation of China*, p.284.

이어서 그는 이러한 당당함이 19세기 말의 지적 태도에 얼마나 광범위하게 깔려 있었는지 이야기한다.

> 선교사들(보수적이든 진보적이든)이나 비교학자들동양학자, 역사가, 혹은 인류학자들이 옹호했던 것은, 바로 그런 종류의 뱀과 같은 간교함, 전략적인 감내, 그리고 바울의 패러다임의 핵심에 새겨진, 숨어있는 해석의 당당함이다. 바울의 이야기는 단순히 비밀스럽게 공유된 보편적 가치의 문제에 관한 것이기를 넘어서, 흔히 종교의 그리고 해석의 주도권이라는 강철 주먹을 감싸고 있는 겉으로의 동정이라는 벨벳 글러브에 관한 이야기이다. 바울의 이야기는 문화 간의 관계를 말하는 빅토리아 시대의 담론에서 보편적이다.[79]

겉으로는 온건한 태도를 보이면서도 속으로는 해석의 주도권을 놓지 않는 문화적 전략, 우리는 진보적인 선교 태도를 보였던 존 로스를 돌이켜보면서 이러한 태도를 확인할 수 있을 것이다. 로스가 1887년의 글 "유교에 대한 우리의 자세"는 바로 바울이 아레오바고 법정에서 행한 연설로부터 선교의 방법을 배워야 한다고 주장하는 글이었다. 바울이 그리스 청중의 도덕적 관점을 존중하듯이 선교사는 "간교한 속임수로 사람을 사로잡아"야 하고 "뱀과 같이 슬기로워야" 한다. 그래서 선교사는 불교나 도교의 우스꽝스러움은 비난해도 되지만 중국인의 유교적 교양에 대해서는 절대로 무시하지 않는 슬기로움을 갖추어야 한다는 것이다.[80] 그래야만 중국인들이 모르는 진실을 바탕으로 "죽은 유교, 불교, 도교를 영적인 양식으로"

---

79 Girardot, *The Victorian Translation of China*, p.285.
80 Ross, "Our Attitude toward Confucianism", pp.1~4.

바꾸어서 "도덕적이고 살아있는 종교 활동"을 통해 중국을 변화시킬 수 있게 된다고 로스는 주장한다. 결국 "하느님 신비의 훌륭한 청지기로서 유교를 기독교의 하녀"로 만들 수 있어야 한다는 것이다.[81]

우리는 뮐러의 입을 빌어 제시된 바울의 모델이 개신교 선교사들에게 공유되고 있었음을 확인할 수 있었다. 그들이 한국에 종교가 있다는 '발견'을 했을 때는, "내가 진정한 의미를 알려주겠소"라는 해석의 당당함이 전제되어 있었다. 그리고 그들이 알려주고자 한 한국종교사의 숨은 의미의 핵심은 바로 '알려지지 않은 신', 즉 하느님이라는 존재였다. 선교사들은 바울 모델을 사용하여 한국의 종교성을 찾고 종교라는 대상을 확정하였다. 그러나 우리는 그들의 '해석의 당당함'을 걷어낸 대안적인 종교 이해의 모델을 모색해야 한다는 과제를 여기서 확인하게 된다.

3) 한국사에 존재하는 하나님

선교사 중에서도 한국의 유일신 개념에 가장 일관된 관심을 보인 이는 게일이었다.[82] 그가 하느님을 유일신 개념으로 해석하고 자료를 수집한 것은 한국 종교학사에서 독특한 공헌이라고 할 수 있다.[83] 처음에 기독교 유일신의 번역어로 '하ᄂ님'을 도입한 존 로스는 하느님을 천상의 존재 Heavenly Being라는 의미로 이해했다. 반면에 게일은 '하ᄂ님'을 유일자the Only One로 이해한 최초의 선교사였다. 그의 제안은 훗날 개신교계에 하느

---

81 Ross, "Our Attitude toward Confucianism", p.10.
82 이 책에서 기독교 유일신의 한국어 명칭은 '하ᄂ님'의 현대 표기인 '하느님'으로 표기했다. 하지만 이 용어를 '하나'와 '님'의 결합으로 이해한 게일에 관련된 이 부분에 한정해 일시적으로 '하나님'이라는 표기를 병행해서 사용하도록 하겠다.
83 김종서, 『서양인의 한국종교 연구』, 33쪽.

님 대신 하나님이라는 표기가 정착하는 데 이론적 바탕을 제공했다는 점에서 의미가 크다.

게일은 한국어 지식을 바탕으로 기존의 하느님 논의에 기발한 언어적인 착상을 덧붙였다. 그는 원래 '하늘'에서 비롯한 낱말인 '하느님'에다 '하나'를 결부시켰다. '하느님'이 크다와 하나의 의미를 지닌 '한'의 의미를 포함한다는 것이다.[84] 이것은 'God'의 번역어로서 '하느님'을 채택하기 위한 논의의 과정에서 나온 제안이기도 하다. 즉 그는 언어유희pun적 착상을 통해서 '하느님'이 번역어가 되었을 때 유일신론적 함의를 가질 수 있다는 추가적인 이득을 제안함으로써 '하느님'이 공식적인 번역어로 받아들여지는 데 기여하였다.

게일은 1890년대에 원산에서 선교하던 시기에 '하느님'을 '하나'와 연결하는 이해를 확립한 것으로 보인다. 그는 1900년에 민속학 저널에 기고한 글에서 이러한 견해를 처음 제시하였다. 그는 한국인의 일상 언어생활에서 수집한 자료를 통해 한국인에 '큰 한 분'에 대한 신앙의 희미한 흔적을 찾을 수 있다고 주장하였다.[85] 그는 역시 1900년에 선교 잡지에 기고한 다른 글에서 그러한 믿음에 대한 정보를 얻은 출처를 좀 더 구체적으로 밝혔다. 이 글에서 그는 주씨朱氏라는 한 한국인의 가정을 방문하여 들은 이야기를 소개한다. 게일이 "순수한 유학자들과는 뭔가 다른 이야기를 하는" 주씨에게 "기독교 이전에 한국인들이 하느님에 대해 알았던 것"에 대한 가르침을 청해서 들은 이야기는 다음과 같다.

---

84 Gale, *Korea in Transition*, p.78.
85 James Scarth Gale, "Korean Beliefs", *Folklore* 11-3, 1900, pp.325~327. 게일은 이 글을 1899년 6월 29일 한국 원산에서 썼다고 글 끝에 기록해 두었다.

우리의 하나님은 크신 한 분the Great One이고, 하나를 뜻하는 말 '하나'와 군주, 주인, 왕을 뜻하는 말 '님'으로부터 나온 말 '하나님Hananim'이라고 불립니다. 우리는 그분이 우주[천지]를 만들었다고 여기기에 그분을 고대의 창조주[조화옹]이라고도 부릅니다. (…중략…) 우리는 하나님이 지극히 공평하고 사사로움이 없으시고[하나님 지공무사至公無私하다], 거룩하시다[거룩하시다]고 말합니다. 그분은 우리 인간들이 호소할 수 있는 마지막 관청이지만, 그분께 다가가는 길은 무섭고 천둥 번개가 놓인 곳입니다. (…중략…) 우리는 관리 앞에서도 담배를 피우지 않습니다. 그런데 하나님이 말씀하실 때 어떻게 감히 담배를 피우겠습니까? 하지만 무섭긴 해도 그분은 인자하시고 비를 내려주십니다. [고마우신 하나님 비 주신다] 그리고 매일 우리에게 먹을 것을 주십니다.[86]

주씨가 누구이며 어떤 내력을 지녔는지 알려주는 자료는 없다.[87] 주씨는 선교사를 만나기 이전에도 "현몽現夢, the night vision"을 통해 이런 이야기를 알고 있었으며, 이제 선교사를 통해 하나님에 사랑이라는 새로운 의미가 추가된 것을 반가워했다. 게일의 묘사를 근거로 판단해 볼 때, 우리는 하나님에 대한 게일의 독창적인 견해가, 유일신에 대한 견해를 갖고 있었던 주씨라는 한국인 제보자에게서 들은 정보에서 도움을 받아 형성되었을 가능성을 생각해볼 수 있다. 어찌 되었건 1900년에 게일이 처음으

---

86 James Scarth Gale, "Korean Ideas of God", *Missionary Review of the World* 23-9, Sept., 1900, pp.696~698; 방원일 편역, 『(개신교 선교사들이 본)근대전환공간의 한국종교』 I, 215~217쪽. 인용문에서 대괄호 안에 있는 부분은 게일이 한국어 발음을 알파벳으로 음사한 내용을 표시한 것이다.
87 옥성득은 주씨가 게일과 친분관계가 있는 주시경이라고 설득력 있게 주장하였다. 옥성득, 『한국 기독교 형성사』, 151~153쪽.

로 제시한 하나님 관념은 금세 유력한 관점으로 받아들여졌다.

1909년의 저작에서 게일은 존스나 헐버트의 글과 마찬가지로 한국에 종교가 있음을 긍정하는 서술을 전개하였다. 그는 한국종교의 존재를 확언하는 전거로서 "한국인들도 하나님에 관한 이야기를 한다"라는 점을 들었다. '하나님에 대한 앎'을 종교성의 중심 쟁점으로 확고하게 제시한 것은 다른 선교사들과 비교해볼 때 게일의 글에서 두드러지는 점이다. 그는 한국인의 일상에서 수집한 내용을 다음과 같이 제시한다.

> 우리는 한국인이 다음과 같이 이야기하는 것들을 여러 번 들을 수 있다. "하나님은 올바른 일은 한 사람에게 축복을 내려주신다. 그릇된 일을 하는 사람에게는 불행으로 벌주신다." "하나님께 복종하면 살 것이요, 복종하지 않으면 죽을 것이다." "사람들끼리 몰래 말하는 것을 하나님은 천둥 소리처럼 들으신다. 컴컴한 방에서 세운 음모를 번갯불처럼 보신다." "이 몸이 죽고 죽어 일백 번 고쳐 죽어, 백골이 진토 되어 넋이라도 있고 없고, 임 향한 일편단심이야 가실 줄이 있으랴."[88]

게일이 '종교 있음'을 이야기한 근거는 한국 문화에 존재하는 하나님이다. 이를 바탕으로 그는 어느 서양 관찰자들보다도 한국종교의 존재를 적극적으로 옹호했다.[89] 게일은 한국 역사와 문화 속에서 하나님이라는 존재를 찾아내는 작업을 꾸준히 진행하였다. 그가 일상생활을 넘어 한국사 전체로 시야를 확대해 하나님 찾기 작업을 꾸준히 진척시켰음은 1916년

---

88 Gale, *Korea in Transition*, pp.67~68.
89 Ibid., p.69.

의 "하느님에 대한 한국인의 견해"라는 논문에서 잘 볼 수 있다. 그는 한국사 자료들을 검토하며 절대자에 대한 인식이 나타나는 대목들을 모아 한국의 하느님 신앙을 전거典據하기 위해 제시하였다. 결론적으로 그는 다양한 이름들이 존재했지만 그것들은 모두 '알지 못하는 신'을 가리키는 다양한 이름들이었다고 주장한다.

이스라엘인들이 엘티, 엘로힘Elohim, 엘샤다이El-Shadday, 여호와Jehovah 등과 같이 하나님의 다양한 속성과 관계에 따라 다른 이름을 쓴 것처럼, 한국인들도 다양한 이름을 써왔지만 그것들은 모두 영적이고, 무한하고, 영원하고, 변하지 않는 같은 누군가를 가리키는 것이었다. 비록 그는 보이지는 않지만, 지상의 만사를 주관하는 자이다. 그 이름들에는 하나님Hananim, 위대한 유일자인 천天, 최고의 통치자인 상제上帝, 모든 것을 보는 하나님인 신명神明, 주인인 태주재Tai-chu-jai, 신성한 왕인 천군天君, 천상의 조화주인 천공天工, 완벽함의 군주인 옥황玉皇, 창조자인 조화옹造化翁, 신령을 뜻하는 신神과 같은 것들이 있다.[90]

게일의 하느님 찾기 작업은 한국 상황을 성서적 해석과 연결하는 그 특유의 경향과 더불어서 진행되었다.[91] 1910년 이후 첫 세대 선교사들의 한국종교에 관한 관심이 쇠퇴하였을 때도, 게일은 자신의 관심을 지속적으로 유지하면서 성과를 내었다고 평가할 수 있다.

---

90 James Scarth Gale, "The Korean's View of God", *Korea Mission Field* 12-3, 1916, pp.66~70.

91 다음을 더 볼 것. James Scarth Gale, "The Korea's Preparation for the Bible", *Korea Mission Field* 14-1, 1918, pp.86~88

3. 한국을 기반으로 한 종교퇴화론

이방 종교에서 알려지지 않은 신을 찾으려는 시도는 당시 종교학과는 결을 달리하는 신학적인 종교 이론으로 이어지기도 했다. 우리가 마지막으로 다룰 선교사는 한국 장로교 선교의 기초를 놓은 호러스 그랜트 언더우드Horace Grant Underwood, 1859~1916이다. 언더우드는 이 책에서 자주 거론된 게일, 존스, 헐버트 등에 비해 상대적으로 보수적인 태도를 보였다. 그는 한국에 종교 개념을 적용하는 것을 유보하다가 말년에 한국종교에 관련된 이론적 논의에 동참하게 된다. 그는 한국인을 원시유일신론자라고 한 헐버트의 입장을 수용하였고, 이를 바탕으로 한국종교사를 설명하는 이론을 제시하였다. 그 이론은 타일러의 애니미즘과는 반대되는 자리에 있는 종교퇴화론이었다. 당시 선교학계에서 유행하던 종교퇴화론의 이론적 맥락을 알아본 후, 언더우드가 한국 사례를 통해 그 이론을 어떻게 발전시켰는지를 알아볼 것이다.[92]

1) 켈로그의 종교퇴화론

언더우드에게 한국종교사는 퇴화의 역사이다. 원시시대에 유일신의 계시가 있었지만, 미신과 다른 종교의 유입으로 그 계시가 희미해가는 퇴화가 진행되어 오늘날의 한국종교 상황이 형성되었다는 것이 그의 주장이다. 이러한 그의 주장은 종교학사에서 1890년대의 중요한 논쟁 중 하나였던 타일러와 앤드류 랑Andrew Lang의 원시유일신론 논쟁에서의 랑의 입

---

92 이하의 내용은 다음 글에서 선택적으로 재구성하였다. 방원일, 「호러스 그랜트 언더우드의 비교종교학－『동아시아의 종교』를 중심으로」, 『종교문화연구』 26, 2016.

장, 막스 뮐러의 종교퇴화론, 그리고 후대의 작업이기는 하지만 지고신 관념에 관한 빌헬름 슈미트Wihelm Schmidt의 방대한 연구를 떠올리게 한다.[93] 하지만 원시유일신론은 오래된 신학적 주제였고, 근대에도 선교계에서 학문적 옷을 입고 이론적 흐름을 형성하였다. 그 대표적인 인물이 인도 선교사이자 비교종교가인 켈로그Samuel H. Kellogg이다. 언더우드가 켈로그의 영향을 직접 받았는지는 확인할 수 없다. 하지만 켈로그의 책은 선교사-학자 집단에서 생산되는 지식의 한 예로서, 언더우드의 이론적 작업의 맥락을 이해할 수 있게 해준다. 켈로그의 저서는 선교사 준비 과정에서 교재로 널리 사용되었고 선교사들이 종교학 이론을 습득한 통로 역할을 했다. 한국에서 활동한 선교사들이 그의 영향을 받은 것은 확실하다. 예를 들어 세계 종교에 대한 그의 글이 1920년경 신학 잡지 『신학지남』에 번역되어 소개된 적이 있다.[94]

켈로그의 저서는 당대 종교학자의 이론을 수용하면서도 대립각을 세우면서 진행되기 때문에, 종교학자의 언어를 사용하면서도 독자적인 이론을 형성한 선교사의 예를 보여준다. 켈로그의 저서 제목『종교의 창조와 발달The Genesis and Growth of Religion』은 막스 뮐러의 『종교의 기원과 발달The Origin and Growth of Religion』을 기독교 관점에서 패러디한 것이었다. 그는 보수적 기독교인의 입장에서 "인류의 조상을 유인원으로 보는" 당시의 진화론에 반대했고, 종교의 영역에서도 인류의 기원을 찾는 노력과 마찬가지로

---

93 김흥수, "호레이스 G. 언더우드의 한국종교 연구", 48쪽. 원시유일신론의 종교학적 의미에 관해서는 다음을 참고할 것. 방원일, 「원시유일신 이론의 전개와 영향」, 『종교연구』 77-2, 2017, 9~34쪽.
94 겔록, 「5대종교 중죄에 대한 교훈」, 『신학지남』 2-4, 1919, 10~23쪽; 겔록 「5대종교의 비교」, 『신학지남』 3-4, 1921, 412~423쪽.

종교의 기원을 찾으려는 노력을 진행하는 당시 학계에 반감을 드러냈다.[95] 그는 이러한 반진화론의 입장에서 페티시즘, 애니미즘, 스펜서, 막스 뮐러 등 당대 이론들을 비판적으로 검토하였다. 그는 진화론적 종교 이론에 대해서는 전적으로 반대하였지만, 전형적인 진화론자는 아니었던 뮐러에서는 "종교의 역사는 대부분 원시 순수성의 타락"이라는 주장을 수용하는 태도를 보인다.[96] 그러나 그는 뮐러가 가졌던 자유주의적인 신학을 비판하고 뮐러가 성서의 가르침을 종교의 기원과 발전을 위한 이론으로 수용하기를 거부한 점을 비난한 후 그 이론이 전적으로 부적절하다는 판정을 내린다.[97] 그의 주장은 단적으로 말해 종교에 대한 진화론을 종교에 대한 창조론으로 대체해야 한다는 것이었다. 그에 따르면 진화론적으로 종교의 발달 과정을 더듬어 올라가다 보면 기원에 도달하는 것이 아니라 반드시 진화론으로는 설명 불가능한 단절의 지점에 도달하게 되는데, 그것은 종교의 기원이 다름 아니라 하느님의 계시이기 때문이다. 계시를 통해 생긴 유일신론이 종교의 원형적 유형이며 다른 형태들은 그것이 퇴화 혹은 타락한 형태라는 것이 그의 주장이다. 이 입장에 따르면 종교사, 혹은 종교의 변천은 하느님으로 멀어지는 인간 원죄의 결과로 설명될 수 있다.[98]

20세기 초 선교사 사이에서 유행했던 종교퇴화론은 막스 뮐러의 이론과 비슷한 점도 있지만 신학적 전제를 깔고 있다는 점에서 분명한 차이가

---

95 Samuel H. Kellogg, *The Genesis and Growth of Religion*, New York : Macmillan and co., 1892, p.29.
96 Ibid., p.62.
97 Ibid., pp.111 · 116 · 128.
98 Ibid., pp.136 · 171 · 192 · 273.

있다. 켈로그는 뮐러가 이야기한 종교의 기원과 발달에서 기원을 창조로 대체하고 발달만을 수용하였다. 다시 말해 기원에 대한 진화론적인 설명을 하느님의 창조로 대체하였고, 인간 원죄에 의한 타락의 역사라는 의미에서 발달이라는 설명을 수용하였다. 언더우드가 역시 일견 막스 뮐러의 용어와 이론을 사용하는 것처럼 보이지만, 엄밀하게 살피면 언더우드는 켈로그가 그랬던 것처럼 당대의 종교학 이론을 신학적인 프리즘을 통해 전용한 신학적인 종교 이론을 전개했다.[99]

2) 언더우드의 종교퇴화론

이러한 이론적 입장을 한국에 적용한 선교사가 바로 언더우드였다. 원래 언더우드는 한국종교에 관한 논의에 소극적이었다. 앞서 보았듯이 그는 선교 초기에 한국에 종교가 없다고 이야기한 선교사 중 한 명이었다.[100] 한국종교의 존재를 쉽게 인정하지 않는 태도는 1908년에 출판된 『한국의 부름The Call of Korea』에서도 다소 희석된 채로 유지되었다. 예를 들면 유교는 "인간이 만든 신앙이기 때문에 자연적인 종교적 본성을 충족시킬 수 없다"라고 비판된다.[101] 하지만 그는 "한국인이 탁월하게 종교적인 민족이라는 점"을 인정하면서 한국종교에 관한 관심이 있음을 보여주었다.[102]

언더우드의 한국종교 경험이 이론적으로 정리된 것은 미국 학계와의 교류를 통해서였다. 그는 1908년 안식년에 모교 뉴욕대학교New York Univer-

---

99 개신교 선교사들의 지적 배경이 된 당대의 신학적 이론에 관해서는 다음 글을 참고할 것. Oak, "A Genealogy of Protestant Theologies of Religions in Korea, 1876~1910."
100 Underwood, "Romanism on the Foreign Mission Field", pp.409~415.
101 Underwood, The Call of Korea, pp.77~81.
102 Ibid., pp.98~99.

sity에서 "동아시아의 종교"라는 강의를 하게 된다.[103] 갑작스러운 요청으로 성사된 강의였기에,[104] 언더우드는 짧은 시간에 관련 서적들을 집중적으로 검토해야 했다.[105] 그의 강의가 애스톤W.G. Aston, 레그James Legge, 가일즈Herbert Allen Giles와 같은 다른 학자들의 저서들을 너무 많이 사용하였다는 주변의 비판이 있었지만,[106] 이것은 다른 면으로는 언더우드가 당시 학계의 종교연구를 학습하여 그 맥락 안에서 한국종교를 사유할 준비를 하게 되었음을 보여준다. 선교지에서는 여건상 쉽지 않았던 종교학계와의 지적 교류가 본국에서 이루어졌다.

그의 1908년 강연은 1910년에 『동아시아 종교 *The Religions of Eastern Asia*』로 출판되었다. 한중일의 종교를 비교 서술한 책이지만, 이 책에서 가장 중요한 종교는 한국종교이다. 그 이유는 한국종교가 순수 유일신론에 가장 가까운 형태를 유지하고 있기 때문이다.[107]

그는 한국 샤머니즘을 서술하면서 유일신 숭배의 흔적을 찾았다. 예를 들어 마니산 참성단은 하늘에 대한 고대 신앙의 흔적을 알려주는 주요 자료이다.[108] 제단과 희생이 고대 이스라엘 종교에서 하느님과의 소통을 위

---

103 언더우드는 1881년에 뉴욕대학교 학부를 졸업하였고 1891년에는 명예박사학위를 받았다. 아들인 호러스 호턴 언더우드도 이 학교를 졸업했다. 말년에 언더우드는 서울에 연희전문대를 설립하기 위해 노력했는데, 이때 모델이 된 학교는 교파 신학교가 아니라 일반대학인 뉴욕대학교였다. 최재건, 『언더우드의 대학설립』, 연세대 출판문화원, 2012, 364쪽.

104 H. M. MacCracken, *A Propaganda of Philosophy : History of the American Institute of Christian Philosophy, 1881-1914*, New York : F.H. Revell, 1914, pp.53~55.

105 부인 릴리아스 언더우드는 당시 사정을 다음과 같이 전한다. "이 사변적이고 철학적인 강좌를 수행한 방식과 연구량은, 가능한 짧은 시간 내에 엄청난 양의 일을 해내는 그의 능력을 알고 있는 우리에게도 놀라운 것이었다." Lillias H. Underwood, *Underwood of Korea*, New York : Fleming H. Revell, 1918, pp.269~270.

106 Ibid., p.270.

107 Horace G. Underwood, *The Religions of Eastern Asia*, New York : Macmillan, 1910.

108 참성단과 관련해서 언더우드는 헐버트의 글을 동의하며 인용한다. 이 생생한 묘사에서

해 사용되던 것이기에, 언더우드는 한국 고대에서 상응하는 것을 찾고자 하였다. 그가 하늘에 대한 제사의 기록들, 예를 들어 삼국지三國志 위서魏書 동이전東夷傳 내용을 소개한 후 내리는 잠정적 결론은 다음과 같다.

> 이것은 기독교 시대가 시작될 무렵의 일이다. 판단 내릴 자료가 많지 않지만, 그리고 하늘이 처음으로 언급되었기 때문에 이것이 최소한 자연 숭배의 시작이라고 보이긴 하지만, 우리는 아마도 이것을 택일신론henotheism이라고 부를 수 있을 것이다.[109]

그는 유일신론의 증거를 찾고 싶었겠지만, 안전한 용어인 택일신론를 사용하였다. 그는 책 앞부분에서 유일신론과 택일신론을 구분해서 사용하겠다는 입장을 분명히 한다. 그에 따르면 유일신론은 다른 신들의 존재를 완전히 배제하는 엄격한 의미의 일신론을 의미하고, 택일신론은 다른 하위신들이 존재하는 가운데 그들을 통제하는 하나의 최고신에 대한 숭배가 존재하는 형태를 의미한다.[110] 요컨대 택일신론은 다른 신들의 존재를 인정하는, 느슨한 의미의 일신론이라고 할 수 있다.

종교학에서 택일신론henotheism은 막스 뮐러에 의해 널리 알려진 용어이다.[111] 뮐러의 택일신론은 경쟁적 관계에 있는 몇몇 주요 신들 중에서

한국의 고대와 이스라엘의 고대가 만나는 상상력이 펼쳐진다. "제단이 둘러쳐진 정상에 서서 건너편 바위산 뾰쪽한 꼭대기에 걸린 구름을 이편으로 몰아오는 바닷바람을 맞으면서, 우리는 아브라함의 시절로 되돌아가, 하늘에 맞닿는 이 제단 건립을 단군이 서서 지도하고 그가 드린 번제의 불꽃이 높이 타오르던 그 시절을 상상해보게 된다."(Ibid., p.101.)
109 Ibid., p.104.
110 Ibid., pp.7~8.
111 'henotheism'은 국내에서 대개 단일신론으로 번역되었다. 그러나 필자는 'henotheism'을 직역하면 의미상 유일신론과 거의 구별되지 않는다는 이찬수의 지적에 찬성하고 그가

단일한 신이 선택되어 최고신의 역할을 하는 신관을 뜻한다.[112] 언더우드의 용어는 원래의 뮐러의 용법과는 달라 보이고, 그래서 후에 경성제국대학에서 한국 무속을 연구한 아카마츠 지조는 언더우드의 용법이 뮐러의 것을 오해한 것이며 한국 무속에 적용될 이유가 없다고 비판하기도 했다.[113] 그러나 택일신론은 20세기 이후 사용된 구약학 용어이기도 하다. 이 용어는 고대 히브리인의 신관이 유일신론으로 발달되는 단계 중 하나를 지칭하여, "다신교적 최고신의 모습을 보이는 가운데 이론적 차원에서 유일신론의 흔적을 지닌 신관"이라고 설명된다.[114] 언더우드의 택일신론은 뮐러의 책에서 직접 영향받은 것이 아니라 당시 신학계에서 사용되던 용법을 반영한 것으로 보아야 한다.

어찌 되었든 택일신론은 한국종교를 설명하는 언더우드의 핵심 용어이다. 그것은 그 전에 유일신론이 존재했음을 보여주는 흔적이라는 점에서 의미가 있다. "모든 우상 숭배와 미신 가운데서도 한국에 여전히 일종의 택일신론이 존재한다는 사실은 한국인이 원래 유일신론자였다는 이론에 크게 힘을 실어주는 것 아닐까?"[115] 그가 본 한국 고유 신앙은 유일신에 대한 믿음을 희미하게 간직하고 있다. 다만 후대의 타락에 의해 원시의 믿음이 망각되었을 뿐이다.

우리는 한국인들이 오래된 유일신론으로부터 벗어나 얼마나 헤맸으며, 심

제안한 택일신론(擇一神論)이라는 번역어를 따랐다. 이찬수, 『유일신론의 종말, 이제는 범재신론이다』, 동연, 2014, 35~41·275쪽.

112 Muller, *Lectures on the Origin and Growth of Religion*, p.295.
113 아카마츠 지죠·아키바 다카시, 심우성 역, 『朝鮮巫俗의 研究』, 동문선, 1991, 121쪽.
114 이찬수, 『유일신론의 종말, 이제는 범재신론이다』, 76쪽.
115 Underwood, *The Religions of Eastern Asia*, p.107.

지어는 후대의 순수한 택일신론으로부터도 벗어나 얼마나 헤맸는지 볼 수 있다. 사실 한국인과 하느님에 대해 이야기해보면 그는 하느님의 우월함과 권능을 인정할 것이다. 그러나 그는 자신이 만든 수많은 신들에 가려져서 더 이상 위의 순수한 하늘을 올려다보지 않는다. 들이닥칠지 모르는 악령에서 벗어나려는 생각과 노력에 사로잡힌 나머지, 그들 모두를 다스리는 위대한 하느님을 위한 시간은 그에게 남아있지 않다.[116]

더 나아가 언더우드는 한국종교가 유일신론의 흔적을 갖고 있기에 중국이나 일본의 종교에 비교해 우월하다고 주장한다. 한국종교는 고대 유대교에 비견될 정도이다. "한국의 하느님 관념에는 신인동형론적 경향이 유대교 여호와 관념보다도 적게 나타난다."[117]

이렇게 해서 우리는 한국이 그 자체로 원래 순수한 유일신론을 지녔을 가능성이 컸음을 보았다. 후대에 이것이 자연종교로 발달했고 결과적으로 다신론으로 이어졌지만, 오늘날까지도 일종의 택일신론이 남아있어 신격에 대한 토착적 관념이 모든 순수한 다신론에 일반화된 타락으로부터 상당히 보존되어 있다. 불교의 영향에도 불구하고 우상은 우리가 알기로는 일반적이지 않다. (…중략…) 중국 도교와 많은 일본 신도 신화의 조잡함을 형성한 신인동형적 경향은 한국에서는 방어되었다. 이웃 국가들의 신화에서 보이는 외설스러움은 한국 신화에서는 나타나지 않는다.[118]

---

116 Ibid., p.115.
117 Ibid., p.132.
118 Ibid., p.132.

자료의 적실성 여부를 떠나, 우리는 언더우드가 자신의 신학적 입장에서 한국종교의 가치를 발굴하는 이론적 작업을 전개했음을 볼 수 있다. 그는 타일러의 애니미즘의 틀 위에서 한국 무속을 종교로 인식한 존스와는 다른 이론적 궤도 위에 있다. 그는 애니미즘으로 대표되는 종교진화론에 반대하는 켈로그와 비슷한 태도를 보였다. 그는 자연계의 진화론을 종교의 영역에 적용하고, 하느님의 계시를 진화의 산물로 설명할 수 있다는 당시의 이론에 반대하였다.[119] 그가 하느님의 절대성을 보호하면서도 종교의 변화를 설명하기 위해 택한 이론은 종교퇴화론이었다. 이 이론에서 종교는 유일신론, 택일신론, 자연 숭배, 다신론의 순으로 진행된다.

> 우리가 가장 오래된 나라들의 세속적 자료에서 찾을 수 있는 가장 초기의 숭배는 모든 증거로 볼 때 유일신론이며, 인간은 이를 통해 단순하게 그의 창조주만을 숭배한다. 유일신론으로부터 타락하여 왕을 하느님의 후손이나 대행자로 신격화하게 되고, 그다음에는 영웅, 일반적인 조상들, 자연의 힘 등을 신격화하여 범신론, 다신론, 페티시즘으로 귀결된다. 어리석은 신화와 전설이라는 두터운 구름에 가려지고, 불쌍한 숭배의 노예들을 다스리는 사제, 탁발승, 주술사의 사악한 무리에 의해 지배되어, 퇴화하는 미신들의 끝없는 연쇄가 이어진다.[120]

이 도식에서 종교의 고등한 형태는 진화의 산물로 후대에 생겨나는 것이 아니라, 태초부터 주어진 것이며 종교의 역사는 진화가 아니라 타락의

---

119 Ibid., pp.231~232.
120 Ibid., p.234.

과정이다.

언더우드의 이론은 근대 종교학을 의식하며 대안적으로 제시된 신학적 이론으로 제시되었다. 타종교에 소극적인 태도를 지녔던 언더우드조차도 종교에 관한 물음이라는 지적 초대를 받아 적극적인 이론을 생산하였다. 그의 한국 경험이 신학적인 종교 이론의 바탕이 되었음은 물론이다. 종교학적인 사유를 촉발한 한국이라는 선교지와의 만남은 어떤 식으로든 이론적으로 정비될 필요가 있었다. 다소 관용적인 입장이 되었든 보수적인 입장이 되었든 만남의 경험을 당대의 학술적 언어로 재구성하는 것은 초기 선교사가 공유한 과제였고, 지금은 다소 생경해 보이는 언더우드의 종교 이론은 그러한 지적 필요의 산물이었다.

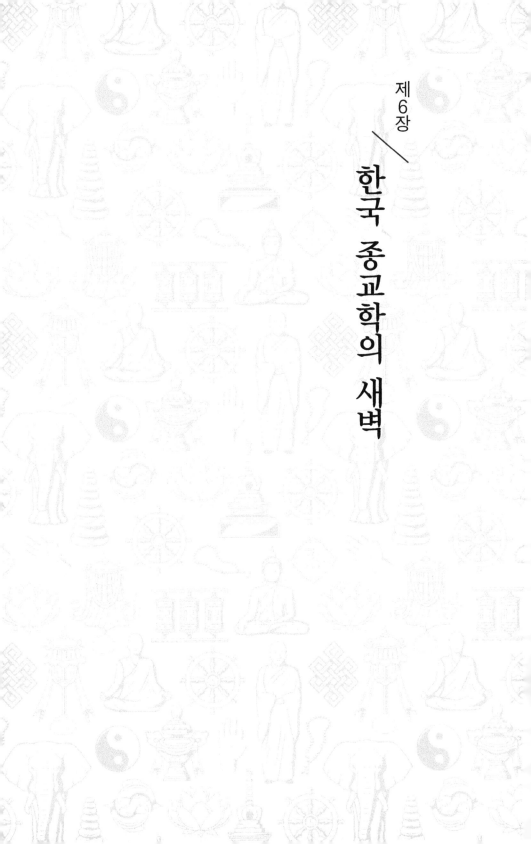

제6장

한국 종교학의 새벽

한국에서 서양 개념 '종교'가 사용되기 시작한 것은 19세기 말부터였다. 일본에서 'religion'의 번역어로 고안한 종교宗敎는 한국인에 의해 받아들여져 자신의 전통을 일컫는 개념으로 사용되었다. 이 번역 과정에서 한국인들이 부딪힌 문제와 다양한 실천은 한국 근대종교학사의 중요한 줄기를 이루었다. 그런데 한국인들이 새로운 용어 '宗敎'에 대해 고민하고 있었던 바로 그 시기에, 한 무리의 서양인이 한국에서 'religion'에 대해 고민하고 있었다. 지금까지 이 책에서 다루어진 문헌에는 서양인이 자기 문화의 개념 'religion'을 한국에서 사용할 때 느꼈던 생소함이 나타났고, 또한 그것을 극복하면서 종교라는 연구대상을 확정하고자 하는 고민이 담겨 있다. 이 책에서는 선교사로 대표되는 서양인의 'religion' 문제를 살펴봄으로써 한국종교를 서술할 때 범주가 설정된 과정을 되돌아볼 계기를 얻을 수 있었다.

한국의 '종교'에 대한 서양인들의 고민이 집중된 시기는 1890년에서 1910년까지였다. 이 시기 유럽에서는 종교학이라는 학문이 발달하여 종교를 인식하는 새로운 방식을 제시하고 있었고, 한국에서는 첫 세대 개신교 선교사들이 선교를 개시하고 있었다. 선교사들은 한국과의 첫 만남의 경험을 지적으로 정리하기 위해 당시 유행했던 종교학 지식을 사용하였다. 분명 선교사가 종교학자는 아니다. 선교지에 온 분명한 다른 목적이 있었고, 학자로서의 훈련을 받은 사람도 아니었던 만큼, 그들의 종교 논의에는 설익은 부분이 있다. 그러나 이 책에서 중요하게 본 것은, 그들이 타자와의 만남을 계기로 자기의 종교 개념을 되물어야 하는 종교학적 물음의 정황에 놓여있었다는 사실이고, 이러한 이유에서 초기 종교학자들이 가졌던 문제의식의 상당 부분을 공유했다는 사실이다. 이러한 의미에서 선교사들의 논의는 종교학이 근대 학문으로서 한국에서 자리 잡기 이전인 이른 시기에 이루어진 '종교학적 성찰'이라고 할 수 있다.

이 책은 선교사와 종교학자라는 두 집단을 넘나들며 서술되었다. 선교사가 종교학에 절대적으로 의존하지도 않았으며 종교학자가 한국을 많이 언급하지도 않았는데도, 이 책은 '정황 증거'에 의존해 가며 두 집단을 병렬적으로 배치했다. 때로는 그러한 배치가 독자들에게 혼란스러울 수도 있었을 것이다. 하지만 둘의 병렬은 선교사가 한국에서 했던 고민이 세계 종교학사의 흐름에 밀접하게 조응하면서 진행되었음을 보여주었다. 이러한 작업은 세계 종교학의 흐름과 긴밀한 관련을 맺으며 발전하고 있는 현재의 한국 종교학에도 시사하는 바가 크다.

이 책에서 이루어진 이론적 검토 작업의 성과는 무엇보다도 한국에 관한 선교사의 기록을 초기 종교학사의 맥락에 놓고 논의할 수 있었다는 것이다. 흔히 한국에 영향을 미친 서구 근대를 말할 때 서양 이론의 수용이나 영향의 차원에서 연구되는 것이 보통이다. 그러나 우리가 살핀 개신교 선교사의 종교 논의는 초기 종교학과 거의 동시대적으로 전개되었으며 때로는 상호 영향을 주고받기도 하였다. 또 이 책의 특징은 선교사로 대표되는 서양인 집단 전체 그림을 그리며 그 의미를 분석한 것이다. 일반적으로 서양인들의 한국관은 개인별로 연구되는 경우가 많은데, 이런 경우 그들의 개념 사용은 개인적 차원에서 분석될 수밖에 없다. 하지만 '종교'와 같은 문화적 담론은 한 집단이 공유하는 성격이 강하다. 이 책에서는 한국을 방문한 서양인 관찰자 집단을 대상으로 하였다. 선교사는 가장 장기간 활동하고 한국인과 밀접 접촉하였기에 가장 중요한 서양인 집단이었지만, 필요에 따라서는 다른 직업군과 교류하기도 했다. 특히 초기 만남에는 외교관이자 과학자 로웰, 여행가 비숍과 같은 인물이 종교에 관한 공론에서 중요한 역할을 했다. 이들의 종교 문헌을 모아놓고 볼 때 보이는 것이 있다. 일견 비슷해 보이는 종교에 관한 이야기 중에서, 어떠한 영향 관계가 있는지, 어떠한 개성이 첨가되었는지, 공유된 생각은 무엇인지를 드러낼 수 있는 것이 이 책에서 집단을 대상으로 분석한 효과이다. 우리는 19세기 서양 지성계의 종교에 대한 인식의 흐름 위에서 서양 관찰자들의 서술을 배열하였고, 서양 지성계의 인식과 관련되면서도 한국이라는 특수한 주제와 관련해서 어떠한 논의의 흐름이 생성되었는지를 파악할 수 있었다. 이러한 서술의 구도 아래 어떤 부분이 서구의 문화적인 전제이며, 어떤 부분이 한국의 특수한 상황을 반영한 것인지, 더 분명히 드러낼 수 있었다.

우리는 한국종교에 관한 서양인의 논의의 흐름을 다음과 같이 정리할 수 있다.

① 서양 관찰자들이 처음부터 한국에 종교가 없다고 서술한 것은 아니었다. 한국종교에 관해 실질적으로 첫 서양인 기록을 남긴 하멜의 경우, 현실적인 정보를 상당히 담고 있었음에도 당시 유럽인들의 비서구세계에 대한 이미지 속에서 굴절되어 종교를 부정하는 내용으로 받아들여졌다. 한국에 종교가 없다는 언급은 19세기 초 귀츨라프가 한국인들과 잠시 접촉할 때 처음으로 등장하였다. 하지만 그가 가진 개신교적 종교 개념은 잠깐의 한국 경험을 설명하는 데 사용되지 않았다. 개신교적 종교 개념은 개항 이전 시기의 한국 전문가 그리피스에 의해 본격적으로 적용되었는데, 그는 부정적인 의미에서의 종교가 한국에 존재한다고 서술하였다. 그리피

스가 미국에서 저술하던 시기에 로스는 만주에서 성경 번역을 준비하고 있었는데, 그는 자신이 유일신 명칭으로 선택한 하느님의 존재를 강조하는 한국종교 서술을 제시하였다. 개항 이전의 관찰자 기록을 종합해 볼 때, 한국종교의 존재에 대한 부정적 견해는 귀츨라프와 같은 보수적 개신교의 관점을 제외하고는 다수는 아니었다. 한국에 종교가 없다는 진술은 이전부터 존재했다기보다는 한국이 개항되고 나서 본격적인 만남 이후 본격화되었다.

②한국에 종교가 없다는 공론은 한국의 개항 이후 개신교 선교사들이 한국을 직접 경험한 직후인 1880년 중반부터 1890년 중반에 이르는 기간에 형성되었다. 서양인들은 일본에서라면 불교나 신도 사원을 방문하여 종교에 대한 지식을 획득할 수 있었지만, 한국의 서울에서는 방문할 만한 사원을 발견할 수 없었다. 서울의 사원 부재는 종교 건물의 부재로, 그리고 종교의 부재라는 결론으로 이어졌다. 종교가 없다는 주장이 유행했던 다른 이유는 '종교 없는 나라' 한국에 선교가 시급하다는 선교사의 호소문이 이 시기에 많이 쓰여졌기 때문이다. 알렌, 그리피스, 언더우드, 존스 등 우리가 중요하게 다루는 많은 선교사가 1890년대 초에 비슷한 내용의 글을 선교 잡지에 기고하였다.

선교사와 한국종교의 만남은 대부분 부정적인 분위기 속에서 이루어졌다. 이 책에서 다루어진 선교사들은 그나마 한국종교를 이해하고자 하는 태도를 가진 이들이었지만, 실상 다수는 한국종교에 공격적인 자세를 취했다. 그들은 서양인이 상상했던 우상 숭배의 이미지를 한국에서 찾아내고자 하였고, 한국 민간 신앙의 상징물을 페티시로 규정하고 파괴하고자 하였다.

③ 초기 개신교 선교사들이 한국종교를 인식하게 된 가장 중요한 계기는 민간 신앙을 접한 것이었다. 종교의 존재를 인정하지 않은 관찰자들도 한국의 민간 신앙, 특히 귀신에 대한 신앙에 관해서는 관심을 두고 기록을 남겼다. 다만 그들은 이 현상을 '악령 숭배demonology'라고 지칭하고 미신으로 분류했기 때문에 종교 범주에 포함하지 못했다.

한국인의 신앙 대상을 '악마'가 아니라 종교적 믿음의 대상으로 받아들이기 위해서는 당시 유행한 애니미즘 이론의 도움이 필요했다. 애니미즘 이론을 제시한 타일러는 '데몬'에 대한 숭배에서 기독교적인 편견을 제거한다면 '영적 존재에 대한 믿음'으로 일반화해서 이해할 수 있다고 주장하였다. 이것이 종교현상의 보편성을 뒷받침하는 이론적 맥락을 제공했다. 선교사들은 점차 한국인들의 신앙 대상을 '악령evil spirit'과 '데빌devil'로부터 조금 더 중립적인 '데몬demon'으로, 그리고 더 나아가 '정령spirit'으로 묘사하였다. 마침내 존스는 한국의 귀신 신앙을 정령 숭배, 즉 애니미즘으로 서술하고 이를 바탕으로 한국에 종교가 있다는 사실을 언명하게 된다. 또한 헐버트는 타일러의 잔존물 개념을 응용하면서 귀신 신앙을 통해 한국문화의 고유성을 보이고자 하였다. 선교사들이 사용한 애니미즘 용어는 단순한 유행어를 넘어서, 영적 존재에 대한 믿음을 종교로 정의하고 이를 통해 인간에게 보편적으로 종교가 존재함을 보이고자 했던 타일러의 문제의식이 정황상 선교사들에게도 공유되었기 때문에 사용된 언어였다.

④ 민간 신앙을 진지하게 탐구함에 따라 '종교 없음'이라는 공론에 변화가 생겼다. 존스와 의견을 같이 했던 비숍은 1897년에 귀신 신앙이 한국에서 종교의 자리를 차지하고 있다고 언급하였고, 1898년에 게일은 한국

인이 서양인이 인식하는 것과는 다른 종교 체계를 지니고 있다고 지적하였다. 선교사들은 서구의 '종교'가 한국의 상황에 들어맞지 않는다는 자성自省을 바탕으로 종교 개념을 재구성하게 되었다. 이러한 종교학적 성찰이 드러나는 대표적인 작업이 1901년 존스의 논문이었다. 그는 '종교 없음' 논란이 종교 정의 문제와 연결되어 있음을 직시하였다. 그는 종교를 새로 정의한 후 "한국에는 종교가 결여되어 있지 않다"는 결론을 내린다. 비록 존스의 정의를 이루고 있는 요소들은 우월한 존재에 대한 의존 감정, 우월한 존재와의 소통 등 기독교 전통의 맥락 안에 있는 것이지만, 당시 종교학에서 소통되는 정의들을 참고로 해서 한국의 사례를 다룰 수 있는 정의를 재편한 첫 시도로서 의미를 가진다.

동료 선교사들도 새로 설정한 정의를 통해 한국종교를 다루는 작업을 진행하였다. 헐버트는 1906년 글에서 서구적 종교 개념을 되묻는 태도를 보여준다. 그는 자신이 제시할 수 있는 가장 폭넓은 종교 정의로 "인간이 인간을 넘어선 현상과 맺고 있거나 맺고 싶어 하는 모든 관계"를 제시하였다. 여기서 "인간을 넘어선이라는 범주에는 죽은 사람의 영혼이 포함된다"라는 추가 단서가 들어가는데, 이것은 귀신 신앙을 정령 숭배로 규정하여 보편적 종교현상으로 인정하고자 하는 의도가 함축되어 있다. 게일은 종교를 "너머나 위에 있는 다른 영혼에 도달하는 것"이라고 규정하였다. 이 역시 한국의 귀신 신앙을 설명하고자 고안된 언어이다. 선교사들은 이러한 종교 정의를 바탕으로 한국에 여러 종교 전통들이 존재하고, 이들이 중층적 다원성을 이루고 있다는 중요한 특성을 서술할 수 있었다.

⑤ 19세기 말 종교학과 자유주의 신학이 공유했던 전제 중 하나는 유일신관에 입각하여 종교의 보편성을 인정하였다는 것이다. 막스 뮐러는 로

마 이교도들에 대한 바울의 표현인 '알려지지 않은 신'을 자주 언급하곤 했다. 종교의 보편성을 예증하기 위해 비기독교 세계에 존재하는 기독교 유일신의 흔적을 든 것이다. 뮐러의 이런 언급이 전략적인 것인지 그의 신학적 경향이 반영된 것인지는 판단하기 쉽지 않으나, 적어도 그의 이런 접근 방식은 당시 선교사들이 공유한 생각이었다. 뮐러는 중국의 상제 개념을 기독교 유일신의 다른 이름, 즉 알려지지 않은 신의 한 예로 생각하였고, 로스는 상제의 한글 이름에 해당한다고 생각했던 '하느님'을 통하여 토착적 언어를 통한 유일신 개념 번역을 추구하였다. 선교사들은 한국종교의 하느님을 알려지지 않은 신으로 받아들였다.

1906년 헐버트는 "한국인은 철저하게 유일신론자이다"라고 선언하였으며, 1907년 존스는 "바울이 고대 아테네 사람들에게 말했던 것과 마찬가지로, 한국인도 매우 종교적이다"라고 선언한다. 바울의 '알지 못하는 신' 모델을 적용하여 한국인의 종교성을 확언하는 것은 선교사들의 논의에서 정설로 받아들여졌으며, 다른 한편으로 한국 문화에서 기독교 유일신의 존재를 찾는 노력으로 이어진다. 한편 언더우드는 한국종교 경험을 바탕으로 종교진화론에 맞서는 신학적 이론으로 종교퇴화론을 제안하였다. 이것은 선교사의 한국 경험이 국제 학계와 소통하며 형성된 이론적 성과이다.

우리는 개신교 선교사들에 의해서 한국에서 종교라는 대상이 정립되는 과정에서 애니미즘 이론과 유일신론 관념이라는 두 가지 종교학적인 주제가 개입되었음을 확인할 수 있었다. 19세기에서 20세기로 넘어가는 시점에 선교사들의 종교학적인 성찰을 거쳐 한국종교라는 연구대상이 형성되었고 "한국에 종교가 있는가?"라는 물음은 다시는 제기되지 않았다.

이 책의 결과는 소박하다. 여기서 다루어진 사람들은 '일부' 개신교 선교사이다. 선교사 집단 전체의 그림을 그리고자 한 의도에도 불구하고, 책에서 다루어진 인물은 초기 개신교 선교사 중 서울을 중심으로 활동한 장로교와 감리교 선교사들이다. 지방에서 활동한 선교사의 기록 중에 다루어지지 못한 것이 많다. 또 미국 장로교와 감리교 이외의 다양한 교단 소속 선교사 기록도 다루어지지 못한 것이 많다. 전에 잘 알려지지 못했던 선교사 기록에 관한 연구와 번역 소개가 활발히 진행되고 있기에, 이 책의 기본적인 범위를 넘어선 본격적인 연구가 앞으로 가능할 것이라고 기대된다.

이 책에서 다루어진 일부 개신교 선교사의 논의의 학술적 영향력도 계속적이지는 않다. 이들의 논의는 한국 사회에서 종교 개념을 수용하는 데 제한적인 영향력을 행사했을 뿐이며, 종교학사의 측면에서 볼 때 1910년 이후에는 주도적 연구 주체가 일본학자와 한국 국학자들로 넘어갔다고 보아야 한다. 한국종교에 관한 선교사의 관심은 일부의 개인적인 연구로 간헐적으로 이어졌을 뿐이다. 게다가 현실적인 영향력도 제한적이었다. 선교사의 지배적인 태도는 줄곧 타종교를 우상 숭배와 미신으로 보는 배타적인 태도였고, 이는 현재 한국 개신교회의 주류 정서로 이어지고 있다. 이 때문에 소수 선교사의 종교 인식이 배타적인 종교문화를 바꾸었는지를 기대한다면 실망스러울 수도 있다. 상대적으로 미미한 영향력에도 불구하고 이 책에서 개신교 선교사들의 논의에 주목하였던 것은 그것이 갖는 종교학적인 의미 때문이었다. 초기 종교학의 비교와 일반화의 이론적 작업이 한국에서 어떻게 전개되었는가의 그들의 논의를 통해 구체적으로 밝히고 싶었다.

　종교학은 만남에서 비롯한 학문이다. 종교학은 19세기에 유입된 비서 구사회의 자료들을 설명하는 과정에서 보편적인 종교 개념을 모색하면서 출현하였다. 타자와의 만남을 계기로 기독교적인 종교 개념의 틀의 한계를 인지하고 이를 넘어서는 보편적인 종교 개념을 모색한 것은 종교학 역사의 주된 동력이었다. 이 책은 한국 근대를 배경으로 진행된 그러한 지적인 노력을 찾고자 한 시도이다. 19세기 말, 20세기 초 한국에서 활동했던 개신교 선교사들은 한국의 종교문화를 타자로서 대면하게 되었고, 그 만남을 지적으로 정리하던 과정에서 종교학적 물음 정황에 놓이게 되었다. 비록 전문성에서는 다소 미흡함을 지적할 수는 있지만, 초기 개신교 선교사들의 종교학적인 작업은 당시 유럽 종교학계의 진행과 동시대에 이루어진 것으로 한국종교에 대한 고민을 종교학사 일반의 맥락에서 자리매김하게 해준 공로를 인정받을 수 있을 것이다. 종교학의 역사는 대학에서 연구하는 종교학자만의 것이 아니다. 현장에서 종교학적 고민을 실천한 이들을 포괄하는 역사가 되어야 한다. 그러한 의미에서 한국 종교학사를 서술할 때, 초기 한국 개신교 선교사들의 고민은 근대 한국 종교학사의 첫 장을 장식하는 의미 있는 작업으로 인정받아야 한다.

참고문헌

1. 선교사 관련 자료

Allen, Horace N., "Korea and Its People", The Gospel in All Lands 16, Sep., 1891.

_____, "Some Korean Customs : Mootang", *The Korean Repository* 3, 1896.

_____, *Korea : Fact and Fancy*, Seoul : Methodist Publishing House, 1908.

_____, *Things Korean : A Collection of Sketches and Anecdotes, Missionary and Diplomatic*, New York : Fleming H. Revell Company, 1908.

Anonymous[attributed to George Heber Jones], "Obstacles Encountered by Korean Christians", The Korean Repository 2-4, April, 1895.

Appenzeller, Henry Gerhard & George Heber Jones, *The Korea Mission of the Methodist Episcopal Church*, 2nd ed., New York : Open Door Emergency Commission, 1905.

Baird, Annie L. A., *Daybreak in Korea : A Tale of Transformation in the Far East*, New York : Young People's Missionary Movement of the United States and Canada, 1909.

_____, *Inside Views of Mission Life*, Philadelphia : Westminster Press, 1913.

Bishop, Isabella Bird, *Korea and Her Neighbours : A Narrative of Travel, with an Account of the Vicissitudes and Position of the Country*, New York : Fleming H. Revell Company, 1898.

Carles, William Richard, *Life in Corea*, London : Macmillan, 1888.

Caird, John, *An Introduction to the Philosophy of Religion*, New York : Macmillan, 1880.

Clark, Charles Allen, *Religions of Old Korea*, New York : Fleming H. Revell, 1932.

Clark, William M., "Animism in Korea", *The Korea Mission Field* 21-4, 5, April·May, 1925.

Clarke, James Freeman, *Ten Great Religions : An Essay in Comparative Theology*, Boston : J. R. Osgood and company, 1872.

Coulson, Constance, *Peeps at Many Lands : Korea*, London : A. and C. Black, 1910.

Cram, W. G., "Rescued after Years of Bondage", *The Korea Methodist* 1-11, Sept., 1905.

Dallet, Charles, *Histoire de l'Eglise de Corée : Précédée d'une Introduction sur l'Histoire, les Institutions, la Langue, les Moeurs et Coutumes Coréennes* 2 vols., Paris : Victor Palmé, 1874.

Douthwaite, A. W., *Notes on Corea*, Shanghai : Shanghai Mercury Office, 1884.

Ellinwood, Frank F., *Oriental Religions and Christianity*, New York : Scribner, 1892.

Férron, Stanislas, *Dictionnaire Francais-Coreen*, Seoul : 한국교회사연구소, 2004[1869].

Gale, James Scarth, *A Korean-English Dictionary*(한영자뎐), London : Crosby Lockwood & Son, 1897.

_____, *Korean Sketches*, New York : Fleming H. Revell, 1898.

_____, "Korean Beliefs", *Folklore* 11-3, 1900.

_____, "Korean Ideas of God", *The Missionary Review of the World* 23-9, Sept., 1900.

_____, *Korea in Transition*, New York : Young people's missionary movement of the United States and Canada, 1909.

_____, *Korean Folk Tales : Imps, Ghosts, and Fairies*, New York : J. M. Dent & sons, 1913.

Gale, James Scarth, *The Unabridged Korean-English Dictionary*(韓英大字典), 3rd ed., Seoul：朝鮮耶蘇敎書會, 1931.

Gifford, Daniel L., "Ancestral Worship as Practiced in Korea", *Korea Repository* 1, 1892.

_____, *Every-Day Life in Korea*, New York：Fleming H. Revell company, 1898.

Gilmore, George W., *Korea from Its Capital*, Philadelphia：Presbyterian Board of Publication and Sabbath-School Work, 1892.

_____, *Corea of Today*, London：Nelson and Sons, 1894.

Griffis, William Elliot, *The Mikado's Empire*, New York：Harper, 1876.

_____, *Corea : The Hermit Nation*, 6th ed., New York：Charles Scribner's sons, 1902[1882].

_____, *Corea, without and Within*, 2nd ed., Philadelphia：Presbyterian board of publication, 1885.

_____, *The Religions of Japan, from the Dawn of History to the Era of Meiji*, 4th ed., New York：Charles Scribner's sons, 1912[1895].

_____, "Korea and Its Needs", *Gospel in All Lands* 13, Aug., 1888.

Gutzlaff, Charles, *Journal of Three Voyages Along the Coast of China in 1831, 1832, 1833, with Notices of Siam, Corea, & the Loo-Choo Islands*, London：Frederick Westley and A. H. Davis, 1833.

_____, *A Sketch of Chinese History, Ancient and Modern* 2 vols., London：Smith, Elder and Co., 1834.

_____, *Visit to the Chinese Coast*, New York：American Tract Society, 18--.

Hall, Basil, *Account of a Voyage of Discovery to the West Coast of Corea, and the Great Loo-Choo Island*, London：Frederick Westley and A. H. Davis, 1834[1818].

Hamel, Hendrik, Jean-Paul Buys (tr.), *Hamel's Journal : And a Description of the Kingdom of Korea, 1653-1666*, 2nd ed., Seoul：Royal Asiatic Society, Korea Branch, 1998.

Hardie, R. A., "Religion in Korea", *The Missionary Reviews of the World* 10-12, Dec., 1897.

Holmes, Burton, *Burton Holmes Travelogues* vol.10, New York：The McClure company, 1908.

Hulbert, Homer B., "Korean Survivals", *Transactions of the Korean Branch of the Royal Asiatic Society* 1, 1900.

_____, "The Korean Mudang and P'ansu", *The Korea Review* 3-4·5·6·7·8·9, 1903.

_____, *The History of Korea*, Seoul：Methodist Pub. House, 1905.

_____, *The Passing of Korea*, London：Page & company, 1906.

Jones, George Heber, "The Religious Development of Korea", *The Gospel in All Lands*, Sep., 1891.

_____, "The Spirit Worship of the Koreans", *Transactions of the Korean Branch of the Royal Asiatic Society* 2, 1901.

_____, *Korea : The Land, People, and Customs*, New York：Eaton & Mains, 1907.

_____, "The Native Religions", *The Korea Mission Field* 4-1,2, Jan., Feb., 1908.

_____, *An English-Korean Dictionary*(英韓字典), Tokyo：Kyo Bun Kwan, 1914.

Kellogg, Samuel H., *The Genesis and Growth of Religion*, New York：Macmillan and co., 1892.

Kellogg, Samuel H., *A Handbook of Comparative Religion*, Philadelphia : The Westminster Press, 1899.

Landis, E. B., "Notes on the Exorcism of Spirits in Korea", *The China Review* 26-6, 1895.

_____, "Mourning and Burial Rites of Korea", *The Journal of the Anthropological Institute of Great Britain and Ireland* 25, 1896.

Legge, James, *The Notions of Chinese Concerning God and Spirits : With an Examination of the Defense of an Essay, on the Proper Rendering of the Words Elohim and Theos, into the Chinese Language by William J. Boone*, Hongkong : [s.n.], 1852.

_____, *Confucianism in Relation to Christianity*, Shanghai : Presbyterian Mission Press, 1877.

_____, *The Religions of China : Confucianism and Taoism Described and Compared with Christianity*, London : Hodder and Stoughton, 1880.

Les missionnaires de Corée de la Société des missions étrangères de Paris, *Dictionnaire Coréen-Français(한불자뎐)*, Yokohama : C. Lévy, 1880.

Lewis, E. A., "A Holocaust of Fetishes", *The Korea Mission Field* 2-7, May, 1906.

Lowell, Percival, *Chosön, the Land of the Morning Calm : A Sketch of Korea*, Boston : Ticknor and U.E. company, 1886.

_____, *The Soul of the Far East*, New York : Macmillan, 1911.

Miln, Louise Jordan, *Quaint Korea*, London : Osgood, McIlvaine & co., 1895.

Moose, J. Robert, *Village Life in Korea*, Nashville, Tenn. : Publishing House of the M. E. Church, 1911.

Moose, Mrs. J. R., "What Do the Koreans Worship?", *Korea Methodist* 1-7, May, 1905.

Noble, Wilcox Mattie, *The Journals of Mattie Wilcox Noble 1892-1934*, Seoul : Institute for Korean Church history, 1993.

Oak, Sung-deuk(ed.), *Sources of Korean Christianity*, Seoul : Institute for Korean church history, 2004.

Oliphant, Laurence, *Narrative of the Earl of Elgin's Mission to China and Japan in the Years 1857, '58, '59*, New York : Harper, 1860.

Oppert, Ernst Jakob, *A Forbidden Land Voyages to the Corea : With an Account of Its Geography, History, Productions, and Commercial Capabilities, &C., &C*, London : S. Low, Marston, Searle, and Rivington, 1880.

Poleax, Alexandis, "Wayside Idols", *The Korean Repository* 2, April, 1895.

Rockhill, Woodville, "Notes on Some of the Laws, Customs, and Superstitions of Korea", *American Anthropologist* 4, 1881.

Ross, John, *Corean Primer*, Shanghai : American Presbyterian Mission press, 1877.

Ross, John, *History of Corea : Ancient and Modern*, London : Elliot Stock, 1891[1879].

_____, "Our Attitude toward Confucianism", *The Chinese Recorder* 18-1, Jan., 1887.

_____, "The Gods of Korea", *The Chinese Recorder* 19-2, Feb., 1888.

Saunderson, H. S., "Notes on Corea and Its People", *The Journal of the Anthropological Institute of Great Britain and Ireland* 24, 1895.

Smith, George, *Ten Weeks in Japan*, London : Longman, Green, Longman, & Roberts, 1861.

Stoddart, Anna M., *The Life of Isabella Bird*, London : John Murray, 1907.

Trollope, Mark Napier, "Introduction to the Study of Buddhism in Corea", *Transaction of the Korea Branch of the Royal Asiatic Society* 8, 1917.

Underwood, Horace Grant, *A Concise Dictionary of the Korean Language in Two Parts : Korean-English & English-Korean*(韓英字典), Yokohama : Kelly & Walsh, 1890.

_____, "Romanism on the Foreign Mission Field", *Reports of the Fifth General Council of the Alliance of the Reformed Churches Holding the Presbyterian System*, 1892.

_____, *The Call of Korea : Political, Social, Religious*, 4th ed., New York : Fleming H. Revell, 1908.

_____, *The Religions of Eastern Asia*, New York : The Macmillan company, 1910.

Underwood, Lillias H., *Fifteen Years among the Top-Knots, or, Life in Korea*, Boston : American tract society, 1904.

_____, *Underwood of Korea*, New York : Fleming H. Revell, 1918.

Whittemore, N. C., "Notes on the Life of Rev. Karl F. A. Gutzlaff", *The Korea Mission Field* 16-1, Jan., 1920.

Wolfe, J. R., "A Visit to Korea", *The Foreign Missionary* 44, 1885.

World Missionary Conference 1910, *Report of Commission IV : To Consider Missionary Problems in Relation to the Non-Christian World*, Edinburg : Oliphant, 1910.

김승태·박혜진 편, 『내한 선교사 총람 1884~1984』, 한국기독교역사연구소, 1994.

까를로 로제티, 서울학연구소 역, 『꼬레아 꼬레아니-백년전 이태리 외교관이 본 한국과 한국인』, 숲과나무, 1996.

레드야드 편, 박윤희 역, 『하멜 漂流記-朝鮮王國見聞錄』, 삼중당, 1976.

매티 윌콕스 노블, 강선미·이양준 역, 『노블일지-미 여선교사가 목격한 한국근대사 42년간의 기록』, 이마고, 2010.

바실 홀, 김석중 역, 『10일간의 조선항해기』, 삶과꿈, 2000.

방원일 편역, 『(개신교 선교사들이 본) 근대전환공간의 한국종교 I-1879~1900』, 보고사, 2021.

_____, 『(개신교 선교사들이 본) 근대전환공간의 한국종교 II-1900~1910』, 보고사, 2023.

샤를르 달레, 안응렬·최석우 편, 『한국천주교회사』 제1권, 분도출판사, 1979.

시볼트, 유상희 역, 『시볼트의 조선견문기』, 박영사, 1987.

안토니오 피가페타, 박종욱 역, 『최초의 세계 일주』, 바움, 2004.

윌리엄 그리피스, 『그리피스 컬렉션의 한국사진-럿거스대학교 도서관 특별 컬렉션』, 눈빛, 2019.

이만열·옥성득 편, 『대한성서공회사 자료집 제1권-로스 서신과 루미스 서신』, 대한성서공회, 2004.

이사벨라 버드 비숍, 김태성·박종숙 역, 『양자강을 가로질러 중국을 보다-백년 전 중국의 문명과 문화』, 효형, 2005.

정약종, 『주교요지』, 성황석두루가서원, 1986.

조지 히버 존스, 옥성득 역, 『한국 교회 형성사』, 홍성사, 2013.

존 로스, 나채운 역, 『(현대어) 예수성교전서』, 한국장로교출판사, 2002.

_____, 홍경숙 역, 『존 로스의 한국사』, 살림, 2010.

존 바니언, 황찬호 역, 『天路歷程』, 서울대 출판부, 2001.

지그프리트 겐테, 권영경 역, 『독일인 겐테가 본 신선한 나라 조선, 1901』, 책과함께, 2007.

최병헌, 『성산명경』, 조선예수교서회, 1912.

카베사 데 바카, 송상기 역, 『조난 일기』, 고려대 출판부, 2004.

혼마 규스케, 최혜주 역, 『조선잡기-일본인의 조선정탐록』, 김영사, 2008.

2. 연구서

1) 종교학 연구서(해외)

Asad, Talal, *Genealogies of Religion : Discipline and Reasons of Power in Christianity and Islam*, Baltimore : Johns Hopkins University Press, 1993.

Baird, Robert D., *Category Formation and the History of Religions*, 2nd ed., New York : Mouton de Gruyter, 1991.

Balagangadhara, S. N., *'The Heathen in His Blindness…' : Asia, the West, and the Dynamic of Religion*, Leiden : E.J. Brill, 1994.

Beyer, Peter, "Conceptions of Religion : On Distinguishing Scientific, Theological, and 'Official' Meanings", *Social Compass* 50-2, 2003.

Bird-David, Nurit, "'Animism' Revisited : Personhood, Environment, and Relational Epistemology", *Current Anthropology* 40, 1999.

Cabezón, José Ignacio, "The Discipline and Its Other : The Dialectic of Alterity in the Study of Religion", *Journal of the American Academy of Religion* 74-1, 2006.

Campany, Robert Ford, "On the Very Idea of Religions (in the Modern West and in Early Medieval China)", *History of Religions* 42-4, 2003.

Carpenter, William Boyd, *The Permanent Elements of Religion : Eight Lectures*, London : Macmillan, 1889.

Chidester, David, *Savage Systems : Colonialism and Comparative Religion in Southern Africa*, Charl-ottesville : University Press of Virginia, 1996(데이비드 치데스터, 심선영 역, 『새비지 시스템-식민주의와 비교종교』, 경세원, 2008).

_____, "'Classify and Conquer' : Friedrich Max Müller, Indigenous Religious Traditions, and Imperial Comparative Religion", in Jacob K. Olupona(ed.), *Beyond Primitivism : Indigenous Religious Traditions and Modernity*, New York : Routledge, 2004.

Comaroff, Jean & John L. Comaroff, *Of Revelation and Revolution* vol.1, Chicago : University of Chicago Press, 1991.

Durkheim, Émile, Karen E. Fields(tr.), *The Elementary Forms of Religious Life*, New York : Free Press, 1995.

Eliade, Mircea, Patterns in Comparative Religion, New York : Sheed & Ward, 1958.

_____, *The Quest : History and Meaning in Religion*, Chicago : University of Chicago Press, 1969.

Elison, George, *Deus Destroyed : The Image of Christianity in Early Modern Japan*, Cambridge :

Harvard University Press, 1973.

Ellen, R., "Fetishism", *Man* 23, 1988.

Fitzgerald, Timothy, *The Ideology of Religious Studies*, New York : Oxford University Press, 2000.

Frazer, James G., "On Certain Burial Customs as Illustrative of the Primitive Theory of the Soul", *The Journal of the Anthropological Institute of Great Britain and Ireland* 15, 1886.

_____, *The Golden Bough : A Study in Comparative Religion* 2 vols., London : Macmillan, 1890.

Gill, Sam D., *Native American Religions : An Introduction*, Belmont : Wadsworth Pub. Co., 1982.

Girardot, Norman J., *The Victorian Translation of China : James Legge's Oriental Pilgrimage*, Berkeley : University of California Press, 2002.

Harrison, Peter, *'Religion' and the Religions in the English Enlightenment*, Cambridge : Cambridge University Press, 1990.

Hultkrantz, Ake, "The Concept of the Supernatural in Primal Religion", *History of Religions* 22-3, 1983.

Hutchison, William R., *Errand to the World : American Protestant Thought and Foreign Missions*, Chicago : University of Chicago Press, 1987.

Jordan, Louis Henry, *Comparative Religion : Its Genesis and Growth*, Atlanta, Ga. : Scholars Press, 1986[1905].

Keane, Webb, *Christian Moderns : Freedom and Fetish in the Mission Encounter*, Berkeley : University of California Press, 2007.

Kippenberg, Hans G., "Survivals : Conceiving of Religious History in an Age of Development", in Arie L. Molendijk & Peter Pels(eds.), *Religion in the Making : The Emergence of the Sciences of Religion*, Leiden : Brill, 1998.

_____, Barbara Harshav(tr.), *Discovering Religious History in the Modern Age*, Princeton : Princeton University Press, 2002.

Lang, Andrew, *The Making of Religion*, New York : Longmans, Green, 1898.

Lincoln, Bruce, *Holy Terrors : Thinking About Religion after September* 11, 2nd ed., Chicago : University of Chicago Press, 2006(브루스 링컨, 김윤성 역, 『거룩한 테러-9·11 이후 종교와 폭력에 관한 성찰』, 돌베개, 2005).

Long, Charles H., *Significations : Signs, Symbols, and Images in the Interpretation of Religion*, Philadelphia : Fortress Press, 1986.

_____, "A Postcolonial Meaning of Religion : Some Reflections from the Indigenous World", in Jacob Olupona(ed.), *Beyond Primitivism : Indigenous Religious Traditions and Modernity*, New York : Routledge, 2004.

Marett, R. R., *The Threshold of Religion*, 2nd ed., London : Methuen & co., 1914[1909].

Masuzawa, Tomoko, *The Invention of World Religions, or, How European Universalism Was Preserved in the Language of Pluralism*, Chicago : University of Chicago Press, 2005.

McGrane, Bernard, *Beyond Anthropology : Society and the Other*, New York : Columbia Univ Press, 1989.

Miyoshi, Masao, *As We Saw Them : The First Japanese Embassy to the United States (1860)*, Berkeley : University of California Press, 1979.

Molendijk, Arie L. & Peter Pels, *Religion in the Making : The Emergence of the Sciences of Religion*, Leiden : Brill, 1998.

Morrison, Kenneth M., *The Solidarity of Kin : Ethnohistory, Religious Studies, and the Algonkian-French Religious Encounter*, Albany : State University of New York Press, 2002.

Müller, F. Max, *Chips from a German Workshop* 4 vols., London : Longmans, Green, 1867.

_____, *Introduction to the Science of Religion*, London : Longsman, Green, 1873.

_____, *Lectures on the Origin and Growth of Religion*, 3rd ed., London : Longmans, Green, 1901[1878].

_____, "Interminable Question", *The China Review* 9, 1881.

Nongbri, Brent, *Before Religion : A History of a Modern Concept*, New Haven : Yale University Press, 2013.Pailin, D. A., "British Views on Religion and Religions in the Age of William and Mary", *Method & Theory in the Study of Religion* 6-1, 1994.

Peterson, Derek R. & Darren R. Walhof(eds.), *The Invention of Religion : Rethinking Belief in Politics and History*, New Brunswick, N.J. : Rutgers University Press, 2002.

Pratt, Mary Louise, *Imperial Eyes : Travel Writing and Transculuration*, 2nd ed., New York : Routledge, 2008(메리 루이스 프랫, 김남혁 역, 『제국의 시선』, 현실문화, 2015).

Preus, J. Samuel, "Zwingli, Calvin and the Origin of Religion", *Church History* 46-2, 1977.

_____, *Explaining Religion : Criticism and Theory from Bodin to Freud*, New Haven : Yale University Press, 1987.

Rabasa, José, *Writing Violence on the Northern Frontier : The Historiography of Sixteenth-Century New Mexico and Florida and the Legacy of Conquest*, Durham : Duke University Press, 2000.

Reinders, Eric, *Borrowed Gods and Foreign Bodies : Christian Missionaries Imagine Chinese Religion*, Berkeley : University of California Press, 2004.

Sharpe, Eric J., *Comparative Religion : A History*, 2nd ed., London : Duckworth, 1986(에릭 샤프, 윤이흠·윤원철 역, 『종교학—그 연구의 역사』, 한울, 1986).

_____, *Understanding Religion*, London : Duckworth, 1983.

Smith, Jonathan Z., *Imagining Religion : From Babylon to Jonestown*, Chicago : University of Chicago Press, 1982(조너선 스미스, 장석만 역, 『종교 상상하기—바빌론에서 존스타운까지』, 청년사, 2013).

_____, *To Take Place : Toward Theory in Ritual*, Chicago : University of Chicago Press, 1987(조너선 스미스, 방원일 역, 『자리 잡기—의례 내의 이론을 찾아서』, 이학사, 2009).

_____, *Relating Religion : Essays in the Study of Religion*, Chicago : University of Chicago, 2004.

Smith, Wilfred Cantwell, *The Meaning and End of Religion : A New Approach to the Religious Traditions of Mankind*, New York : Macmillan, 1963(윌프레드 캔트웰 스미스, 길희성 역, 『종교의 의미와 목적』, 분도출판사, 1991).

Stewart, Charles & Rosalind Shaw(eds.), *Syncretism/Anti-Syncretism*, New York : Routledege, 1994.

Stocking, George W., "Animism in Theory and Practice : E. B. Tylor's Unpublished 'Notes on Spiritualism'", *Man* 6-1, Mar., 1971.

Stroumsa, G. G., *A New Science : The Discovery of Religion in the Age of Reason*, Cambridge : Harvard University Press, 2010.

Taves, Ann, *Fits, Trances, & Visions : Experiencing Religion and Explaining Experience from Wesley to James*, Princeton : Princeton University Press, 1999.

Todorov, Tzvetan, Richard Howard(tr.), *The Conquest of America : The Question of the Other*, New York : Harper Perennial, 1992.

Tweed, Thomas A., *Crossing and Dwelling : A Theory of Religion*, Cambridge : Harvard University Press, 2006.

Tylor, Edward B., "The Religion of Savages", *Fortnightly Review* 6, 1866.

_____, "The Philosophy of Religion among the Lower Races of Mankind", *The Journal of the Ethnological Society of London* 2-4, 1870.

_____, *Primitive Culture : Researches into the Development of Mythology, Philosophy, Religion, Art, and Custom* 2 vols., London : John Murray, 1871(에드워드 버넷 타일러, 유기쁨 역, 『원시 문화』 1·2, 아카넷, 2018).

_____, "Demonology", in *Encyclopaedia Britannica* vol.7, 9th ed., New York : C. Scribner's sons, 1878.

_____, "On the Limits of Savage Religion", *The Journal of the Anthropological Institute of Great Britain and Ireland* 21, 1892.

Walls, Andrew F., *The Missionary Movement in Christian History : Studies in the Transmission of Faith*, Maryknoll : Orbis Books, 1996.

Wenger, Tisa, *We Have a Religion : The 1920s Pueblo Indian Dance Controversy and American Religious Freedom*, Chapel Hill : University of North Carolina Press, 2009.

게라르두스 반 델 레에우, 게라르두스, 손봉호·길희성 역, 『종교현상학 입문』, 분도출판사, 1995.

데이비드 흄, 이태하 역, 『종교의 자연사』, 아카넷, 2004.

월터 캡스, 김종서 외역, 『현대 종교학 담론』, 까치글방, 1999.

윌리엄 페이든, 이진구 역, 『비교의 시선으로 바라본 종교의 세계』, 청년사, 2004.

이소마에 준이치, 제점숙 역, 『근대 일본의 종교 담론과 계보―종교·국가·신도』, 논형, 2016.

호시노 세이지, 이예안·이한정 역, 『만들어진 종교―메이지 초기 일본을 관통한 종교라는 물음』, 글항아리, 2020.

2) 한국종교, 한국기독교 연구서

고건호, 「천도교 개신기 '종교'로서의 자기 인식」, 『종교연구』 38, 2005.

김동진, 『파란눈의 한국혼 헐버트』, 참좋은친구, 2010.

_____, 『(헐버트의 꿈) 조선은 피어나리!』, 참좋은친구, 2019.

김정현, 『羅約翰(John Ross), 한국의 첫 선교사』, 계명대 출판부, 1982.

김종서, 「한말, 일제하 한국종교 연구의 전개」, 『한국사상사대계』, 제6권, 한국정신문화연구원, 1993.

_____, 「근대화와 한국종교의 개념」, 서울대 종교문제연구소, 『종교와 역사』, 서울대 출판부, 2006.

_____, 『서양인의 한국종교 연구』, 서울대 출판부, 2006.

김흥수, 「19세기 말~20세기 초 서양 선교사들의 한국종교 이해」, 『한국기독교와 역사』 19, 2003.

_____, 「호레이스 G. 언더우드의 한국종교 연구」, 『한국기독교와 역사』 25, 2006.

류대영, 『초기 미국 선교사 연구』, 한국기독교역사연구소, 2001.

_____, 「국내 발간 영문 잡지를 통해서 본 서구인의 한국종교 이해, 1890~1940」, 『한국기독교와 역사』 26, 2007.

리진호, 『귀츨라프와 고대도』, 우물, 1997.

마르다 헌트리, 차종순 역, 『새로운 시작을 위하여 - 1884년부터 1919년 삼일운동까지 한국 초기 교회 역사』, 쿰란, 2009.

민경배, 『한국기독교회사』, 연세대 출판부, 1994.

박규태, 『라프카디오 헌의 일본론 - 종교로 일본 상상하기』, 아카넷, 2015.

박지향, 『일그러진 근대 - 100년 전 영국이 평가한 한국과 일본의 근대성』, 푸른역사, 2003.

박천홍, 『악령이 출몰하던 조선의 바다 - 서양과 조선의 만남』, 현실문화, 2008.

방원일, 「비서구세계 종교문화의 만남과 종교개념에 대한 최근 논의들」, 『종교문화비평』 8, 2005.

_____, 「하멜 보고서의 한국종교 서술에 대한 고찰」, 『종교문화비평』 18, 2010년.

_____, 「호러스 그랜트 언더우드의 비교종교학 - 『동아시아의 종교』를 중심으로」, 『종교문화연구 26, 2016.

_____, 「성공회 선교사 랜디스(Eli Barr Landis)의 한국종교 의례 연구」, 『종교연구』 78-2, 2018.

_____, 「한국 개신교계의 종교 개념 수용 과정」, 『한국기독교와 역사』 54, 2021.

백낙준, 『한국개신교사 1832~1910』, 연세대 출판부, 1973.

불레스텍스, 이향·김정연 역, 『착한 미개인 동양의 현자 - 서양인이 본 한국인 800년』, 청년사, 2001.

서정민, 「선교사와 '토착화신학자'들의 한국종교 연구 과정 - 목표와 범위를 중심으로」, 『한국교회 사학회지』 19, 2006.

신광철, 「灌斯 崔炳憲의 비교종교론적 기독교변증론 - 『성산명경』을 중심으로」, 『한국기독교와 역 사』 7, 1997.

아카마츠 지죠·아키바 다카시, 심우성 역, 『朝鮮巫俗의 研究』, 동문선, 1991.

안성호, 「19세기 중반 중국어 대표자역본 번역에서 발생한 '용어논쟁'이 초기 한글성서번역에 미친 영향 (1843~1911)」, 『한국기독교와 역사』 30, 2009.

안종철, 「윌리엄 그리피스(William E. Griffis)의 일본과 한국인식, 1876~1910」, 『일본연구』 15, 2011.

옥성득, 「용어 '하나님'의 역사 소고 - 해방 이전 한글 성경번역자들의 '하나님' 이해를 중심으로』, 장로회신학대 석사논문, 1991.

_____, 『한반도 대부흥 - 사진으로 보는 한국 교회, 1900~1910』, 홍성사, 2009.

_____, 『새로 쓰는 초대 한국 교회사』, 새물결플러스, 2016.

_____, 『한국 기독교 형성사 - 한국종교와 개신교의 만남, 1876~1910』, 새물결플러스, 2020

왈라벤, 「내키지 않은 여행자들 - 핸드릭 하멜과 그의 동료들의 관찰에 대한 해석의 변화」, 『대동문 화연구』 56, 2006.

유영식, 『착흔목쟈 - 게일의 삶과 선교』, 진흥, 2013.

윤이흠, 『일제의 한국 민족종교 말살책 - 그 정책의 실상과 자료』, 모시는사람들, 2007.

이덕주, 『초기 한국 기독교사 연구』, 한국기독교사연구소, 1995.

_____, 『한국 토착교회 형성사 연구』, 한국기독교역사연구소, 2000.

이덕주, 「존스(G.H. Jones)의 한국 역사와 토착종교 이해」, 『신학과 세계』 60, 2007.

이상현, 「제국들의 조선학 정전의 통국가적 구성과 유통-「천예록」, 「청파극담」 소재 이야기의 재배
치와 번역·재현된 '조선'」, 『한국근대문학연구』 18, 2008.

이 숙, 『초기 개신교 선교사들의 한국어교사』, 보고사, 2020.

이재정, 『대한성공회 백년사-1890~1990』, 대한성공회 출판부, 1990.

이진구, 「근대 한국 개신교의 타종교 이해-비판의 논리를 중심으로」, 『한국기독교와 역사』 4,
1995.

_____, 『한국 개신교의 타자인식』, 모시는사람들, 2018.

임부연, 「근대 유교 지식인의 '종교' 담론」, 『종교문화비평』 9, 2006.

장석만, 『개항기 한국사회의 '종교' 개념 형성에 관한 연구』, 서울대 박사논문, 1992.

_____, 『한국 근대종교란 무엇인가?』, 모시는사람들, 2017.

전택부, 「하느님 및 텬쥬라는 말에 관한 역사 소고-18세기와 19세기를 중심으로」, 그리스도와 겨
레문화연구회, 『한글성서와 겨레문화-천주교와 개신교의 만남』, 기독교문사, 1985.

정진홍, 『종교문화의 인식과 해석-종교현상학의 전개』, 서울대 출판부, 1996.

_____, 『종교문화의 논리』, 서울대 출판부, 2000.

_____, 『열림과 닫힘-인문학적 상상을 통한 종교문화 읽기』, 산처럼, 2006.

제임스 그레이슨, 「영국 해군 장교 바질 홀의 1816년 동아시아 항해기」, 『대동문화연구』 56, 2006.

조선혜, 『매티 노블의 선교생활, 1892-1934』, 한국기독교역사연구소, 2020.

조현범, 『문명과 야만-타자의 시선으로 본 19세기 조선』, 책세상, 2002.

_____, 『조선의 선교사, 선교사의 조선』, 한국교회사연구소, 2008.

_____, 「분도회 선교사들의 한국 문화 연구」, 『교회사연구』 33, 2009.

지명숙·B.C.A. 왈라벤, 『보물섬은 어디에-네덜란드 공문서를 통해 본 한국과의 교류사』, 연세대
출판부, 2003.

村山智順, 김희경 역, 『朝鮮의 鬼神』, 동문선, 1993.

최석우, 「달레 著韓國天主教會史의 形成過程」, 『교회사연구』 3, 1981.

최성일, 『존 로스의 중국선교방법론』, 한신대 출판부, 2003.

캐서린 안, 김성웅 역, 『조선의 어둠을 밝힌 여성들-은자의 나라에 처음 파송된 선교사 이야기』,
포이에마, 2012.

한국기독교역사연구회, 『한국기독교의 역사』 제1권, 기독교문사, 1989.

허호익, 『귀츨라프의 생애와 조선 선교활동』, 한국기독교역사연구소, 2009.

황호덕, 『근대 네이션과 그 표상들-타자·교통·번역·에크리튀르』, 소명출판, 2005.

Baker, Donald, "Hananim, Hanunim, Hanullim, and Hanollim : The Construction of
Terminology for Korean Monotheism", *The Review of Korean Studies* 5-1, 2002.

_____, "A Slippery, Changing Concept : How Korean New Religions Define
Religion", *Journal of Korean Religions* 1-1 & 2, 2010.

Choi, Hyaeweol, *Gender and Mission Encounters in Korea : New Women, Old Ways*, Berkeley :

University of California Press, 2009.

Chung, David, *Syncretism : The Religious Context of Christian Beginnings in Korea*, Albany : State University of New York, 2001.

Clark, Donald N., *Living Dangerously in Korea : The Western Experience, 1900-1950*, Norwalk, Conn. : East Bridge, 2003.

Grayson, Huntley James, "The Legacy of John Ross", *International Bulletin of Missionary Research* 23-4, 1999.

Kendall, Laurel, *Shamans, Housewives, and Other Restless Spirits : Women in Korean Ritual Life*, Honolulu : University of Hawaii Press, 1985.

_____, "Korean Shamans and Defining 'Religion' : A View from the Grass Roots", in Jacob K. Olupona(ed.), *Beyond Primitivism*, London : Routledge, 2004.

Kim, Chong-suh, "Early Western Studies of Korean Religion", in Suh Dae-sook(ed.), *Korean Studies : New Pacific Currents*, Honolulu : University of Hawaii Press, 1994.

_____, "The Concept of 'Korean Religion' and Religious Studies in Korea", *Journal of Korean Religions* 1-1 & 2, 2010.

Lee, James F., "Louise Jordan Miln and Her Unorthodox View of Korea", *Korean Culture* 16-2, Summer, 1995.

Oak, Sung-Deuk, "The Indigenization of Christianity in Korea : North American Missionaries' Attitudes toward Korean Religions, 1884-1910", Th. D. dissertation, Boston University, 2002.

_____, "Healing and Exorcism : Christian Encounters with Shamanism in Early Modern Korea", *Asian Ethnology* 69-1, 2010.

_____, *The Making of Korean Christianity*, Waco : Baylor University Press, 2013.

_____, "A Genealogy of Protestant Theologies of Religions in Korea, 1876-1910 : Protestantism as the Religion of Civilization and Fulfillment," in Anselm Kyungseok Min(ed.), *Korean Religions in Relation : Buddhism, Confucianism, Christianity : Essays in Honor of Professor Wi Jo Kang*, Albany : State of New York Press, 2016.

Oppenheim, Robert, "'The West' and the Anthropology of Other People's Colonialism : Frederick Starr in Korea, 1911-1930", *The Journal of Asian Studies* 64-3, 2005.

Paik, L. George, *The History of Protestant Missions in Korea, 1832-1910* 2nd ed., Seoul : Yonsei University Press, 1970[1929].

Richard, Rutt, *James Scarth Gale and His History of the Korean People*, Seoul : Royal Asiatic Society, 1972.

Walraven, Boudewijn, "Shamans and Popular Religion around 1900", in Henrik H. Sorensen (ed.), *Religions in Traditional Korea*, Copenhagen : Seminar for Buddhist Studies, 1995.

_____, "The Natives Next-Door : Ethnology in Colonial Korea", in Jan van Bremen & Akitoshi Shimizu(eds.), *Anthropology and Colonialism in Asia and Oceania*, Richmond, Surrey : Curzon, 1999.

찾아보기

(재)한국연구원 한국연구총서 목록